"十四五"时期国家重点出版物出版专项规划项目

★ 转型时代的中国财经战略论丛 ◢

文旅深度融合下
产业人才特征与管理研究

Research on the Characteristics and
Management of Cultural Talents under the Deep Integration
of Culture and Tourism Industries

罗文卿 著

中国财经出版传媒集团

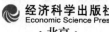
经济科学出版社
Economic Science Press
·北京·

图书在版编目（CIP）数据

文旅深度融合下产业人才特征与管理研究／罗文卿
著． -- 北京：经济科学出版社，2025．3． -- （转型时
代的中国财经战略论丛）． -- ISBN 978 - 7 - 5218 - 6874 - 6

Ⅰ．F592

中国国家版本馆 CIP 数据核字第 2025CP4267 号

责任编辑：戴婷婷
责任校对：齐　杰
责任印制：范　艳

文旅深度融合下产业人才特征与管理研究
罗文卿　著
经济科学出版社出版、发行　新华书店经销
社址：北京市海淀区阜成路甲 28 号　邮编：100142
总编部电话：010 - 88191217　发行部电话：010 - 88191522
网址：www. esp. com. cn
电子邮箱：esp@ esp. com. cn
天猫网店：经济科学出版社旗舰店
网址：http://jjkxcbs. tmall. com
北京季蜂印刷有限公司印装
710×1000　16 开　15 印张　240000 字
2025 年 3 月第 1 版　2025 年 3 月第 1 次印刷
ISBN 978 - 7 - 5218 - 6874 - 6　定价：62. 00 元
（图书出现印装问题，本社负责调换。电话：010 - 88191545）
（版权所有　侵权必究　打击盗版　举报热线：010 - 88191661
QQ：2242791300　营销中心电话：010 - 88191537
电子邮箱：dbts@ esp. com. cn）

　　本书得到山东省社会科学规划重点项目"新旧动能转换背景下山东省创意人才支撑文化产业发展研究"（19BJCJ13）及山东省人文社会科学一般项目"支撑山东省文旅融合高质量发展的人才培养模式研究"（2021 – YYGL –20）的资助支持。

总　序

　　"转型时代的中国财经战略论丛"（以下简称《论丛》）是在国家"十四五"规划和 2035 年远景目标纲要的指导下，由山东财经大学与经济科学出版社共同策划的重要学术专著系列丛书。当前我国正处于从全面建成小康社会向基本实现社会主义现代化迈进的关键时期，面对复杂多变的国际环境和国内发展新格局，高校作为知识创新的前沿阵地，肩负着引领社会发展的重要使命。为响应国家战略需求，推动学术创新和实践结合，山东财经大学紧密围绕国家战略，主动承担时代赋予的重任，携手经济科学出版社共同推出"转型时代的中国财经战略论丛"系列优质精品学术著作。本系列论丛深度聚焦党的二十大精神和国家"十四五"规划中提出的重大财经问题，以推动高质量发展为核心，深度聚焦新质生产力、数字经济、区域协调发展、绿色低碳转型、科技创新等关键主题。本系列论丛选题涵盖经济学和管理学范畴，同时涉及法学、艺术学、文学、教育学和理学等领域，有力地推动了我校经济学、管理学和其他学科门类的发展，促进了我校科学研究事业的进一步繁荣发展。

　　山东财经大学是财政部、教育部和山东省人民政府共同建设的高校，2011 年由原山东经济学院和原山东财政学院合并筹建，2012 年正式揭牌成立。近年来，学校紧紧围绕建设全国一流财经特色名校的战略目标，以稳规模、优结构、提质量、强特色为主线，不断深化改革创新，整体学科实力跻身全国财经高校前列，经管类学科竞争力居省属高校首位。随着新一轮科技革命和产业变革的推进，学科交叉融合成为推动学术创新的重要趋势。山东财经大学秉持"破唯立标"的理念，积极推动学科交叉融合，构建"雁阵式学科发展体系"，实现了优势学科的联动发展。建立起以经济学、管理学为主体，文学、理学、法学、工学、教育学、艺术学等多学科协调发展的学科体系，形成了鲜明的办学特色，为国家经济建设和社会发展培养了大批高素质人才，在国内外享有较高声誉和知名度。

山东财经大学现设有 24 个教学院（部），全日制在校本科生、研究生 30000 余人。拥有 58 个本科专业，其中，国家级一流本科专业建设点 29 个，省级一流本科专业建设点 20 个，国家级一流本科专业建设点占本科专业总数比例位居省属高校首位。拥有应用经济学、管理科学与工程、统计学 3 个博士后科研流动站，应用经济学、工商管理、管理科学与工程、统计学 4 个一级学科博士学位授权点，11 个一级学科硕士学位授权点，20 种硕士专业学位类别。应用经济学、工商管理学、管理科学与工程 3 个学科入选山东省高水平学科建设名单，其中，应用经济学为"高峰学科"建设学科。在 2024 软科中国大学专业排名中，A 以上专业 23 个，位居山东省属高校首位；A＋专业数 3 个，位居山东省属高校第 2 位；上榜专业总数 53 个，连续三年所有专业全部上榜。工程学、计算机科学和社会科学进入 ESI 全球排名前 1%，"经济学拔尖学生培养基地"入选山东省普通高等学校基础学科拔尖学生培养基地。

山东财经大学以"努力建设特色鲜明、国际知名的高水平财经大学"为发展目标，坚定高质量内涵式发展方向，超常规引进培养高层次人才。通过加快学科交叉平台建设，扎实推进学术创新，实施科学研究登峰工程，不断优化科研管理体制，推动有组织的科研走深走实见行见效，助力学校高质量发展。近五年，学校承担国家级科研课题 180 余项，整体呈现出立项层次不断提升、立项学科分布逐年拓宽的特征，形成以经管学科为龙头、多学科共同发展的良好态势。其中，国家重点研发计划 1 项，国家社会科学基金重大项目 5 项、重点项目 9 项、年度项目 173 项。学校累计获批省部级科研奖励 110 余项，其中，教育部人文社科奖一等奖 1 项，成功入选《国家哲学社会科学成果文库》，实现学校人文社科领域研究成果的重大突破。学校通过不断完善制度和健全机制激励老师们产出高水平标志性成果，并鼓励老师们"把论文写在祖国的大地上"。近五年，学校教师发表 3500 余篇高水平学术论文，其中，被 SCI、SSCI 收录 1073 篇，被 CSSCI 收录 1092 篇，在《中国社会科学》《经济研究》《管理世界》等中文权威期刊发表 18 篇。科研成果的竞相涌现，不断推进学校哲学社会科学知识创新、理论创新和方法创新。学校紧紧把握时代脉搏，聚焦新质生产力、高质量发展、乡村振兴、海洋经济和绿色低碳已搭建省部级以上科研平台机构 54 个，共建中央部委智库平台 1 个、省级智库平台 6 个，省社科理论重点研究基地 3 个、省高等学校实验室 10 个，为教师从事科学研究搭建了更广阔的平台，营造了更优越的学术生态。

"十四五"时期是我国从全面建成小康社会向基本实现社会主义现代化迈进的关键阶段，也是山东财经大学迎来飞跃发展的重要时期。2022 年，党的二十大的胜利召开为学校的高质量发展指明了新的方向，建校 70 周年暨合并建校 10 周年的校庆更为学校的内涵式发展注入了新的动力；2024 年，学校第二次党代会确定的"一一三九发展思路"明确了学校高质量发展的路径。在此背景下，作为"十四五"时期国家重点出版物出版专项规划项目，"转型时代的中国财经战略论丛"将继续坚持以马克思列宁主义、毛泽东思想、邓小平理论、"三个代表"重要思想、科学发展观和习近平新时代中国特色社会主义思想为指导，紧密结合《中共中央关于制定国民经济和社会发展第十四个五年规划和二〇三五年远景目标的建议》和党的二十届三中全会精神，聚焦国家"十四五"期间的重大财经战略问题，积极开展基础研究和应用研究，进一步凸显鲜明的时代特征、问题导向和创新意识，致力于推出一系列的学术前沿、高水准创新性成果，更好地服务于学校一流学科和高水平大学的建设。

我们期望通过对本系列论丛的出版资助，激励我校广大教师潜心治学、扎实研究，在基础研究上紧密跟踪国内外学术发展的前沿动态，推动中国特色哲学社会科学学科体系、学术体系和话语体系的建设与创新；在应用研究上立足党和国家事业发展需要，聚焦经济社会发展中的全局性、战略性和前瞻性重大理论与实践问题，力求提出具有现实性、针对性和较强参考价值的思路与对策。

洪俊杰

目　录

転型时代的中国财经战略论丛

第1章 绪 论

1.1 研究背景与价值

当今时代，随着社会经济的发展与国民生活水准的持续提升，文化与旅游的消费行为业已成为人们美好生活和精神文化需求的重要内容，文化产业和旅游产业也因此发展成为国民经济的重要支柱。文化产业的重点在于文化内容的提供，该产业和很多其他产业存在交叉渗透，从而为多产业的融合发展提供了可能。

旅游活动本身即具有较强的文化属性，文化体验是旅游过程的重要组成部分。一般来说，文化是旅游者旅游活动的根本诉求，旅游活动本身也是文脉绵延的重要载体。从这个意义上来说，文化与旅游两种产业本身具有很强的关联性。文化和旅游相互渗透、融合共生不但是我国重要的发展战略方向，而且业已成为我国产业布局与发展的客观必然趋势，文旅融合发展是市场供给侧结构性改革和消费不断升级的必然结果。

早在 2009 年，当时的国家文化部和国家旅游局下发的《关于促进文化与旅游融合进步的指示方略》就提出，要推进文化与旅游的耦合性进步与协同性变迁。文件提出，"文化是旅游发展的重要资源，旅游是文化的重要载体"。2017 年，纲领性文件《"十三五"期间文化的变革规划发展纲要》呼吁"促进文化和旅游领域的大力消费，扩展休闲时间与扩大娱乐消费力度"。2018 年 4 月，为适应文化与旅游融合性发展的现实性需求，我国文化和旅游管理部门机构调整融合为一，一个新的部门文化和旅游部遂得以成立，这一事件标志着我国的文旅融合大计转入了一个新的历史发展阶段。同年 12 月，新成立的文化和旅游部部长在会议上提出文化与旅游"宜融则融、能融尽融、以文促旅、以旅彰文"。2020 年,《中共中央关于制定国民经济和社会发展第十四个五年规划和二〇三五年远景目标的建议》文件颁布,进一步提出"繁荣发展文化事业和文化产业,推动文化和旅游融合发展",并由新组建成立的文旅管理部门主持编制了《"十四五"文化和旅游发展规划》①。

文旅产业是思想、知识、文化、技能和创造力高度关联的行业,作为文旅产业的核心生产力和竞争要素,人才和这一行业牵涉到的每个环节都密不可分,是文化与旅游这两个原本独立的产业能否实现深层次融合与发展的核心动力要素。另外,人才的质量高低也是文化与旅游是否能够实现高质量的融合的关键性保障。应该说,文化与旅游的深度融合与发展,这一现状造成了原本的产业内涵,以及原本产业的人才需求都经历了结构性的变迁,这一重大变迁必然对当前的文旅从业者提出了特殊的要求,从文旅产业工作的职业特征,到文旅人才的胜任力素质特征等一系列问题都随之发生了改变。行业人才的培养工作一直是我国文化事业与旅游行业的重点关注工作。一系列重要文件、指示都与这个问题密切关联。《全国文化系统人才发展规划(2010~2020 年)》《"十三五"旅游人才发展规划纲要》《关于加快发展现代旅游职业教育的指导意见》等文件的出台都是为了指导和加强人才培养、发展工作。

因此,文化与旅游产业的耦合性发展,不管是从政策的导向索引、产业的运营与管理,或是高校的人才培养等,都对文化与旅游相关涉的政、学、产、研各层各界提出了更高端的诉求②。文化与旅游两大产业的高质量深度融合发展需要足够数量的,跨文化、多专业、纵贯多领域的多面手人才,要求这类人才既具备较好的人文素养与创意思维能力,又了解旅游市场动态,同时具备对于文化旅游产品、服务、项目进行营销、经营与管理能力,而目前我国此方面人才资源的数量,人才的配置情况以及人才的结构构成等都尚不能满足这一要求。因此,基于文旅融合逻辑、模式的研究,探索文旅人才的分类、具体素质特征、人才作用发挥的内在机制以及人才培养管理的策略已成为丰富文旅融合理论研

---

① 刘治彦:《文旅融合发展:理论、实践与未来方向》,载于《人民论坛·学术前沿》2019 年第 16 期。

② 傅才武:《论文化和旅游融合的内在逻辑》,载于《武汉大学学报》(哲学社会科学版)2020 年第 2 期。

究，并助推其付诸实践的迫切需要。

　　基于以上论述，根据对相关文献的检索阅读情况，尽管许多学者在论述文旅融合这一问题时都提到人才的重要性，但专门针对文旅产业人才的作用、分类、特点、培养管理方案等的研究却仍极少。现有的关于文旅融合的研究以概念性研究为主，其中一部分也尝试结合了经验性研究与案例研究。这些学术研究在论及文旅融合的关键问题及对策建议时，不少都提到产业人才的问题，提出与产业人才培养相关的意见观点，例如强调须发挥文旅部在资源融合、人才融合、资本融合等方面的优势，推动文化和旅游的可持续发展[①]；认为培育文旅专业人才，发挥人才支撑作用是推动文旅融合的战略举措中十分重要的方面[②]；提出目前在我国产业文化的人才培养比较普遍存在"侧重理论轻视技能"的问题，然而，产业旅游人才的培育养成工作，则存在"偏重技能看轻素质"的问题[③]；认为目前我国既懂文化专业知识，同时又懂得旅游方面的素养专业知识，既懂文化管理，又懂旅游管理的多面手人才极度缺乏，亟须对现有高校的培养模式进行改革提升[④]，等等。

　　毫无疑问，既有研究对文旅人才进行了可贵的探索，但综合来看，现有研究中仍存在一些缺陷，如支撑文旅融合的产业人才的分类、文旅人才的作用发挥与素质特性、以人才分类与素质特性为基础的人才开发管理模式等关键问题，在现有研究中尚无系统论述。本书认为，产业融合的实质是产业价值链环节的整合与融通。文化和旅游两大产业有着各自的发展规律，寻求文化和旅游产业价值链中的契合点、融合点并使之相互匹配，有利于促进两者切实的融合发展，并更好地发挥其在社会经济中的推动作用。同时，支撑产业发展的人才不止一类，文旅人才的类型细分是由产业价值链环节分工决定的，而价值链环节对应的各类人才的作用发挥与素质特征是对文旅人才实施选聘、培训、开发、评价、管理等活动的基础。这一研究思路在根源上剖析了文旅融合的实现模式，并以此为基础对文旅人才的系列相关问题展开探讨，对于丰富拓展文旅

3

---

①　白长虹：《文旅融合背景下的行业人才培养——实践需求与理论议题》，载于《人民论坛·学术前沿》2019年第11期。

②　杨美霞：《新时代旅游人才培养供给侧改革路径》，载于《社会科学家》2022年第1期。

③　黄可：《智慧旅游人才创新创业能力培养与探索》，载于《社会科学家》2021年第6期。

④　毕绪龙：《从人才培养角度看文化和旅游的关系》，载于《旅游学刊》2019年第4期。

深度融合理论、人才胜任力理论、人职匹配理论、工作设计理论等起到较为重要的作用，体现出较高的学术价值；同时能够较好地弥补现有相关研究多数仅关注文旅融合的内涵、逻辑、模式等概念性问题，对实践，尤其是支撑文旅产业融合发展的人才管理的实践指导意义不足的问题，有助于推动文化和旅游学科建设和人才培养模式的改革，因此同样具有较好的应用价值。

1.2　本书的主要构成

本书共由 8 章组成，分别探讨本书的研究意义、文旅融合的内涵、文化旅游产业价值链融合与文旅融合模式、文化旅游资源的整合性开发、基于价值链融合模式的文旅人才分类、文旅人才胜任力素质模型构建、文旅人才效能发挥机制、文旅人才的培养与管理等。

第 1 章绪论部分，总领全书内容，本章对于全书的研究背景、该书的学术价值与应用价值进行简要介绍，使读者对于本书有宏观把握。

第 2 章介绍文旅融合的概念、内涵，分析我国文化与旅游两大领域的内在关联，深入剖析二者深度融合的必要性与可能性，介绍常见的文旅融合模式业态，对于我国文旅融合发展先进地区的经验做法进行介绍，为后面章节的分析夯实基础。

第 3 章从文旅融合的源头——产业链环节的交叉融通入手，分别深入细致地剖析文化产业价值链的构成，另外，着重分析旅游产业价值链的构成，关注文化产业与旅游产业价值链环节的交叉部分，探索两者价值链融合所形成的文旅融合具体模式，研究各融合模式所呈现出的发展业态，并以经典的文旅融合产品、服务、景区案例来对各种融合模式加以论证。

第 4 章从文化与旅游整合性开发的视角入手，对于可以纳入文旅资源考察体系，可以进行整合开发的各类文化资源进行分析，为使分析更为鲜活，选取较有代表性的文学、宗教两大文化门类，并以具备本土化特色的道教文化与游仙文学为具体案例，试图分析两大文化资源丛系与旅游的关系，两者整合开发的可行性以及具体落实路径，以此作为后面分析文旅产业人才工作特性与素质特征的另一理论基础。

第 5 章在前面对于文旅产业价值链融合所形成的融合模式分析基础上，结合文旅资源整合性开发的需求与路径，探讨在各种融合模式中分处在各个价值链环节上，起到不同作用的文旅人才所发挥的作用，并根据其不同作用、角色对其进行归类，对各类文旅人才的总体特征进行概要分析，并结合文旅资源整合开发需求分析产业人才的能力要求。

第 6 章在文旅人才分类与特征分析基础上，进一步对于文旅人才的素质特征进行深入分析，借助文本分析与专家访谈等方式，提取文旅人才胜任力关键词，并通过问卷调查获取代表性地区、产业、企业人才的相关数据，然后先采取探索性因子分析，随后利用验证性因子分析，通过以上的研究设计流程，试图构建文旅人才的胜任力素质模型，分析具备支撑文旅深度融合发展要求的核心产业人才所需具备的胜任力特征。

第 7 章在第 6 章的基础上继续开展实证研究，探讨文旅融合所带来的产业变革对于文旅人才的工作特征造成了怎样的影响，使得文旅人才这一新型创意人才的工作体现出怎样的变化，而这种工作特征的变化又是怎样借助文旅人才的工作重塑行为与文旅组织中的包容型环境氛围影响文旅人才的工作投入程度的，这就在文旅人才胜任力分析基础上进一步探索了文旅融合背景下文旅人才的效能发挥机制，对于文旅产业人才管理能够起到更为坚实的支持作用。

第 8 章根据第 6 章、第 7 章的研究结论，提出文旅人才管理的一系列策略，例如人才获取、人员培养、人力资源开发、员工评价与管理对策。要知道，文旅人才的胜任力、素质特征的分析，是文旅组织招聘人才、培养人才的重要参考标准，同时也是其为文旅人才制定绩效考核目标的参考标准。文旅融合后新型工作特征对于文旅人才的影响机制分析则为文旅组织结合产业转型升级要求对于人才工作进行再设计提供了依据，同时也有助于指导文旅组织针对文旅人才开展职业生涯管理等系列管理活动。

第 2 章　文化与旅游的融合

2.1　"文化"与"旅游"

文化和旅游两个词汇对于广大受众来说毫不陌生，但仔细审视，想要对其作出精准界定却非易事。据国外学者的统计，关于"文化"的定义有 200 余种，这些定义从不同学科背景如哲学、心理学、社会学、生态学、经济学等不同方面对于文化进行阐释，角度不同，阐述各异。类似的情况也发生在对于旅游的理解上，关于旅游活动，学者们给出了上百种界定，并由此产生了文化现象、审美体验等多个学术派系，关于如何理解旅游同样众说纷纭①。

国内学者一般认为，文化包含三个层次，即物质、制度、心理三层结构。其中，物质的层级处在最外层；一些元素，比如审美情调、三观与价值伦理等处于里层；各种制度和理论体系介于两者之间。

对于文化的界定，国外盛行的是洋葱模型与冰山模型。前者观点认为，文化的外形如同洋葱，由外圈到内圈包括不止一个层次，可分别界定为外层、中层、内层核心等。后者观点则认为，文化是由上下两部分构成的，飘浮在冰山以上的部分是显性部分，一般来说，这一部分指的是人类经历过的认知自然、并试图改造它的过程里创造出的物质产品，以及相关的文化外延；冰山以下的部分则是相对不易看到的隐性文化，一般指的是人们的精神状态、意识形态及行为范式，需要注意的是，该模型中的水下部分比浮于水面以上的部分大得多。

---

① 范周：《文旅融合的理论与实践》，载于《人民论坛·学术前沿》2019 年第 11 期。

关于旅游的构成，人们的理解也各有不同。最初对于旅游的关注与理解主要集中在旅行社、旅游地及旅程中的饭店餐饮、旅游交通这三大支柱性产业，后来这一理解被扩充到旅行社业、旅游交通业、旅游餐饮业及旅游商品、纪念品产业等四大支柱。经过多年的发展，人们对于旅游的认知已形成较为一致的"吃、住、行、游、购、娱"六大要素，然而近年来，随着人民物质生活的富足与对精神文化生活较高标准的追求，在旅游这个大的概念中，又出现一些新的要素包括"商"、"学"、休闲、情感、新奇体验等新观点。

根据上面的论述，文化和旅游两个概念的内涵与外延都相当复杂，在这样的视阈背景下审视"文旅融合"问题，需要对其给予格外的关注。随着文化和旅游部的设立，文化和旅游的融合式发展既是机构改革层面的重要任务，同时它也是国家层面的重要战略导向，成为重要的经济社会现象。正因上述原因，"文旅融合"这个概念一经提出，就受到了学者们的热切关注，然而，在开展研究时需谨慎确认，这里所说的文化、旅游及文化与旅游的关系是从什么学科背景提出的，指涉的是哪个层面，尤其是文化，指的是产业层面的文化还是文化事业。考虑到以上问题，本书在开篇部分即对此作出界定，在后续章节中，本书所论及的文旅融合主要指两大领域产业层面的融合，在论述到文化、旅游资源部分时也涉及文化学、社会学意义上的文化概念。另外由于本书的论述重点在于文旅融合视阈背景下产业人才的分类、素质特点及作用支撑机制，因而从学科研究方法上，本书的研究以管理学视角为主，然而由于研究内容、目标的交叉性较强，本书部分章节亦采用文学、人类学、民族学、社会学等学科概念及研究方法。

2.2 文旅融合的内在逻辑

关于旅游与文化关系的讨论始于 20 世纪六七十年代，西方学者先后围绕"文化旅游"与"旅游文化"等核心概念开展了一系列讨论。相比之下，我国的学者们对于文化和旅游之间的关系的认知相对较晚。目前，在学者中间有一些相对比较集中的观点，这些观点可以被概括为"灵魂的载体"说，也就是说，他们认为文化可以被看作是旅游的灵魂，而旅游也可以被看作是文化的承载体。除此以外，有学者将旅游联系到"诗和远方的美好"，他们认为旅游活动有助于去实现人们对诗和远方的向往。

迄今为止，文化与旅游的融合的实现路径还没有一致的结论，不过需要认识到的是，文化和旅游原本就存在着比较紧密的联系，这一观点早已成为学术界和企业界的共识。著名学者于光远先生曾概括说，旅游从根本上是一种经济生活①，同时旅游也是一种文化生活，旅游的文化性及经济性都很强。当今时代，我国通过采取强势政策的推动，文化和旅游两大产业在快速发展的同时也产生了彼此的综合作用，在这种作用下，文化和旅游两者之间的关系渐渐由弱转强②。

"文化与旅游深度融合"的主角是文化与旅游产业。文化产业与其他产业的不同之处即在于它的渗透性，跟其他产业尤其是旅游业的交叉渗透作用尤其明显。文化产业具有极强的"跨界"性特点，其发展跨越了多个行业的运营边界，这就为其与其他产业的融合带来了可能性。从相反的角度来看，其他许多产业之所以能够实现它们与文化产业的彼此融合，跟它们自身包含多种文化要素和文化气质特质是有关系的，这些产业的生产制造、运营经营中的许多链条环节都具有比较明显的文化属性，换句话说，它们都跟文化存在比较紧密的联系。知名美国学者丹尼尔·马托就曾经指出，所有产业从根本上说都是文化的。这一论断虽失于笼统宽泛，但也并非全无道理。作为任何产业的主体，人的创造活动都会受到文化观念的影响，因此从这个意义上来讲，几乎所有产业中都包含有文化要素③。

单就文化与旅游而言，这两个行业的关联性极强，这也正是它们能够产生融合的根本基础。两者的关联性首先表现为产业要素层面的关联性。需要关注到，虽然文化产业与旅游业是两个完全不同的行业，但它们都具有比较突显的文化属性是其共性。分别来看的话，文化产业主要着眼在内容产品的提供，着力在硬件产品的生产，同时，那些对旅游业

---

① 张宝秀：《文旅深度融合推动文物活化利用与管理创新》，载于《旅游学刊》2020年第1期。

② 宋瑞：《如何真正实现文化与旅游的融合发展》，载于《人民论坛·学术前沿》2019年第11期。

③ 张海燕、王忠云：《旅游产业与文化产业融合发展研究》，载于《资源开发与市场》2010年第4期。

发展至关重要的游客旅游体验之类的要素也是离不开文化的参与的。

旅游产业的情况也类似。对广大游客来说，优美的自然风光具备巨大的吸引力，但旅游产业的成功更需要不同文化传递的新鲜感和魅力感受，既然这样，旅游项目的开发者就需要在旅游活动中设计和给予承载文化元素的产品。旅游活动的开发需要在开发文化资源的行动中，采取措施去传承优秀的文化的记忆，使得旅游人群在游玩中体会历史的厚重；同时，要有意识地赋予旅游产品、服务以文化层面上的创新与追求，让游客能够体验到文化的创新力和旅游体验上的新奇感。

通过以上分析，显然旅游如果得不到文化元素的支撑，那就很难持续性地发展下去，而且会变得缺乏向上的引力，因此"文化是旅游的灵魂"这一论断得到了广大学者与实业界的认同。然而同时，要重视"旅游是文化的载体"，遗产文化、创意文化需要被移植和延伸到旅游业中，可使静态的文化资源借助旅游的形式"动起来"，使各类文化资源的开发从单次浅层次开发变为多次和深入开发，这样一来，就有望显著提高文化资源的开发利用效率。

综上所述，文化产业跟旅游业的深度融合与协调发展，这件事已经具备了坚实的内在逻辑，符合了国家高度的战略，出于这种考虑，国家相关部门颁布了一系列政策，给文化与旅游产业的融合带来大力支持，与此同时，各地的各级政府也出台了有关文化产业与旅游业融合发展的指示性批示，借此鼓励、提倡和助推跨行业的融合融通，在此仅将自 21 世纪初迄今国家层面颁布的关于文旅融合的相关政策文件总结见表 2 - 1。

表 2 - 1　　　　　国家关于文旅融合的相关政策文件及说明

时间	文件	解释
2001 年 4 月	《关于进一步加快旅游业发展的通知》	发展旅游业，加强社会主义精神文明建设
2009 年 8 月	《关于促进文化与旅游结合发展的指导意见》	文化是旅游之魂，旅游是文化之体
2009 年 12 月	《关于加快发展旅游业的意见》	利用文化资源开发旅游产品，发展旅游业。推进旅游、文化等相关产业和产业融合，努力利用文化资源开发旅游产品，发展旅游业。促进旅游、文化等相关产业和产业融合，培育旅游增长点

时间	文件	解释
2011 年 10 月	《中共中央关于深化文化体制改革推动社会主义文化大发展大繁荣若干重大问题的决定》	提出了"推动文化、旅游与体育等产业融合发展"
2012 年 12 月	《关于进一步做好旅游等开发建设活动中文物保护工作的意见》	看似侧重旅游开发建设,其实落脚点在文物保护
2013 年 4 月	《中华人民共和国旅游法》	旅游业被纳入经济、社会发展的整体规划中去
2014 年 2 月	《关于推进文化创意和设计服务于相关产业融合发展的若干意见》	出现了"利用提升旅游发展来增加文化内涵"的提法,提出用文化创设以提升农村旅游水平
2014 年 8 月	《国务院关于促进旅游业改革发展的若干意见》	提及文化旅游的发展和旅游文化的开发相关内容
2015 年 8 月	《国务院办公厅关于进一步扩大旅游文化体育健康养老教育培训等领域消费的意见》	把旅游、休闲和文化放在了一起,提出"支持实体书店融入文化旅游"等举措
2016 年 3 月	《关于进一步加强文物工作的指导意见》	提出了需重视文物的作用,借此来自然地壮大、发展旅游业
2016 年 5 月	《关于推动文化文物单位文化创意产品开发的若干意见》	提出了支持文化灵感、创意设计、旅游行为等的跨领域融合,借此提高文化旅游产品和服务的设计水平
2016 年 12 月	《"十三五"旅游业发展规划》	首次由国务院印发的五年旅游业发展规划。其中有大量关于文化旅游发展以及旅游文化建设的相关内容
2017 年 3 月	《中国传统工艺振兴计划》	提到了推动传统工艺与旅游市场结合的观点、要坚持将传统工艺的展示、基础设施建设等纳入"十三五"时期文化旅游提升工程等
2017 年 5 月	《国家"十三五"时期文化发展改革规划纲要》	提出发展文化旅游,并努力扩大休闲娱乐消费的计划

时间	文件	解释
2018 年 3 月	《国务院关于促进全域旅游发展的指导意见》	强调了要实现旅游与文化的融合发展，打算将丰富文化内涵作为提升旅游产品和服务品质的重要内容
2018 年 9 月	《乡村振兴战略规划（2018～2022 年)》	在主体部分提出通过推动乡村文化和旅游的深度融合，争取实现重塑乡村文化生态。通过发展乡村的特色文化产业，努力繁荣发展乡村文化
2018 年 10 月	《关于加强文物保护利用改革的若干意见》	提出了促进文物保护和实现旅游发展之间的深层互动关系
2018 年 12 月	《国家级文化生态保护区管理办法》	提出了文化与旅游的融合发展在推动文化生态保护、非遗资源保护等方面的重要作用和相关措施

资料来源：相关机构官网及相关学术文献。

2.3　文化与旅游融合的动力机制

上文论及，文化与旅游有着天然的关联，两者的融合有着深刻的内在逻辑，同时两者的融合又受到若干外部力量的作用。可以说，文旅融合是在内在动力、外在动力的共同作用下，相互交叉、相互渗透、相互关联与共同演进的动态发展变化过程。

2.3.1　原动力：产业关联

文化产业和旅游产业的交叉性已在上文得到充分说明。2018 年国家统计局新修订的《文化及相关产业分类（2018）》中有关旅行社的服务款项、游览景区里的文化配置、景区室内娱乐服务、大型游乐园设施、教育卫生与休闲娱乐等文化休闲娱乐服务属于旅游业范畴。按照国家统计局 2018 年颁布的《国家旅游及相关产业统计分类（2018）》，文化体育、短期教育（培训）、宗教朝拜等相关活动属于文化活动的范畴。这些都表明文化和旅游具有天然的融合性，两者间形成了"你中有我、我中有你"的形态。文旅融合作为两个产业系统间的融合产物，能够起到促进两者发展的综合作用①。具体而言，旅游产业可以为文化的保护、传承与发展提供重要的平台，推进文化的交流、增值和创新；文化产业则可以为旅游产业提供更大的文化附加值，为它创造比原本水平更大的利润。在文旅融合的过程中，文化的优势在于其丰富的内涵，旅游的优势则体现在多样化的产品和市场上。另外，需要关注的是，通过融合发展，文化和旅游两方面可发挥各自的优势，彼此间相互实现促进，推动资本、土地、人才、技术等各种生产要素优化配置。

2.3.2　拉动力：市场需求

旅游可以理解为人们为了休闲、商务或其他目的，离开惯常的生活环境，来到非惯常环境的一种生活体验。旅游产业的发展要以旅游需求作为导向，以旅游消费需求的升级为内在动力。近年来，随着我国旅游产业体系供给的不断完善，旅游品质的不断提高，旅游需求的方向发生了巨大转变，从单一化走向多样化、从以物质为主走向精神主导、从较低层次走向较高层次。

如今，以艺术元素作为指引、科技元素支撑力度较大的旅游演艺项目得到了广大游客的充分喜爱，湖北的黄鹤楼夜游、陕西西安的大唐芙蓉园追梦之旅、浙江温州的"夜话与夜画"以及郑州的中原"黄帝千古情"等，这些给游客创造了沉浸式享受的、可在日间与夜间奉送演艺的项目成为被游客追捧的对象②。在旅游成为人们的日常生活方式后，文化需求和精神消费成为旅游者追求高质量旅游体验的关键，这一现状促使旅游业实时关注游客需求的变化，掌握市场动态发展过程，通过文化创新和资源重组等方式激发文旅融合的内在动力。以上提到的大唐芙蓉园等案例将在后文细致展开论述。

2.3.3　支持力：技术创新

信息化技术的发展在惠及人民生活的同时也导致了消费结构的转

---

① 冯健：《"文旅融合"该从何处着手》，载于《人民论坛》2018年第32期。
② 傅玄同：《关于文旅融合发展的探究》，载于《旅游纵览》2021年第8期。

变，当前企业市场竞争日趋激烈，产品同质化越发严重，在此情况下，无论旅游产业还是文化产业要想赢得竞争优势，满足多样化的消费需求，只有不断集成其他产业的技术、产品和市场要素，通过价值链的解构与重构、功能的整合与优化、产品的再生产与加工，才能实现产业的激活与增值。

另外，科学技术水平的提高也使得文化资源和旅游资源的融合点增多，许多旅游圈内的企业开始借此尝试去探索、探究旅游与文化产业融合与发展的结合点、突破点，期望通过文旅融合使文化产业和旅游产业在分享日益扩大的旅游客源市场的同时，实现文化资源和旅游资源的优化配置，获得规模经济和协同经济效应。

2.3.4　推动力：政策保障

根据上文论述可知，政策方面的支持是促使我国的文旅行业，它们产生融合的外部的驱动力。在二者融合的过程中，不论国家层面或地方层面，都期望通过文化体制改革，主动融合旅游发展。在管理职能的整合方面，2018 年文化和旅游部的组建意在统筹文化事业、文化产业的自主发展，以及旅游资源的深度开发。

上文中引用的国家政府层面许多政策类文件，都给文化、旅游二者的深度融合提供了较好的体制层面的保障。此外，即使在微观的县域层面，也有部分市、县从自身情况出发，在政府机构设置上将文化、文物和旅游相结合，甚至在文旅融合的基础上，部分地方政府进一步将体育、广播、电视等相关职能集中于同一部门，从而促进政策融合和体制机制的融合。

2.4　文旅融合的现状及问题

近年来，我国的文化与旅游产业的融合发展产生了显著的成效，既依赖于文化和旅游两者自身相向的协同，同时也归因于制度的创新和政策的供给，这两者都在过程中产生了巨大作用。

自党的十八大以来，文旅融合已经成为国家对文化产业以及旅游产

13

业的改革与发展方面所实施的制度性安排，这两个产业的融合经历了融合理念的尝试、融合部分和级别的尝试，最后来到融合范围的全面性发展，这样的发展促使文旅融合发展渐渐地实现了志同道合、携手同行和命运共同体，并渐渐成为结构充足、减员增效及新旧动能转换的承载关键。需要关注的是，文化与旅游两大产业的改制沿循着自上而下的流程一层一层地得到了开展，在2019年，改制基本落实到位，从制度角度给文化与旅游融合提供了保证，使融合环境与所需的氛围得到了很大程度的改善。

除了以上所述，我国各个地市也逐渐意识到促进文化和旅游融合的必要性，各自出台了若干政策，目的是推进两者的融合发展，在这样的形势下，文化和旅游融合的政策力度不断加强，直接导致市场供给得到了不断提升。

在以上综合作用下，我国文化与旅游融合过程中，关键性要素的供给，价值链环节的整合，这些方面的能力都得到了显著的提升。同时确定行政管理的一致性、整合关键市场、共享文化资源，通过以上多个方面的整合，促进了协同效应，借着以上的努力，一批一批的文化旅游独具特色的产品不断涌现，越来越多的项目作为新旧结合的形式，较好地满足了我国人民群众日益增长的高品质文化、旅游生活需求。

尽管如此，我国的文旅融合发展中仍存在若干问题，距离两者的深度高质量融合发展要求尚存在较大差距，具体体现在以下方面。

2.4.1 优质资源整合开发不足

我国旅游资源丰富，人文景观多彩，但是就目前的文旅发展情况来看，对优质文化遗产、优秀传统文化和优良文化基因的整理、挖掘、营销还远远不够，文旅资源优势还没有转化成经济发展优势。一方面，优质文旅资源的深度开发不足，旅游项目开发步伐缓慢，参与性、休闲性、娱乐性不强，很多旅游项目停留在"一日游""周边游"状态，收益不够显著。另一方面，优质文旅产品的策划能力不足，缺乏文旅内容、技术、模式、业态和场景的创新与重塑[1]。在文旅融合的若干路径

---

[1] 高震：《文旅融合后文化旅游产业的现状与理论研究》，载于《旅游纵览》2020年第21期。

中，资源的融合处于基础而重要的层面。文化概念内涵丰富，文化旅游资源也包罗万象，涵盖了诸多门类、系列。相关部门在对文化资源进行旅游开发过程中，应考虑将多门类文化形式进行跨界整合，以达到更好的开发效果。

2.4.2　产品业态更新升级力度不够

高质量的文旅融合需要高质量的文旅产品和业态作为支撑。当前，我国文旅业态迭代升级缓慢，产品供给跟不上消费升级需求，无法满足"提振消费、扩大内需"的需求。一方面，新型文旅业态匮乏，现有的文化旅游以观光游为主，具备较强 IP 属性的旅游品牌匮乏，地域特色不鲜明，游客认知度不高。另一方面，城市旅游形式单一，特别是能够迎合女性群体、青年游客等的新型旅游产品供给明显不足，"夜间经济"等形态发展滞后，流量转化、知识传播、经验分享等新模式发展缓慢，影视 IP 游、康养游、亲子游等旅游形式尚未得到充分重视。

2.4.3　产业价值链延伸拓展程度不足

产业链、价值链、创新链的拓展延伸是文旅融合可持续发展的关键。就目前情况来看，虽然我国文旅融合所呈现出的形态较多，但融合的广度和深度略显不足，产业链前端聚焦、中间协同、后端转化机制运行不畅。具体来看，一方面表现为产业链条不长，"门票经济"仍占主流，吃、住、行、游、购、娱六大旅游要素配置不平衡，大多数文旅项目停留在将游客"引进来"，却没有能力让游客"留下来"，"一日游"占比较高①。另一方面则表现为产业附加值不高，产业链条的重心放在初级文旅产品的应用上，而在跨产业延伸方面较为欠缺，尚没有形成上下游高效衔接的文旅产品体系。此外，缺乏龙头企业的引领带动，缺乏大资本、大项目的支撑，上市企业、具有国际影响力的跨国旅游企业较少，企业竞争力普遍不强。

---

① 程佳：《传统文化对旅游管理的影响分析》，载于《当代旅游》2021 年第 20 期。

2.4.4 体制机制保障力度不够

体制机制融合程度的缺乏是制约文旅融合发展的重要因素。虽然在体制结构上，我国从中央到地方的文化与旅游部门都进行了合并，但具体工作机构的合并还停留在表面，文化管理部门仍偏重于考虑文化产业发展和文化遗产保护，而旅游管理部门则偏重于旅游项目打造，缺乏文旅融合发展的统筹考虑和顶层设计。此外，目前我国许多文化旅游景区分属于旅游、文物、宗教、环境等不同部门管理，各部门之间沟通协调难度较大。同样需要注意的是，在支撑文旅深度融合发展所必需的人才方面，目前兼具文化内涵、策划设计能力、创新能力与经营管理能力的文化旅游产业复合型人才匮乏，文旅人才获取、开发、培养、激励、评价等体制机制有待进一步完善。作为支撑文旅融合发展的最关键的智库力量，文旅产业人才迫切需要得到应有的关注，围绕人才的作用、分类、素质、效能发挥机制开展系列研究，本书第3章即围绕这些核心问题展开论述。

2.5 文旅融合的常规模式

不难看到，文化产业与旅游产业的融合必然会催生出许多新的模式、新的业态，这一点已经成为学界与业界的共识，需要对于这些新模式、新业态进行细致深入的分析。这样做有助于让我们认清文化与旅游的融合的规律性和基础性质，对于把握文旅融合的趋势、走向，对于我国的文化产业、旅游产业发展来说意义重大。

与西方的情况不同，我国文化产业的发展始终离不开政府的支持、引导，更不用说文旅的融合发展本身就是在我国政府的积极推动下才得以展开的。当初积极推进这一融合，其实就是希望通过这种方式，来大力提升文化产业向着国民经济支柱性产业方向发展，在带动文化产业发展的同时也能长足的带动旅游业发展，这样发展的结果必然是游客的文化获得感的增加，在旅游活动中游客的多种需求得到满足，同时旅游满足感得到提高，求知欲得到满足，旅游时间会延长，旅游空间也会得到扩大。

从我国的情况而言，文化产业的发展与旅游产业的发展，及其融合发展都要符合国情，形成自己的经验，自身独有的模式需要探索。我国地大物博，各类资源都相当的丰富，当然这些资源也包括文化资源在内，这当然就可以帮助我们形成一种资源发掘型的产业（关于文旅资源整合开发问题，本书将在第 5 章进行更为详细的论述）。意识到这一点，我国的文化旅游融合就需要充分发挥所拥有的各种资源各自独特的优势，尝试各类资源因地制宜地整合利用，形成所谓的"一源多用"，从而以此来带动更多其他的产业快速发展。到现在，在充分借鉴国内外目前的经验基础上，发现文旅融合的基本模式主要包括原生态文化保护型模式、文化资源开发利用型模式、IP 延伸授权型模式、"文化＋科技"的娱乐型模式、"文化＋地产"的休闲度假型模式等。

2.5.1 基于原生态的文化资源保有模式

以原生态文化保护为基础的文旅融合模式在世界各地区域都可以看到，但是相对而言，该模式在欧洲国家的文旅融合中更为普遍，也更受到多种关注。这种模式最重要的着眼点在于文化资源的价值和意义，在这种模式下不提倡过度地去开发文化资源禀赋，而是提倡少一些程度开发，甚至考虑不去开发文化资源，以此来体现文化资源的完整性和真实性。因此，在文化与旅游的融合中，特别强调文化资源的维护与保护，反对去破坏、歪曲、滥用现有的文化资源和过度的开发行为。同时，反对那些为了追求纯粹的经济利益而进行的商业化以及过度的开发行为。

因此，我们可以看到许多的欧洲国家都完好地保存了大量的古建筑、旧街区、大教堂、教士修道院、影视歌剧院、古代城堡、花式庭院等文化遗产形式，而这使其成为吸引世界各地游客的最重要的国家级旅游资源。由此可见，旅游是一种文化体验活动，而不是简单的"匆匆一瞥"。游客在旅游观光的过程中，通过所看到的各种文化符号，不断地诠释和还原自己心中预设的文化想象[1]。文化价值是鼓励游客长途跋涉

---

① 张胜冰：《文旅深度融合的内在机理、基本模式与产业开发逻辑》，载于《中国石油大学学报》（社会科学版）2019 年第 5 期。

17

到旅游目的地的重要吸引因素，这也意味着旅游必须包含文化元素，包括深刻的文化体验。浙江乌镇是中国众多古镇中的代表。它的文化意义主要就在于作为江南古村落的文物，能够在现代社会中得到完整的保存。虽然非常偏远、交通不便，但游客仍然愿意不厌其烦地去那里观光体验，这根源于原生态文化的魅力所带来的巨大吸引力。

2.5.2　文化资源开发利用型模式

文化资源的开发与利用不仅仅是发展文化产业的重要途径与渠道，同时也是促进文化跟旅游二者相互融合的重要手段。可以看到，经过对文化资源的开发与深度利用，形成了众多文旅融合的模式，这不仅促进了文化产业的发展，同时也自然地促进了旅游业的长远发展。因此，这一模式在我国得到了广泛的推广与应用。不少地方十分热衷于通过开发文化资源，去打造文化旅游的产品，甚至不惜斥巨资去修建、建设众多的文化旅游类项目。例如在深圳，起源最早的四个主题公园分别是世界窗口、灿烂华夏、中华民村、欢乐彩虹谷等，都是立足于文化资源去开发和发展的综合性的文旅融合性产品。

但需要看到的是，这类文化旅游项目的开发往往由于缺乏深度整合，人们自身无法深刻感受到文化资源的魅力和价值，对游客的吸引力难以持续。文化与旅游的融合不能简单地理解为人为地创造文化。只要加入一些文化符号，就会有文化意义和价值。在此以浙江省横店旅游区为代表，它是国家 5A 级的旅游景区，同时也是国家文化产业创新试验区。在这里，文旅融合已成为主要的发展模式。但若无法挂上"中国最大的影视基地"这一金字招牌，若无影视产业来支撑，所谓横店文旅城也只是一堆毫无生气的建筑群。这就是为什么许多模仿横店但没有影视产业支撑的文化旅游城市都在衰落①。当然不能说文化资源的开发和利用方面就没有成功的案例。例如山东的台儿庄在古城的原址基础上，经过对原有的文化资源的再开发，终于重现了古城原貌（关于台儿庄旅游整合的经典案例，本书将在以下章节中详细讨论）。

---

① 王建芹、李刚：《文旅融合：逻辑、模式、路径》，载于《四川戏剧》2020 年第 10 期。

2.5.3　IP 的延伸与授权类型模式

文旅融合中的延伸与授权这一类型，有时候也被称为 IP 的延伸、授权类型的文旅融合模式，它主要强调 IP，也就是说知识产权的原创价值，这种模式更加强调从一个超级 IP，逐渐逐步地推广延伸，从而产生许多授权型的衍生产品形式。这种模式通过提升文化的附加值来促进文化与旅游两者的深度融合，因此也就逐步地延长了两者融合以后的产业价值链，最终构建出基于 IP 的产业生态与产业链条。

放眼去看，无论是美国的迪士尼乐园，还是我国的欢乐谷等项目，它们都是文化产业与旅游业，两者彼此融合发展的经典范例，可以看到它们全部都借助于其母公司的影视 IP，借助原创内容资源把 IP 的移植以及延伸、挪移到旅游业中，这样一来，旅游业就成为 IP 延伸延展的载体，这样做的目的当然是使文化资源的开发由一次性变为多次性，这样从而极大地提高了文化资源的利用效率。

需要了解的是，上面这种 IP 的延伸、授权型模式还可能出现在其他的文旅融合相关领域，例如动漫和游戏产业，在这些产业中，延伸型产品广泛分布在众多行业之中，动漫、游戏产业的盈利模式并非单纯依靠产品本身，而是围绕着与其相关的大量衍生品、周边以及得到授权的其他产品。上面提到的这些产品广泛分布在影视娱乐作品、游乐园、主题乐园等文旅项目之中，构成了体量庞大的产业链条。从这个意义上，动漫产业经常被称作"小产品、大产业"，就是因为它能够经过授权形式形成若干的相关产品的开发，其产业链长，这种模式涵盖行业多。

2.5.4　"文化＋科技"的娱乐型模式

"文化＋科技"是当今世界发展的重要趋势。许多文化产业强国都非常重视科技对文化的支撑作用。美国以音像制品为代表的文化产业是这种"文化 plus 科技"的典型范例与模式。可以看到，因为科技含量较高，观感与聆听效果突出，其市场的竞争能力非常的强。再拿韩国作为示范，因为是世界范围内的文化产业领域强国，韩国的产业发展是以文化内容为主体的，起先其是将文化产业视作内容产业的。后来，越来越强调科技对文化内容的支撑,并提出将 CT（Culture Technology）产业作为未来文化产业发展的战略导向。

韩国希望未来文化产业与科技高度融合提升产品的竞争实力,同时促进产业的附加值增长,形成一种可以称为"韩流"的现象级文化产品的竞争力[1]。近年来,要通过文化科技创新加快文旅融合进程,推动文化产业向高质量、高效率发展,通过落实文化、资源、科创、创意、创新等工程项目来推动韩国的文化产业的发展以及进程的方式转变,希望能够借此来改变韩国文化产业的科技、资源开采度量不足的现状。

我国文化旅游产品业态水平低,资源开发利用浅。目前,有越来越多的文化与旅游融合,其实现模式与网络、大数据、VR、AR、MR、CR 等许多现代技术实现了紧密的结合,这些都带来了文化类娱乐带给游客的崭新体验与感受。许多主题公园不再是传统的游乐设施和游乐项目,而是通过文化和科技的介入增加了大量的互动体验,拉近了游客与场景的距离,给游客带来了新的享受和乐趣,从根本上提升了文旅融合的核心＋竞争力[2]。

2.5.5 "文化＋地产"结合的休闲度假旅游模式

文化和地产相结合是我国各地接连出现的一种独具特色的文旅融合模式,这种模式辐射的主要是休闲度假类的产品,它们既有旅游度假方面的功能,也有文化休闲方面的作用,例如恒大文化旅游城、深圳东部华侨城、万达文旅城、杭州休闲博览园、海南观澜湖华谊电影公社等,另外,还有很多是以外国地标来命名的,如奥地利小镇、泰晤士小镇、香榭丽舍小镇等,这些"文化＋地产"类的项目大多数由实力比较雄厚的房地产企业作为引导者来促进开发与建设的[3]。

必须看到,尝试将文化融入到地产项目中,这样做的好处是可以让

---

① 张胜冰:《文旅深度融合的内在机理、基本模式与产业开发逻辑》,载于《中国石油大学学报》(社会科学版) 2019 年第 5 期。

② 赵东喜:《科技创新推进文旅融合的机理与路径选择研究》,载于《科技和产业》2021 年第 11 期。

③ 张朝枝、朱敏敏:《文化和旅游融合:多层次关系内涵、挑战与践行路径》,载于《旅游学刊》2020 年第 3 期。

文化与地产彼此起到带动推动的作用，从而能够实现文化、地产两个方面的共赢，这样做当然会产生积极一面的效应。从具体方面来看，靠着地产商的力量，鼓励它们开发、建设，文化产业类型的项目可以为文化产业的发展提供相当强大的资金方面的支持，这样一来，可以很好地解决文化产业发展过程当中经常会遇到的融资方面的难题，可以从根本上去推动文化产业的重大项目，实现它们的平稳落地。

我们都处在消费经济时代，人们如今对于文化生活的要求是日渐提高的，文化领域的建设尤其是重大项目的投资工作，仅仅依靠政府来解决无疑会加重其财政负担，这样既不利于文化产业的长期持续性发展，也势必影响到民生工程的开展。相比之下，房地产企业具有比较明显的资金优势，它们对于进行文化产业方面的投资必然存有较高的积极性，然而当然也不可忽略，它们有着商业利益方面的考虑。很多企业出于拿地的目标，以及与政府搞好关系的考量，对投资文化产业项目大多往往表现出一定程度的热情。

出于这种考虑，政府单位就可以借用招标、投标等方式，让那些能够符合资质要求和施工条件的房产企业来投资文化产业类的具体项目，政府则在土地的出让金、额度等方面给这些企业提供一定优惠。从长期角度来看，这样做当然是有利于推动文化产业的发展的，同时也十分有利于促进文化与旅游两大产业的深度融合。

房产企业通过投资文化产业类的具体项目还能够实现促进文化与地产两个领域的融合与发展，这显然有助于提升地产业的附加值，并且这样做对房企也是有利的。需要看清，文化从来是产品增加附加值的内在要素，文化元素无法融入其中的话，地产项目就成为没有生命的钢筋水泥丛林；相反，我们将文化内容融合到房地产项目里面，能够有效地提升地产规划项目的内在价值，实现双赢。

2.6 文旅融合的基本类型

2.6.1 旅游文化演艺产业

国外旅游演艺产业发展较为成熟，如百老汇等，我国目前在此领域也已探索出一定实践经验，产生了一系列较为经典的项目案例，形成了一些可借鉴的模式。

首先，旅游和文化是相互依存的。文化是旅游的内容和深层表现，而旅游是实现文化启蒙和娱乐功能的良好载体。旅游表演项目体现地域文化，让各类文化艺术活在生活中，突出文化在旅游中的"核心竞争力"。一方水土养一方人，文化差异的产生与其所在地有很大的关系。地形、陆海位置、纬度等地理差异导致土壤、气候、植被等自然景观的差异。正是在这些自然环境中，人类环境才得以产生。比如，在桂林山水中产生了《漓江》等纯净清朗的民歌，造就了《印象·刘三姐》等经典演出项目；嵩山地处中原，林深雾重，孕育了少林这样坚如磐石的武术，而嵩山少林这样的演艺项目，则是禅宗与武术的结合。特别是入境游客希望在旅游过程中体验到与本国不同的中国文化和民俗风情，因此，表演艺术活动的文化和地域属性也是吸引更多入境旅游的有效途径[①]。

表演艺术活动具有强烈的表演特色，承载着丰富的历史和社会文化内涵，这决定了它比其他旅游产品更集中文明引爆点。典型的实景旅游演出产品依托地域文化优势，以自然环境为灵感来源。它最初与天气文化、温湿度、景观格局融为一体，只存在于特定的环境中。它结合了主题、艺术形象和当地文脉，呈现具有地方特色和鲜明个性的表演，使其具有不可移植和复制的特点。

《印象·刘三姐》位于阳朔叔桐山脚下，占地面积近 2000 平方公里。在这两个水域的转角处有一个半岛。隔江相望的是沿江的十二峰，以江为舞台，以峰为风景。结合刘三姐的民间传说，侗族、壮族、苗族等少数民族文化，电影《刘三姐》的爱情主题曲以及广西少数民族文化和地域文化，进行深入的艺术创作。《印象·丽江》以东巴文化为主要创作主题，深入挖掘当地少数民族文化，结合国内外知名的三大世界遗产，将这些元素融入演出中，突出自身的差异。它只存在于丽江，属于丽江，充分诠释了一地一水养一方人的文化魅力。《印象·西湖》以我国最著名的湖泊之一西湖水域为背景，充分利用人们心中对"上有天堂下有苏杭"的独特理解，将西湖的文化底蕴巧妙地融入到表演艺术

---

① 马宗哲：《旅游演艺的内涵特征与市场分析》，载于《当代旅游》2022 年第 7 期。

中。《禅宗少林·乐礼》以我国源远流长的中原文化为基础，以享誉世界的少林文化和神秘的禅宗文化为创作核心。此外，大型真人演出《盛朝大典·康熙》和大型媒体风格歌舞诗《元梦华帝》在主题和艺术形象上都离不开当地的自然风光、人文景观、历史文化，是对"地方文化符号"的高度艺术认可，成为不可复制、不可替代的旅游表演杰作，形成强大的市场吸引力和竞争力[①]。

其次，游客旅游的过程也是一个寻找和感知文化差异的过程。他们天生就有求新求异的心理需求。不同的地域文化促使游客离开家乡，到外地旅游，所以他们希望寻求不同于原地的文化习俗，了解当地的风土人情、历史文化。

旅游目的地的吸引力非常依赖于游客对于当地文化的理解。虽然诠释方法各不相同，但通过具有地域特色和鲜明个性的旅游表演项目来反映旅游目的地的文化，无疑更容易取得成功。旅游表演产品的开发具有深厚的文化内涵和表现力。然而，我国许多旅游目的地缺乏鲜明的文化主题和深厚的文化挖掘。

我国的传统文化和民族文化中有许多优秀的思想。这些优秀的文化资源如果要被游客所理解和接受，就必须把一种能够准确地展示这些理念，并得到游客认可的载体融入到旅游产品的生产中去。旅游表演作为一种特殊的载体，为我们学习中国传统文化创造了一种新的形式。它以一种受文化消费者欢迎的形式介绍传统文化，以一种我们更能接受的形式让人们在娱乐的同时体验传统文化。它满足了旅游者求新求异的心理，也是旅游目的地文化的一种娱乐和再现。

旅游表现产品规划在充分挖掘当地历史文化、民族文化等地域文化的基础上，能够让旅游者真实地感受旅游目的地的历史文化，其不可移动性也使得开发能够在当地进行，旅游者需要到旅游目的地才能真正了解其魅力，因此成为较为理想的旅游产品。

最后，文化遗产和静态的文物展示比较普遍，但却难以有效吸引大量游客的驻足，通过旅游演艺活动将目的地的地域文化特色和文化生态融入其中，增加了旅游产品的精神内涵和生动的文化魅力，以动态的方式最大限度地展示特色文化，将静态的旅游资源转化为动态的旅游，不

---

① 马宗哲：《旅游演艺的内涵特征与市场分析》，载于《当代旅游》2022 年第 7 期。

仅使观众了解当地文化的内涵,欣赏当地文化的精髓,还有效地激活和拓展了潜在的旅游市场。吸引国内外游客,增强区域文化旅游市场竞争力,保持可持续发展势头。表演艺术活动比其他方式更能直接传达文化的魅力,通过声、光、色的多重刺激,将文化的立体形象直接呈现在游客面前,其形式的艺术感染力更深入人心。

此外,旅游演艺属于文化创意产业,文化创意中的创意或创造力包括两个方面含义:第一是原创,即前人和他人没有的首创;第二是创新,即经别人创造后,将其进一步地改造成新东西,给人以新的感受。在《印象·刘三姐》的创作中,刘三姐是广西壮族杰出的民间歌手,被誉为"歌仙""歌圣"。20世纪60年代,电影《刘三姐》使之成为广西文化形象的代表和国人家喻户晓的电影人物。在旅游演艺节目的创作过程中,既尊重了一直以来刘三姐带给人们的特定印象,也在此基础上有了新的创造,将爱情和对歌、人物的对立冲突等都融入其中,既保持了观众对刘三姐的熟悉感,又推陈出新,符合艺术创作的要素。这些旅游演艺既有动态展示,又在原有的基础上进行创新,符合历史发展规律和游客内心需求,成为创造旅游经济效益和社会效益的良好方式。此外,旅游演艺已成为当地文化展示与传播的重要载体和窗口,对当地文化遗产的保护与发扬光大具有十分重要的现实意义。

政府主导和市场运作的结合在旅游演艺中作用巨大。在中国特色社会主义市场经济下,文化产业与旅游产业融合必须与大环境融为一体,以此获得更多发展助力,也符合经济社会的发展规律。在旅游演艺发展过程中,必须坚持政府主导和市场运作的协调统一,发挥政府引导作用,结合市场需求运作,同时注重商业与艺术的融合。通过政府的政策引导、资金扶持和宣传推广以及市场的产业化、集团化和品牌化运作,形成发展合力,更好地推动旅游演艺的健康、可持续发展。

政府的主角并不是完全由政府来安排的,而是基于市场。应该增加政府的参与。在政府的指导下,将企业、艺术家、当地村民、民间组织有效结合起来,形成强大的力量。市场的主导作用主要体现在以下几点:在土地使用、贷款、税收、劳动用工等方面提供必要支持;通过积极向社会发出信号,以便更加高效地寻找投资商;借助自身优势对旅游演艺产品进行宣传推广;邀请专家咨询,组织专家论证,帮助企业提高绩效质量,指导企业提高产品知名度和美誉度等。政府的参与主要体现在前期融资、土地使用、贷款税收、劳动力等方面提供相关支持，为旅游和演艺创造良好的市场环境。例如，大型真人演艺行业的投资金额普遍较高，投资者很难单纯依靠演艺产品获取自有资金。政府可以通过服务、引导、协调等方式，创造良好的投资环境，然后注入启动资金，采用多元化融资机制，引入市场发展主体，让非公资本特别是民间资本参与，保证产品开发所需的资金。这些大型旅游演艺产品由政府、演艺公司、旅游景区、媒体方投资设立项目股份公司，对项目进行综合经营管理，形成由市政府负责、统筹协调领导的文化产业与旅游产业跨部门联动协调机制。同时，对科技、环保、宣传、演艺团体、剧院、演出机构、旅行社、酒店等形成有效的营销机制和积极的营销推广，这就是一个非常好的发展模式。

市场需求是决定演艺项目是否能健康、可持续地生存下去的关键因素。在市场经济条件下，要紧紧地把握现代旅游的理念和规律，依靠市场化机制进行操作和运行，以争取好的经济效益和社会效益。旅游演艺项目要想经久不衰，必须结合市场定位、目标市场细分以及市场反应作出相应调整和创新。

北京红剧院的《功夫传奇》、欢乐谷的《金面王朝》、湖南长沙天汉大剧院的《梦之夜》、上海的《时空之旅》、深圳的《世界之窗》等都是针对市场需求而设计的演艺活动，都是借助旅游市场的人气而开发的，取得了不俗的效益。如早已超过千余场演出频次的《功夫传奇》，其成功的关键因素就是市场定位的精准性，不仅在国内驻演，而且在国外巡演；再如《梦幻之夜》，其演出主题一年一变，演出内容每月微调，除了大年三十、初一、初二停演外，这个剧组全年演出几乎是场场爆满。

在旅游演艺产业发展中，所谓完善的市场运作一定包括了合理投资的机制，包括了精益求精的运维，包括了长期有效的营销，包括了有影响力的推广，等等。经过市场化的经营与运作，文化、旅游两大产业可以实现最大限度的结合。上述所说情况概括起来，其实运营商在产品的开发阶段，就开始着眼于随后的市场操作与管理运营，它们在产品的设计、推广、经营等多个方面坚持将市场需求作为重要参照，同时做到将旅游者的诉求作为核心，用心去打造能够满足旅游者深度需求的、对其具备强大吸引力的演艺作品。通过众多旅游演艺作品的演出反映来分析，旅游演艺项目只有对市场负责、让观众认可、拿效益说话、以市场为本源，才会经久不衰、蓬勃发展。那些叫好而不叫座的产品不会有真正的市场，创造出尽可能多的叫好叫座的产品，这才是追求的目标。

这里所论述的商业要实现与艺术的交融，对打造优秀品牌提出了很高的要求。好的旅游文化演艺，其内容不应只局限于文化性上，还要结合商业性演出，不仅要有文艺性，也要提供给游客互动的空间以及参加的可能性。演出的基础是艺术，但商业性是营销的根本，并以吸引游客的注意力获得经济效益，将艺术与商业完美结合。在艺术欣赏方面，表演符合游客的口味，强调娱乐、休闲、高雅和共同欣赏，而不是单纯的艺术类型。旅游表演产品在形式上也可以灵活多变。例如，景区小型演出可以根据现场环境创作节目，根据观众的要求即兴表演，实现柔性制作。大型演出可通过特效舞美、声光影等方面的综合运用，尝试呈现优秀的效果。考虑到其商业性质，旅游演艺能够吸引到游客，达到延长其游览时长的目的，这样做的结果就是实现溢出效益，带来可观的商业利益。采用市场化的精英管理模式，对旅游演艺活动的发展具有极大的促进作用，也能够更好地发挥开发商对旅游演艺的创新动力。而且，盈利的目的也为演艺项目的全面发展提供了动力，即娱乐营销，也可以保证旅游演艺经营者积极开发新产品，以满足市场需求，并深入研究游客的文化、物质和心理需求，使演艺活动得以变革、创新和繁荣。此外，引入社会资本也是市场运作的一个很好的选择。云南大理的《风花雪月》、杭州的《千古情缘》、桂林的《印象·刘三姐》，都是对民营资本运作经验的探索。利用民间资本经营，打破了传统的依靠政府拨款的方式，既可以盘活地方资源，又可以促进当地人民的富裕。

以印象系列为例，其旅游文化创意是由政府引导和支持的，通过创作人的才华提高社会认知度，制作创意产品的创意旅游演艺产品。它不仅包含了一般意义上创意产业的特征，还通过展示其原址来影响游客对旅游目的地的流向，并保证了产品在创意生产地的消费。为旅游目的地注入新的活力。《印象·刘三姐》是《印象系列》的第一部分，这一项目堪称是政府带头、民间融资、企业运作的综合配合模式的范例。《印象·刘三姐》项目的创意、投资、推广等环节都发挥了政府的带领引导及推动作用，将政府的引导作用与市场驱动力完美结合，极大地推动了项目的成功。

　　这一项目最初是由广西壮族自治区下辖的文化厅来提出并发动,政府先期投资了 20 万元来作为项目的启动资金,随后项目的经营与管理又引入了广维集团。广维集团作为控股股东,与广西文化艺术有限公司共同成立桂林广维文华旅游文化产业有限公司,投资 9000 万元,将一套商业管理模式引入到《印象·刘三姐》的运营中,让意境建立在坚实的商业管理平台之上。《印象·刘三姐》成功后,文化部在阳朔召开专题会议。2004 年被文化部评为十佳绩效奖,被列为第一批国家文化产业示范基地。《印象·丽江》已被定位为云南文化产业发展的重点项目,省委、省政府正全力将《印象·丽江》打造成一流文化品牌。在《印象·西湖》开拍前一年多,杭州市政府领导就此事联系过张艺谋和其他创作团队。当该项目因环境问题受到质疑时,杭州市政府也召开了新闻发布会,辟谣并积极宣传这一想法。“印象系列”的产生既与创意人的文化创造具有很大关系,也与政府作出的促使本地区经济、文化进步的优化产业政策密不可分,是政府主导和市场运作的统一。

　　主题多样性的作用同样不可忽视。旅游演艺项目类型多样,内容丰富。首先,除了最为常见的舞台演出等活动外,还有一些临时的即兴演出等允许旅客参与的演出活动。无论是哪种表演形式,都具有其鲜明的主题和特色,同时,旅游演艺的资源、市场和产品均围绕演艺活动主题进行。其次,旅游演艺又分为剧场有所凭依、景区与旅行的交叠、实景演出以及宴会舞蹈等,上述的各种类型的表演主题、内容和形式又各不相同。当然,旅游演艺主题的多样性和与当地的资源特色存在着密切联系。最后,只有不同旅游演艺的主题足够多样,才能足够充分地去体现它的特点,以此成为吸引游客的契机,并借此带来更多的商业机会,实现旅游演艺自身的经济和文化价值。

　　在主题多样性的形成方面,一是优选以可识别的自然和文化景观作为表演艺术活动的主题。比如宁夏的镇北堡影视,就以宁夏黄土高原独特的荒凉平原风光吸引着观众。乌镇旅游以皮影戏和桐乡花鼓戏为舞台画龙点睛。二是依靠策划者运用自己独特的眼光、敏锐的思维和洞察力,从各种文化潮流中选择具有强烈当代特色的旅游主题作为演艺活动创作的源泉,充分体现知识和兴趣,激发旅游者求新的内在心理。例如,2005 年国家旅游局提出发展红色旅游,并提出将红色旅游发展为该年度我国旅游的重要主题。鉴于此,那些在红色旅游的景区设计中,能够展现抗战方面的重大战役等重要历史时刻的各类演出就是很好的例子。此外，主题鲜明的演出活动和有影响力的演出也可以改变旅游区的环境和资源质量①。

2.6.2 文化主题公园

现代主题公园起源于美国，在世界范围内已有五六十年的历史，其发展已经比较成熟。随着国内经济的发展，中国的主题公园也取得了快速的发展。再加上全民休闲时代的到来，主题公园迎来了更具吸引力的发展机遇。我国主题公园的分类十分广泛，按照主题公园的性质特点，基本可分为沧桑历史、微缩宇宙、风情民俗、娱乐科创、影漫娱乐、生态环境等。根据主题公园的内容，至少可以分为四类：（1）以过山车、大钟摆等刺激娱乐为代表的主题公园，如北京欢乐谷、常州恐龙园、芜湖方特等；（2）主要进行动植物展示，以及呈现生态景观的主题公园，如上海野生动物园、大连极地水族馆、杭州西溪湿地等；（3）以影视、动漫、电脑游戏为主题的场景模拟主题公园，如香港迪士尼乐园、常州环球动漫乐园、横店影视城等；（4）村落古镇、历史各朝、祭祀宗庙等文化底蕴乐园，如西安大唐芙蓉园、海南三亚南山文化旅游区等。主题公园一般具有以下特点：主题的创新性、公共性、效益广泛、参与性体验要求高。主题的创新在于主题公园的文化创新，尤其是对文化的创造性运用和创新，这正是上述各类主题公园的灵魂，是主题公园有别于其他产品而取胜关键。本节以唐芙蓉园为案例进行简要分析。

西安大唐芙蓉园位于陕西省西安市的曲江新区，是国家 5A 级旅游景区，它是全国第一个全方位展示盛唐气象的规模宏大的园林，也是大型的文化主题公园，是首个五感（所谓五感，具体包括视觉、味觉、嗅觉、触觉、听觉）综合性主题公园。大唐芙蓉园景区是后来建设的，它建设于原来的唐代芙蓉园遗址，景区占地达到六十余万平方米，总投资达十三亿元。景区内景点众多，包括凤鸣九天剧院、芳林苑、紫云楼、曲江流饮、膳宫、宫女楼等。大唐芙蓉园按照区域划分，则可以划分为特色女性区、前门景观区、诗词区、佛区、王侯区、娱乐场区、道教

① 杨嵘、金妍：《旅游演艺的艺术表达与当代城市文化名片建设》，载于《北京舞蹈学院学报》2020 年第 6 期。

区、漂流区等十几个景观文化区，这些区域每天上演各种精彩节目，包括祈福、广场音乐、大型舞蹈表演、各类服饰表演、少林武术等。到了晚上，集音乐、激光、水火于一身的表演带给游客震撼的全方位立体感。公园气氛宏大，如梦似幻，它集中了唐朝精神的灿烂和无与伦比的文化和艺术，以及它的雄伟大气，横跨天空，俯瞰一切①。

2005 年 4 月 11 日，芙蓉园正式对外开放，并逐渐在竞争激烈的旅游市场中脱颖而出，迅速获得知名度。大唐芙蓉园以大唐文化为灵魂，园区建设以水为核心，集观光体验、休闲度假、餐饮娱乐于一体，可以说是一座浓缩大唐文化的大型主题博物馆。大唐芙蓉园的主题"大唐文化"是其成功的根本因素。

首先，大唐文化的主题具有创新性和独特性。在全国主题公园成为模仿潮流的时候，大唐芙蓉园走了一条以"大唐文化"为主题的独特道路，让人耳目一新，有别于其他主题公园②。西安作为唐朝的都城，有着深厚的唐朝文化内涵，这使得唐芙蓉园具有独特的优势，是其他城市难以模仿的。其次，大唐文化的主题定位与西安的城市形象相契合，与西安历史文化古都形象相呼应。此外，唐芙蓉园是在著名的曲江皇家园林——唐代芙蓉园的基础上建造的。以"走进历史，感受人文，体验生活"为背景，展现了盛唐盛世的灿烂文明。满足市场需求和游客期望。最后，芙蓉园的设立，补充了陕西动态文化旅游资源不足的现状，与陕西其他静态文化旅游资源相匹配、相补充。大唐莲花园的主题创新和文化的精准定位，使大唐莲花园具有永久的生命力和竞争力。大唐芙蓉园因能满足各类游赏者的体验需求，被称为"国人震撼、世界惊奇，不可不游的旅游胜地"。全园共划分出十四个景观文化表现区域，通过展现女性文化、茶文化、演艺文化、饮食文化、诗歌文化、帝王文化、科举文化、民俗文化、歌舞文化、神童文化、外交文化、宗教文化、大门特色文化等这些多元文化，融合统一的展现大唐文化全貌③。

大唐芙蓉园在园区建设中非常注重文化的展示和参与。在建筑设

①　王晨悦、陈丹：《大唐芙蓉园——打造西安文化特色旅游领导力品牌》，载于《美与时代》（城市版）2018 年第 11 期。

②　薛超越：《唐代文化在大唐芙蓉园景观设计中的表达与传承》，载于《中国集体经济》2021 年第 6 期。

③　常心如：《大唐芙蓉园：景观空间的文化表达》，陕西师范大学硕士学位论文，2020 年。

计、园林设计、小品景观设计等细节上，最大限度地体现大唐文化的魅力，目的始终是体现大唐盛世的灿烂文明。众所周知，大唐芙蓉园的建筑是中国园林和建筑艺术的杰作，尤其是唐代风格的皇家园林，吸引了世界的目光。仿唐园林是对中国古典建筑和园林建设艺术的继承和发展。园内的御宴宫、芳林园、杏园、鲁豫茶馆等都是国内外公认的唐代优秀建筑作品。有 14 个展示唐朝文化主题的景点，如艺术、科技、外交、宗教和妇女，以及 12 个不同魅力的园艺景观，如"曲江流水"和"银桥飞瀑"，都再现了唐代的壮丽风光。公园内所有的小品和风景都注重唐代文化的内涵，如用唐代的烟灰缸放大作花盆，衣服的装饰作路边装饰，所有的道路、墙壁、灯光等都要突出唐代文化的浪漫①。这些项目，从它们的规划到实施，都以唐代文化和历史场景的浪漫为最佳出发点，借助西安古都巨大而深远的历史文化根基进行延伸和发展。

《追梦大唐》已成为芙蓉园的一大卖点和文化娱乐的金字招牌，致力于为人们提供丰富的大唐文化大餐。在娱乐内容方面，《追梦大唐》的场景主要是在宫廷里，有贵妃的霓虹裙和羽衣舞，有大唐兵权皇帝的明鼓检阅，等等。每一个素材都让每个观众仿佛穿越了几千年，梦回到了唐朝；在娱乐设备方面，《梦回大唐》的表演服装、戏剧效果、璀璨灯光、多彩音乐以及世界上最大的绚丽景观表演，全方位地展现了大唐时期的完整的社会情状，能够让游客深刻感受到大唐文化的瑰丽。其中的水幕电影《大唐梦》是不可错过的精彩娱乐节目。此外，还陆续策划精品主题文化活动，展示民间技艺，如成立东仓鼓乐俱乐部，传承西安鼓乐。大唐芙蓉园的发展本身就是保持这一品牌活力的根源，它为广大的游客创造出了"文化为魂，以动态创造美、精神为意、体验文旅"的价值理念。②

关于主题口号，芙蓉园提出了"打造震撼国人、惊艳世界、不可错过的历史文化景区"的主题口号，试图将大唐芙蓉园品牌打造成为西安新品牌文化名片，力争让大唐芙蓉花园成为全国乃至世界知名品牌，这也为品牌的长远发展奠定了坚实的基础。在区域的设计思路上，大唐芙蓉园跳出了以历史文化为特色的旅游景区的传统思路，创造出了"贴近

① 薛超越：《唐代文化在大唐芙蓉园景观设计中的表达与传承》，载于《中国集体经济》2021 年第 26 期。
② 冯长生：《西安大唐芙蓉园》，载于《西部金融》2019 年第 11 期。

历史、感触人文、体验古风"的理念，融入大唐文化，将休闲旅游、体验旅游理念融入园区规划，为游客营造享受、感受、购买、学习、娱乐的文化氛围。就市场定位而言，大唐芙蓉园明确以浪漫为主题，以"浪漫历史，快乐体验"为品牌特色，以满足以人为主体的智力需求为市场。通过积极的政策与有实力的媒体合作，打造有影响力的高水平节日活动。

　　合理的选址是大型主题公园成功的关键因素，这里包括宏观与微观两个层面。宏观上来看，芙蓉园处在西安的南部郊城文化区，它与城市相距不远，交通比较便利。另外，芙蓉园的一级、二级旅游市场十分丰富，它覆盖了关中、陕北、陕南等许多主要的地级市。人口规模远远超过美国华盛顿城市土地学会提出的大型主题公园旅游市场需求。与其他主题公园依赖一二级客源市场不同，大唐芙蓉园以其突出的大唐文化特色，拥有巨大潜力的三级客源市场。充满活力的历史文化资源有效补充了西安传统旅游资源，吸引了周边省份、国内旅游市场乃至国际旅游市场。微区位是指主题公园在城市内的具体位置。在这方面，大唐芙蓉园位于西安的郊区雁塔区和主城区长安区之间的过渡地带，这里的地价相对便宜一些。从通达角度，大唐芙蓉园正对闹市长安街，处于交通主干道，通达性较强。

2.6.3　文化主题酒店

　　主题酒店的崛起始于 20 世纪末，是在全球客源市场竞争日渐加剧的背景下应运而生的。主题酒店在国外的发展有较长的历史，而我国的主题酒店的发展，还是要追溯始于 20 世纪 90 年代。最早开始尝试的省份是山东与四川，这是内地最早有过尝试经营主题酒店的实例。另外，北京与陕西因为有历史、文化方面的优势，也兴建了大批以历史、文化作为经营主题的酒店；沿海一些发达地区如广州、深圳以地理、经济等方面优势，吸引着大量外资涌入，建起了许多表现异域文化的主题酒店[①]。

　　主题酒店主要通过选定的主题素材，采用建筑与文化融合的方式，

---

　　① 黄慧：《文化主题酒店发展探析》，载于《旅游纵览》（下半月）2020 年第 4 期。

以打造文化主题为目标，因此无论是硬件还是软件，此类酒店主题的开发，全都围绕给客户带来与目标主题有关的体验来展开。因此，这些酒店最大的特点，就是将各种有趣的文化主题与酒店的经营与管理结合起来，将这种理念渗透到酒店的整个价值链中，在此指引下，让酒店的装潢、顾客服务、运营风格都充分体现某种或某些文化的主题含义，借助这种独特的特色，促成对消费行为的刺激。因此，真正的主题酒店提供的不仅是一个住宿的场所，提供的实际上是一个具有丰富文化内涵的旅游产品，这一产品集文化内涵与旅行体验于一体。可以说，文化主题就是各种主题酒店的灵魂，主题的本质是文化，使其区别于一般酒店，主题展示的目的是保证顾客在酒店内外都能感受到主题文化并愿意为此买单，有效地实现文化资源向文化资本的转化。一般来说，根据主题的不同，主题酒店可分为自然景观类主题酒店、特定历史类的主题酒店、各大城市特色类的主题酒店、历史名人类的文化主题酒店、具体艺术形式为标志的主题酒店等。根据主题的呈现手段，可分为写实型、写意型和怪诞型。根据主题化程度，可分为完全主题酒店、广义主题酒店、轻度主题酒店等。

主题酒店的特色表现为"双高特色"，即高收益和高风险并存。由于主题酒店的差异性非常明显，酒店可借助差异优势掌握定价的主动权，培养顾客忠诚度，使酒店不至于像其他酒店那样，被价格的制定所限制。对于主题酒店来说，其主题色彩越是鲜明，就意味着这种产品满足某类顾客特定需求爱好的作用越强，顾客对这类产品也就越忠诚，那么其他产品能够替代该产品的可能性就越小。但是，高风险往往也随之而来。首先，主题酒店是建立在市场高度细分的基础上，它的目标服务对象是对该主题有特殊偏好的顾客。其次，为突出酒店主题，往往需要经营者进行深层次的开发设计，使其形成一个完整的主题套餐。最后，由于酒店产品具有非专利性的特点，竞争对手进入壁垒非常小，一旦经过精心设计的产品得到市场的认可，竞争对手就会蜂拥而至，竞相模仿，使得主题从独特化变为一般化，流于平庸。

从主题产品、主题传递、主题环境三个维度对主题酒店的相关设施进行如下分类。

在主题产品这个维度上，主题酒店的类型主要包括酒店主题客房产品、主题饮食与餐饮产品、主题的休闲产品、主题商品、主题展示馆、主题活动等六项的服务设施。主题客房产品包括三项,主题餐饮产品包括两项,其余项目均包含一项。

在主题传递维度,主要从主题内容、主题员工、主题服务三个方面进行分类。内容主要包括主题内容与酒店周边氛围的和合性、主题内容的差异性、主题内容表现的创意性四个方面。主题员工主要包括员工的仪表仪容、员工的言谈举止、员工的主题文化传递能力三个指标。主题服务主要包括酒店欢迎仪式、客房的服务流程、餐饮饮食方面的服务、购物纪念品服务、休闲与娱乐等服务,主题展示馆服务六个指标。

在主题环境维度,主要从酒店外部环境、主题文化标志、酒店内部环境三个方面进行分类。对于酒店外部环境,主要有酒店建筑外观、酒店外部景观、酒店外部导引指示三个指标。对于酒店内部环境,主要有大堂环境、客房环境、餐厅环境、休闲娱乐环境、购物环境、主题展示馆环境、酒店内部导引指示七个指标。

主题酒店的开发模式有以下几方面内容。

1. 主题选择

主题的创作方式多种多样,可以根据当地的语境来确定,比如曲阜的阙里宾社;可以通过引进外来文化来确定,如深圳威尼斯酒店;一些自然环境可以作为主题,如海景、热带雨林、雪山等。它也可以基于一个故事或传说,甚至是一个虚构的场景,比如南非的迷宫。只要能摆脱思维习惯,从独特的角度看问题,自然就能产生新的、不同主题的想法。

在确定酒店主题时需要注意的方面有:从需求导向上选择主题;主题应与城市的形象和文脉相协调;避免与竞争对手定位相似的主题;主题和酒店要适应力强;主题要避免落入俗套。新颖独特是主题酒店成功的第一步,但一个成功的主题酒店不只是创造一个概念那么简单,要让主题名副其实,就需要深入研究主题文化,设计主题元素并将其融入到主题展示的软硬件中。

主题的呈现。主题酒店要做特色,从一开始就要注重展览的主题,要形成一套完整的客户体验体系。主题酒店主要通过外部建筑造型、内部装饰和环境、与主题服务和产品相一致的丰富多彩的主题活动和主题营销等方面进行主题展示。

2. 产品设计开发

酒店设施主要包括酒店客房、餐饮、娱乐和公共区域等设施及无形服务共同构筑的酒店产品。在酒店产品同质化的背景下，酒店要形成竞争优势，就必须使产品符合社会功能的需要和酒店的共性，具有明显的个性。对于主题酒店来说，既要强调品质、规格、舒适，又要注重个性主题。力求让客人进入酒店后所看到的、听到的、使用的感官效果一致，从而使他们感受到酒店内外一致，酒店的主题也会得到加强。大禹开元大酒店根据原有的住宅风格，为每个房间设计出不同的风格。房间内的家具以中式风格为主，以暗红色为主色调。它采用明清两代传统的硬木材料、工艺和风格制作而成。其他设备和物品以内敛沉稳的中国古代风格为出发点，同时采用现代设计理念进行造型，兼具古典与现代的魅力。此外，每个房间都有书画作品，部分房间还设有文化墙。这主要在于强调其精神功能和文化审美价值，渲染主题氛围。

3. 经营模式

主题酒店以提高客房的出租率来增加酒店收入为目标。广州长隆酒店是中国唯一一家位于野生动物旅游区的园林式主题酒店。长隆最初是定位于度假休闲市场的，但经过一段时间的运营，他们发现这一需求只在假日周末比较旺盛，导致了平时房间出租率不高的现象。后来，酒店调整定位，经营理念向商务和会议的方向倾斜，现在酒店的经营情况非常好。旺季的客房出租率为100%，淡季的客房出租率也能达到70%以上，且均价在广州五星级酒店中排名第一。长隆的成功经验充分证明，市场定位就是从客户的实际来源和自身条件出发，按照收益管理的原则，根据市场需求情况灵活变通，从而使企业的经营收入最大化①。

主题酒店的个性在于在一定的主题下创造出相应的环境，能够给客人留下深刻的印象，给客人带来独特的入住体验。酒店主题可以从小说、电影、名人、学科等领域中选择，种类繁多，无所不包。在一定的主题下，装饰、电器、服装、背景音乐都要与之相适应，还可以穿插小场景，增加趣味性。在独特的环境下，在鲜明的文化主题下，酒店可以组织相关的主题活动，可以为客人提供服装、道具（出租或出售），并提供基本的剧本，加入客人作为演员，而酒店工作人员是基本的演员，在他们的组织和秘密导演下，情节才能自然、健全、丰富。只要是在主题活动之下，其放松程度就应超过节日的内涵。在酒店的规划下，客人

---

① 罗隽馨：《艺术特色文化主题酒店设计分析》，载于《建材与装饰》2020 年第 7 期。

们展现自己的才华，体验独特的生活体验，这种难忘的酒店生活一定会吸引很多客人。

主题酒店的中心词是"酒店"。酒店的服务功能永远是第一位的。因为需要通过文化附加值提高房价、增加收入，客人对服务功能的完善和品质必然有着较高的心理期待。简单、朴素，这两个理念在建造主题酒店时十分有用。同时，对于客人来说，他们并不是专门针对酒店的文化，对文化的了解也大多停留在表面，因此，要使他们对主题文化产生深刻的印象，首先是通过视觉和听觉的强烈冲击，也就是眼睛和耳朵的注意。游客可以在文化的海洋中漫步，在精神上享受特定文化的魅力，但所有这些精神上无形的体验，最终都回到了房间的舒适、设施的完善、居住的便利、服务的到位细节中。

2.6.4　节事旅游活动

1. 概念和特征

所谓节事旅游活动，是具有浓郁文化韵味和地方特色的节日庆典、民俗事件等精心策划的各种活动的简称。节事活动的具体形式，既包括精心策划、举办的仪式、演讲、表演、节庆、各种节假日、传统节日以及新时期创新的节日和事件活动，以此来达到节日的庆典、文化内涵方面的娱乐以及市场营销等方面的目的，借此来提高活动举办地的知名度，树立良好的形象，促进当地旅游业发展以及带动区域经济发展。总体来说，节事旅游是必须具备富有吸引力的节事活动、以城市软硬件为依托、具有经济效益以及注重社会、经济、环境协调发展的绿色旅游活动形式。它是以表现历史和文化特性来吸引游客参与的，好的旅游节事活动会带来大规模的游客流量。

文化创意旅游节事互动是以文化创意为吸引物，以市场为导向，重视游客需求，鼓励游客积极参与的文化旅游的高级形态。文化创意旅游节事活动根植于地方文化，但不局限于当地的传统节日，而是整合当地资源进行内容创新，以多样新颖的表现方式和创新的营销方式进行的节事活动。在此过程中，注重游客体验以及与游客的互动性，通过创意型的旅游节事互动给游客带来新体验、新感受，吸引游客，带动旅游业的发展。

2. 节事旅游活动的基本类型

文创旅游节庆活动是在节庆活动的基础上发展起来的，可分为以下几类。

自然景观类型：节日活动以当地自然景观（如独特的气象、地质地貌、典型地标）为基础，综合展示城市的风土人情、社会特色等。例如哈尔滨国际冰雪节和张家界国际森林节[1]。

历史文化类型：结合当地文脉、历史景观、独特地域文化和宗教活动综合开展的节日活动。如杭州运河文化节、曲阜国际孔子文化节、天水伏羲文化节等。

民俗：根据各民族独特的民俗和生活方式，综合开展的节日活动，包括民族艺术、民俗、体育等。例如南宁国际民歌节、潍坊国际风筝节和傣族泼水节。

餐饮：以地方特色商品、地方特产、地方餐饮文化为基础，辅以其他相关演出和参观，全面开展节庆活动。如青岛国际啤酒节、大连国际服装节、菏泽国际牡丹节等。

展览类型：以城市优越的经济地理条件为基础，辅以其他相关演出参观，全面推出博览会、展销会等节庆活动。例如北京园博会、中国国内旅游博览会和昆明世界园艺博览会。

体育休闲类型：以各类大型体育赛事和经济活动为基础，辅以其他相关演出和参观的综合性节庆活动。如奥运会、亚运会和泰山攀岩节。

娱乐休闲类型：以现代娱乐文化休闲活动为基础，辅以其他相关演出和参观的综合性节庆活动。例如上海欢乐节、上海环球嘉年华和广东欢乐节。

综合型：包括题材多样，内容全面，规模大，投入多，效益好，同时节期较长。例如北京国际旅游文化节、上海旅游节和中国昆明国际旅游节[2]。

运作模式方面，合理有效的文化创意旅游节事活动运作模式是保证可持续发展、吸引游客、带动区域旅游发展的关键。一般来说，其运作

---

[1] 王华灵：《中国节事旅游营销管理现状分析与对策研究》，载于《商展经济》2021 年第 23 期。

[2] 王格格：《国内节事研究述评——知识图谱和定性分析混合的方法》，载于《武汉商学院学报》2022 年第 1 期。

模式主要可以分为四种，包括一级政府主办模式；政府内行政部门、地区联合主办模式；政府引导下企业承办模式；完全市场运作模式等。大多文化创意旅游节事活动都采用政府引导下企业承办。

政府包办主要是在小城镇举办的节事活动中采用较多，创意文化节事活动的一系列场地、策划、指导、时间等都由政府来安排，会给政府财政带来极大的负担，并且活动效果也不尽如人意，给城市、社会带来的经济效益与社会效益也有限。

政府行政部门、地区联合主办具有一些政府包办的特色，但加入了市场化运作的成分。例如北京举办的园博会，由各地方政府部门出资建造代表各地方特色的园区，从而减轻了中央政府的财政负担。又如桐庐、富春江山水节，调动群众参与、全民办节，政府企业联合，使山水节成为提升当地旅游业的重要部分。

政府引导下企业承办是指政府拟定文化创意旅游节事活动的主题，而后对外宣传，充分调动社会各个层面来办节事活动，最后将冠名权、赞助商、广告宣传等交给企事业单位。现在很多著名的节事活动都是采取这种方式，例如青岛国际啤酒节、南宁国际民歌节和中国潍坊风筝节等。

完全市场运作模式就是根据市场的需求来举办文化创意旅游节事活动，将节事活动纳入市场经济轨道，避免政府行政方面的介入，以此来获得社会和经济效益。完全市场化模式是今后文化创意旅游节事活动的发展方向。

文化创意旅游节事活动是城市形象塑造、城市旅游发展等的需求。首先需要明确城市的定位，在此基础上进行文化创意旅游节事活动前期的设计与策划、活动的包装与推广、旅游氛围和环境的营造，以此来吸引游客。而后是文化创意旅游节事活动中提供良好的服务与管理。最后是对于整个文化创意旅游节事活动的评估，并将此评估反馈到下一环节的城市定位中去，形成一个完整的闭环。

2.7　科技赋能文旅融合：地方例证

2.7.1　研究科技赋能的必要性

"十四五"时期，我国经济已由高速增长转为高质量发展，满足人民群众日益增长的美好生活需要成为重要时代命题。文旅产业作为朝阳绿色产业，在保持经济健康发展、提升国民幸福指数等方面具有重要意义。人工智能、大数据、云计算等现代信息技术革命的来临为文旅产业带来了新的发展机遇。本节以山东省的情况作为参照加以论述。

山东是中华文明重要发祥地之一，历史悠久，文化灿烂，是著名的文化资源大省，且因其自然风光秀丽、文物古迹众多而成为旅游资源大省。近年来，山东省文旅产业发展取得一系列成就，并积极探索在文化和旅游产业中发挥科技引领作用，推进信息化建设和智慧文旅公共服务建设，科技与文旅产业融合成效初步显现。

与北京、浙江、广东等文化旅游先进地区相比，山东省在将科技与文旅产业发展相融合方面还存在不少问题，面临产业要素整合度低、智慧化建设不均衡、科技转化能力弱、科技文旅人才欠缺等系列问题。为此，参考科技赋能文旅产业高质量发展的有关政策，深入分析山东省科技赋能山东文旅产业转型发展的现状和问题，探索科技赋能文旅产业发展重点领域，提出科技赋能山东文旅产业转型升级的具体路径对策，对于推动山东省文旅产业从粗放式规模增长向高质量发展转变具有重要意义。

围绕科技赋能文旅产业转型发展，国内外学术界已有探索。Dierickx 和 Cool（1989）认为，旅游企业竞争优势的根源在于异质性资源，而异质性资源的获取离不开科技创新；Christina 和 Duane（2013）则认为古文物和古迹等需要科技创新才能够得到很好的开发和保护，科技创新使文化旅游资源获得可持续发展。单纬东（2014）等根据创新理论和资源观理论，以广东部分文化旅游资源为例，分析科技创新对旅游竞争优势的促进作用。邬江（2022）探索了以科技创新丰富文旅融合智慧旅游的样式和业态，在合理创新顶层设计、数字文旅创新机制、创建审美交流平台等方面提出建议。

既有研究多数直接从科技如何促进文旅产业发展入手，忽视了"文旅融合"迄今仍是一个有待深耕探索领域的现实。目前关于"文旅融合"必要可能性、模式路径的研究为数不少，但尚无较为一致的结论。要探明科技如何为文旅产业转型升级增效赋能，先要搞清楚经融合后的"文旅产业"以怎样的模式、业态呈现，随后才能细致深入地探究在各种融合模式下，科技赋能文旅产业的重点领域和具体路径。因此，本节拟从文旅融合的根源——产业价值链入手，探索科技在文化、旅游产业价值链环节融合中的作用，体现出较强的理论意义与应用价值。

2.7.2　科技赋能文旅融合的研究框架

（1）对文旅融合、文旅产业、科技赋能等概念进行界定。

文旅产业并不是简单的文化产业＋旅游产业，需对文旅融合的必要性、可能性、深度融合后的文旅产业概念边界进行清晰界定，随后才能分析科技在产业融合与转型升级中的作用。

（2）产业价值链下的文旅融合。

以产业价值链理论为基础，探索由文化产业、旅游产业价值链环节交叉重组而成的文旅产业所呈现出的业态特点与融合模式，并以山东省内代表性文旅产品服务为案例，对各类融合模式进行印证说明。

（3）科技赋能文旅融合现状。

对当前我国及山东省科技赋能文旅产业现状进行调研分析，从智慧文旅平台搭建、智慧旅游景区建设、科技赋能文旅产品设计生产、科技助力文旅市场营销等方面总结山东省文旅融合发展中科技赋能作用发挥情况，并对现存问题进行深入分析。

（4）参考第 2 部分关于文旅融合模式的论述，探索在各种文旅产业融合发展业态（如渗透型、延伸型、重组型等）中科技赋能的重点领域。

（5）介绍国内外科技旅游融合发展成熟地区在科技赋能文旅方面的先进经验。

（6）在以上内容基础上，提出科技赋能山东文旅产业转型升级的具体路径和对策。

2.7.3　希望目标

（1）基于产业价值链重构分析，总结出文旅融合的具体模式。

（2）探索各类文旅融合发展模式、业态中科技赋能的重点领域。

（3）提出科技赋能山东文旅产业转型升级的路径和对策。

（4）科技赋能文旅融合的关键问题与创新性。

在达成以上研究目标的过程中，本书的重点难点问题则主要体现在如下诸多方面：

（1）文化旅游产业价值链由哪些关键环节部分组成，两者在哪些节点发生交叉融合，从而使得文旅产业显现出怎样的业态，这是随后对于科技赋能作用进行分析的基础。

（2）在各类文旅融合模式中，科技赋能的重点领域。科技赋能文旅产业发展的作用在不同文旅融合模式中是不尽相同的，分类别分析有助于更精准地总结科技的具体赋能路径。

（3）文旅产业与文化、旅游产业的区别辨析。本书认为，文旅产业是文化与旅游两大产业价值链环节融合的产物，并非文化产业与旅游产业简单叠加，因此本节的目标并非研究科技如何分别赋能文化、旅游产业，而是探究科技在深度融合后的文旅产业中的作用发挥机制。

（4）山东省科技赋能文旅产业转型升级过程中的问题与成因分析。据前所述，山东省在要素产业合作、景区智慧化、科技转化能力、科技文旅人才等方面还存在若干问题，问题与成因分析是对策建议的基础。

（5）基于产业价值链融合分类的科技赋能重点领域分析。文旅融合的具体模式因两大产业价值链交叉重组的具体路径不同而体现出不同的特色，但无论是"文化＋旅游"的渗透型，还是"旅游＋文化"的延伸型融合，都需要先进科技的支持促进作用。由于本书需要同时探索文旅融合的主要模式与各种模式下科技赋能的重点领域，此项工作在具备较高的理论及应用价值的同时，也体现出较大的难度。

（6）本书选取科技赋能文旅产业转型升级为研究对象，试图探索以大数据、云计算为代表的现代信息技术对于文旅融合及文旅与其他产业融合发展的促进作用，相比于同类研究具备较高的研究价值。

（7）本书以产业价值链理论为基础，从文旅融合的根源入手，探索由两大产业价值链具体环节交叉融通所形成的文旅融合模式、业态，随后分情境探析科技在助推各类文旅融合模式中的作用，并进而拓展到文旅与其他产业借助科技赋能而产生融合的模式，如文旅＋农业、文旅＋环保、文旅＋工业等，体现出学术上的严谨性与创新性。

（8）本书拟采用文献检索、经验比较、实地访谈、问卷调查、文本研究等多种方法，借助 SPSS 23.0、AMOS 23.0 等统计工具对数据信息进行探索性、验证性因子分析与多元回归等分析处理，体现出定性研究与定量研究相结合特点。本书研究属于近年来我国宏观战略导向下的热点话题，应用到的参考文献多为近年发表的学术成果。

2.8　推动文旅融合的地区经验

2.8.1　北京市的文旅融合

1. 对文旅融合的重视

作为首都以及我国文化旅游融合发展的标杆，北京充分认识到文化与旅游的融合将对文化城市的建设起到积极的作用。具体如下。

第一，文化与旅游的融合将促进北京现代文明的转型。旅游是随着全球化、交通的发展和休闲时间的增加而逐渐流行起来的一种当代文化形式。它是基于地理空间的位移和新的场景体验的一种新的文化消费形式。北京作为历史文明古都，也需要完成现代城市文明的改造。文化不仅是一种陌生的、符号化的、标签化的表征，而且是一种与城市居民和游客的生活体验有直接关系的存在。文化与旅游的融合，有利于北京丰富的古都文化资源和历史传统的当代转型，进入当代文化生产消费链和生活方式链，完成传统文化的当代转型。

第二，文化与旅游的融合将促进人与文化记忆的联系。作为中国历史悠久的古都，北京在不同的朝代创造了不同的历史文化记忆。通过文化旅游线路和场景的建设，让当代人与过去和记忆相连，丰富当代中国人对北京的历史想象。旅游开发是将历史文化遗产与当代人的行为和生活联系起来的有效途径，也是实现历史文化资源当代价值的重要内容。这将有效地形成历史文化记忆与当代游客精神体验的对话，激活当代价值观，实现传承使命。

第三，文化与旅游的融合将促进北京精神空间的建设。现代大都市所创造的高度集中的写字楼、商品广告、交通枢纽、快节奏的生活、碎片化的生活，在加速现代人口流动、提高工作效率的同时，也带来了高度商品拜物心理对现代城市人心灵的疏离，挤压了现代生活的精神空间。文化与旅游的融合，可以把北京工业化遗留下来的老厂房改造成文创空间，把北京的胡同、民居、近郊景观改造成现代城市生活的休憩场所。通过现代文化生活和时尚消费空间的创造，形成当代城市人阅读、休闲、时尚、购物的时段，为现代城市创造"精神栖息地"。

第四，文化与旅游的融合将重组北京的文化旅游空间资源。北京作为首都，承担着全国重大会议、外交活动、体验活动场馆建设任务。这些公共文化场所面临着活动结束后的振兴任务。通过旅游场景和线路的构建，新型的文旅融合有利于深入挖掘城郊旅游目的地的文化内涵，将中心城区的文化资源有效配置到城郊，有效疏解和平衡北京市中心文化资源，拓展和升级北京市文化旅游资源、线路和格局的广度和深度。

第五，文化与旅游的融合有利于北京城市文化的多样性。作为国家对内外交的重要阵地和国家对外交往的主要区域，北京与地方和国际社会的文化互动十分活跃和频繁，为北京文化与旅游的融合提供了丰富的场景和物质资源。旅游的文化价值在于通过旅游实现城市内外的信息、价值和思想的交流，不断减少城市在长期自我循环中积累的负熵，促进城市文化的多元化发展，始终保持城市文化更新的活力。这种文化互动，无论是来自全国各地的本地游客还是国际游客，都给他们带来了不同的观察和体验不同文化的视角。多元的文化交流与互动，将启发各自的文化主体，拓宽他们的视野，丰富他们对北京的文化理解。

第六，文化与旅游融合将激发城市文化体系创新。制度创新和管理创新有利于激活和释放市场文化创作的活力，也是释放城市文化创作活力的重要动力。从本质上讲，文化与旅游的融合不仅是一场观念革命，更是一场制度创新和革命。它需要打破原有的文化和旅游本身的流通体系，实现两种流通体系的大跨界和大融合，这必然涉及打破许多制度壁垒，实现体制改革。文化与旅游的融合，将为相对传统的文化事业和文化产业注入旅游发展动力和市场动力，有利于释放文化体制改革红利，形成有利于文化城市建设的良好制度环境和生态体系[①]。

2. 北京未来的文旅融合方向

第一，推动文旅与数字经济深度融合。北京未来在文旅融合方面的期待之一在于能够实现智慧化运营、智慧化管理，打造数字化产品。新冠疫情期间，数字化、网络化、智能化、社交化、互动化的生产方式成

---

① 王婉婷：《北京市文化创意产业与旅游业融合发展研究》，载于《北京财贸职业学院学报》2020 年第 4 期。

为文旅行业的新特征。未来北京文旅融合需要赋能升级数字文旅，探索创意文旅产品的更多可能性，大力培育新业态，扩大优质数字文旅产品的供给，促进"强体验、强内容、强文化、强功能"的新型旅游业态发展，不断融入数字经济发展大局。

第二，扩大优质文旅产品服务供给。据调查，许多游客与本地人期待北京能够制定更多创新产品满足消费者需求，尤其是根据对不同区域、年龄、职业、性别群体的偏好需求的调查，开发更具品质、更多元、更个性化的产品，如打造适合亲子游或父母老人旅游的产品，以及体现民俗风情、时尚、生态、创新型的产品。

第三，文旅行业需加快转型升级。文化创新力和资源开发程度不足已成为实现北京文旅融合的制约因素。尤其对北京居民来说，北京的文化资源价值和特色文化体系缺少深度整合开发，单纯依靠"门票经济"的文化体验游已不具备原有吸引力。文旅产业的竞争是品质化和差异化的竞争。北京文旅产业应以满足公众对美好生活的需要为出发点和落脚点，聚焦产品创新、技术创新和业务模式创新，实现传统文化 IP 化、IP 人格化，重塑传统文化的现代价值，将门票经济转化为产业经济和服务经济，更好地提供智能化、便利化、精准化的配套公共服务[1]。

2.8.2 江苏省的文旅融合

江苏省非物质文化遗产众多，地区内拥有楚汉、吴、金陵、淮扬文化四大地域文化，历史文化底蕴深厚，在文旅融合方面积累了多方面宝贵经验，形成了一些文旅融合发展的成功范例。

1. 江苏文旅融合的经典案例——无锡融创文旅城

无锡融创文旅城以江南文化为主导，并借助高科技的游乐设备，打造出文化＋科技的娱乐型模式的主题公园，将传统文化的深远意蕴与欢乐刺激的乐园氛围完美融合，以崭新视角重塑江南文化。无锡融创文旅城通过住假合一的文旅模式，使娱乐、教育、医疗、生态等资源和文旅设施形成互动效应，吸引大量高净值人群入驻，促进了区域消费升级，

---

① 田永兰：《京津冀文旅融合：测度、驱动力及提升对策研究》，北京交通大学硕士学位论文，2021 年。

也反哺了无锡太湖新城的发展①。

2. 南京夫子庙秦淮区

夫子庙所在的秦淮区以儒家思想与科举文化、民俗文化为内涵，以传统的古街市文化景观为表现形式，传统文化与现代文明相得益彰，并以非遗传承技艺为基础设计研发出了特色文创产品"秦淮礼物"。南京夫子庙具有典型的明清建筑风格，形成庙、市、街、景、文化合一的建筑群景观。以江南贡院为基础扩建的中国科举博物馆，以千年的科举文化、状元文化为依托，吸引了大批慕名而往的游客。围绕状元文化、秦淮风采，秦淮礼物旗舰店公司结合非遗传承技艺设计研发出"状元郎、秦淮灯彩、秦淮风光、才子佳人、香君扇"等多个爆款文创产品。②

3. 苏州园林

苏州古典园林以非遗为挖掘，打造园内地方特色旅游演艺，将文化景观与戏曲融为一体。园林内人文与建筑交相辉映，亭台楼阁、泉石花木，以中国山水花鸟的情趣，寓唐诗宋词的意境，以景取胜，景因园异。1990年以来，网师园就开办了夜游园林项目。2016年，姑苏园林控股集团又为网师园定制打造了主题演艺项目"游园今梦"夜游项目，将园林艺术与昆曲作了完美的融合，游客白天观光园林，夜晚欣赏演艺节目，延长了游客游览时间，给远道而来的游客带来沉浸式、体验型的精品文化之旅。③

4. 大运河博览会

大运河文化旅游博览会以运河城市文化为承载，以花船巡游、达人秀、文物及非遗展览、论坛会议等丰富的形式开展，短期并集中地呈现了大运河独特的历史文化与魅力。首届"运博会"有近14万人到现场观摩展览展演，并通过建立专题网站实现线上线下联动，总点击量已达512万次。博览会期间，国际运河城市文化旅游精品展达成合作意向238个，签署大运河文旅投融资合作协议8项④。

5. 江苏文旅融合的着力方向

尽管成功打造了许多文旅融合项目，江苏的文旅融合发展仍存在区

---

① ② ③ 宋婷：《智媒时代"水韵江苏"文旅品牌形象塑造和传播推广研究》，载于《江南论坛》2024年第9期。

④ 严云玉：《"大文旅"背景下江苏文旅深度融合发展路径探究》，载于《旅游纵览》2022年第6期。

44

域文化差异大，区域间发展不协调；旅游产品同质化、商业气息过浓；文旅产品缺乏体验性、互动性；文旅项目推进缺乏反馈机制等问题，未来江苏省文旅融合的着力方向将会集中在以下方面。

第一，规范管理体系，激发文旅行业的活力。文旅融合发展是一个长期的过程，推动两大产业持久有效的融合发展，必须规范文旅市场秩序，加强市场培育监管，建立企业诚信评价体系，依法打击无证经营、不合理低价游和网络文化市场违法行为。高标准制定发展规划，扶持重点文旅项目，采用数字化手段精简文旅项目及企业的申报审批等程序，激发文旅行业的活力。在组织管理和政策保障上实现产业间基础资源、生产要素以及各细分产业环节的有效融合，营造良好的产业发展投资环境和市场消费环境。

第二，加强交通建设及旅游合作，扩宽消费市场积极引导交通基础设施建设与旅游资源的开发和布局相结合，加快构建"快进慢游"文旅交通运输体系，提升旅游通达性和快捷性。一方面，加快省内的城际铁路建设，解决苏北地区旅游目的地的可进入性，提升潜在市场下游客的出游意愿，以促进游客"走进来"，继而才能"留下来"。另一方面，城市交通路线中，设计并优化旅游专项路线，解决市内交通拥堵问题。除此之外，加强旅游目的地间的合作，建立客源地互推机制，在客源地举办文旅推介会，推出江苏省旅游年卡、临市畅游年卡，实现资源共享、客源互送、体系互通，助推区域内文化旅游一体化发展。

第三，打造旅游IP。强化品牌形象特色是地方文化旅游品牌的生命，江苏省在产业联动中，要注重挖掘、开发、弘扬地方特色文化，并通过技术的介入和产业化的方式创新多元业态。以旅游标准为基础，旅游品牌为抓手，旅游质量为核心，全力推动旅游精品建设，打造独具苏南江南水乡特色、苏北浩荡英雄气概、苏中运河文化的文旅路线。办好"江苏人游江苏""大运河博览会"等旅游推广及特色节庆活动，提升"水韵江苏"形象的整体性和影响力。同时作为经贸大省，借助经贸活动整合区域文化对接旅游产业，以国际贸易为载体推进江苏省与"一带一路"共建国家、地区文化和旅游交流合作，提升国际影响力。

第四，推进文旅夜游、互动体验项目，提升文旅附加值结合当地文化和风貌，借助投影、多媒体、VR等先进技术，将灯光、文化及创意元素融入景区，打造观光游船、主题灯会、文化体验等活动。在秦淮观夜景、赏灯会，苏州看昆曲演出，延长游客的游玩时间，提升游客的文化浸润感和体验附加值。同时，在打造文旅产品时注重提升文旅产品的互动体验性，将具有江苏历史特色的手工业文化如云锦、苏绣、无锡惠山泥人、宜兴紫砂等融入游客的展览，参与手工自制机会，并增强互动体验的部分，将个性体验和文化底蕴相契合，领略传统手工业背后的匠心巧思的同时也强化对目的地特色文化的认同①。

第五，加强人才队伍建设，保障文旅高质量发展。首先优化文旅从业人员的引进政策，健全绩效奖励体制，提供工资优势、政策优惠等来改变产业融合发展中领军人才的缺失问题。加强对现有文旅工作人员的教育与培训，鼓励文旅企业定期开展培训活动，利用旅游淡季提升职业技能。此外，与高校培养人才对接，发挥江苏教育大省的优势，对接经贸与旅游专业人才，特别是高职高专人才，解决后备力量不足的现状。江苏省对于文旅人才支撑文旅产业融合重要性的认识其实具备一定的普遍性，人才对于产业融合发展的意义不言而喻，而这正是本书后续章节讨论的重点所在。

2.8.3 安徽省的文旅融合

作为文化资源大省，安徽省的旅游业已形成了完善的产业体系。近年来，芜湖动漫主题公园发展迅速。马鞍山以夜游动漫产业为载体，抓住旅游机遇；铜陵将青铜文化、江南民俗文化、生态绿色文化、休闲娱乐文化融入江南文化园，成为安徽省文化旅游的新亮点。万江市承接产业转移示范区带动产业文化旅游发展②。为实现旅游产业与文化产业的深度融合，促进旅游产业与文化产业持续健康有序发展，实现互利共赢，安徽省主要从以下几个方面着手。

1. 完善政府机制，科学规划和引导

旅游产业与文化产业的融合是一项庞大的系统工程。安徽两大产业发展水平不一致，按照安徽省"文化强省、旅游大省"的发展思

① 望庆玲、顾敏：《江苏文旅深度融合典型案例与机制创新研究》，载于《中国集体经济》2022 年第 4 期。

② 张浩、文慧：《新时代安徽省文旅融合发展路径研究》，载于《辽宁科技学院学报》2021 年第 6 期。

路，省政府优先制定了《安徽省文化旅游产业融合发展规划》，一是做好两大产业融合发展的空间布局和功能区定位，二是完善相关产业政策促进实施两产业融合项目，三是推进政府职能由管理型向服务型转变。通过建立相互支持、互动发展的工作机制，解决产业融合发展中的具体问题，逐步实现政府从办公向管理、从微观管理向宏观调控的转变。

2. 结合旅游规划，建好示范基地

安徽省在推进文旅产业融合的发展过程中，努力使区域内旅游产业集群与文化产业集群重合，结合文房四宝笔、墨、纸、砚和丰富的旅游商品资源优势，发展特色餐饮，建设世界一流旅游目的地。建设以芜湖为中心的万江文化旅游产业示范区。以长江黄金水道为纽带，打造以蚌埠为中心的皖北文化旅游产业示范区，以淮南、淮北、蚌埠、宿州为核心，深度挖掘楚文化、老庄文化、中原文化、淮河民俗及流行文化、石文化等文化资源，以历史文化体验、民俗体验、养生保健、乡村旅游为主要产品。重点发展楚汉魅力和淮河文化风情旅游，打造中部地区具有代表性的新兴旅游目的地①。

3. 塑造文化品牌，形成产业集群

针对安徽省文化旅游企业发展动力不足、龙头文化企业实力薄弱的现状，要加强对文化旅游企业的整合，重点发展一批具有自主知识产权、创新能力强、核心竞争力强的旅游产业品牌，发挥示范作用。逐步建立结构合理、机制灵活、技术先进、优势明显、与国际接轨的旅游产业体系。

4. 打造特色产品，加强营销

特色是当地文化旅游品牌的生命力。安徽省在产业联动过程中，要注重地方特色文化的开发和推广，以旅游热点为重点。对发展前景好的文化旅游项目给予重点扶持，支持旅游文化联合发展成效突出的典型项目向集团化、品牌化方向发展。大力发展网络营销，通过电视、广播、报纸、橱窗、马车等传统媒体提高文化旅游产业的知名度②。

① 金燕红、班石：《文旅融合视域下安徽旅游文创产品设计与开发研究》，载于《黑龙江工业学院学报》（综合版）2021 年第 5 期。

② 杨创：《文旅融合助力乡村旅游产业发展研究——以安徽省 W 县为例》，载于《中小企业管理与科技》2021 年第 12 期。

5. 重视人才培养，实现实力驱动

旅游产业和文化产业都属于创意产业，拥有高素质、高水平的文化旅游管理者是提高产业整体效益的重要条件。安徽省应根据市场需求和文化旅游产业发展实际，尽快建立健全文化旅游产业人才的引进、培养、职业生涯、绩效与薪酬等管理机制，改变产业融合发展中高端人才缺乏、人才整体素质有限、人才获取潜力不够等现状。围绕上述问题，本书后续章节将会对支撑文旅融合发展所需人才进行研究探索，可为文旅融合发展提供参考与借鉴。

第3章 文化、旅游产业价值链与文旅融合模式

通过第 2 章对旅游产业、文化产业及文旅融合等概念内涵的分析，以及两者内在联系的探析可见，旅游产业与文化产业的融合具有较高可行性。宏观来看，无论精神文化、制度文化、物质文化、显性文化、隐性文化，都以各种形式渗透于旅游主体、客体和旅游媒介中，体现出"旅游的文化性"特征。相应地，旅游也能够参与到文化产品、服务的生产过程中，对文化传播、消费起到推动作用，呈现出"文化的旅游化"特征[①]。

另外，尽管说旅游产业，跟文化产业一样，有着明确的技术、服务、市场等领域的边界，但旅游行业中那些发掘文化资源，能够为旅游提供服务的其实从本源上是属于文化产业的；同时，文化产业中那些生产供旅游者参观、游览的产品和服务的则又发挥着旅游的作用。因此可以说，文化产业与旅游产业本身存在部分交叉与重叠，利用产业链"整合与延伸、集聚与互补"机制，寻求与匹配文化产业与旅游产业价值链的契合点和融合点，促使文旅两大产业交叉或接近的部分融合发展，是推动文旅融合的必要手段。在这一匹配过程中，文化资源与旅游资源相互融合、交汇，形成了产业、集群的模式、生态、融合的模式等新的业态、形态、状态与模式[②]。

文旅融合是一个高度复杂的现象，旅游产业与文化产业融合发展涉及的行业多、品类多，产业链复杂。两者的融合，就是打破文化产业和

---

① 宋瑞：《如何真正实现文化与旅游的融合发展》，载于《人民论坛·学术前沿》2019 年第 11 期。

② 燕连福：《新时代文旅融合发展：一个新的增长极》，载于《人民论坛·学术前沿》2019 年第 11 期。

旅游产业各要素之间原有的要素边界和产业边界，通过交叉重组、有机整合、互相渗透等方式形成共生体的过程①。因此，文旅融合未必会产生唯一一个高度标准化的产业价值链的整合与集聚形态，但在文旅深度融合中所呈现出的多种模式中，体现出文化产业和旅游产业价值链各个契合点和融合点的重新集聚组合。本章拟对文化产业价值链、旅游产业价值链构成及两者价值链环节的交叉组合分别进行分析，并由此总结出文旅融合的主要模式。

3.1　文化产业价值链构成

3.1.1　文化产业价值链理论与研究

澳大利亚文化经济学家戴维·索罗斯比（David Throsby）提出的同心圆模型是最早用来揭示文化艺术价值产生规律的理论。该模型将文化生产区划分为初始的核心文化表达、加工的非艺术文化产品和与文化相关的非文化产品及服务，其中创意和艺术位于模型的核心。随着同心圆向外扩张并与其他要素结合，外部产业生产出越来越多的产品或服务。与创意和艺术的相关性逐渐降低，与商业活动的相关性逐渐增强（如图 3-1 所示），这个模型较为清晰地刻画了文化产业的生产链和价值增值路径，因而受到学界的普遍重视与广泛采用②。

同心圆模型虽然是文化产业研究中应用最广泛的模型，但它仍然存在一些问题，引发了学术界的争论和质疑。其中最突出的问题在于，同心圆模型虽然找到了文化产业的核心价值层，即原创艺术/文化，但它只是对文化产业所覆盖的产业项目做了一个粗略的分层。这种分层没有客观依据，也不是一成不变的。同时，其扁平的分层并没有明确产业之间的相互关系。

---

① 张祝平：《以文旅融合理念推动乡村旅游高质量发展：形成逻辑与路径选择》，载于《南京社会科学》2021 年第 7 期。

② 戴维·索罗斯比：《文化经济学》，台北典藏出版社 2010 年版，第 33 页。

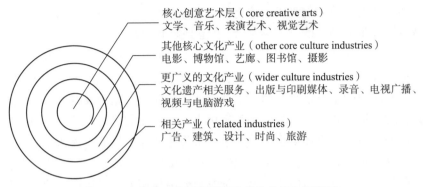

核心创意艺术层（core creative arts）
文学、音乐、表演艺术、视觉艺术

其他核心文化产业（other core culture industries）
电影、博物馆、艺廊、图书馆、摄影

更广义的文化产业（wider culture industries）
文化遗产相关服务、出版与印刷媒体、录音、电视广播、
视频与电脑游戏

相关产业（related industries）
广告、建筑、设计、时尚、旅游

图 3 - 1　戴维·索罗斯比的文化产业同心圆模型

1985 年，迈克尔·波特在《竞争优势》一书中，首次提出了"价值链"这一概念，他认为"每个企业在设计、生产、销售、发送和协助其产品的过程中，都是各种活动的集合"，"所有这些活动都可以用价值链来表示"，并进一步指出"企业的价值创造是由一系列活动构成的"。这些形式不同，而又相互关联的生产经营活动，它们共同构成了一个不断实现价值增值的动态过程，此即"价值链"[①]。后人学者也一致认为，产业链是以产业分工为基础，企业之间形成的上下游关系，或是横向关联合作的关系，所以可以说，产业价值链是每个企业通过一定的价值通道所形成的总价值链，而每个企业的价值链都是产业价值链的一部分。产业价值链以"价值创造与增值"为最终目标，反映了产业价值的传递、转移和增值的过程。从本源上说，产业价值链具有结构属性和价值属性。从结构属性上看，产业价值链是指产品"生产——流通——消费"过程中所涉及的各个环节和组织所形成的链条结构。从价值属性来看，产业价值链是产业链与下游的价值交换。上游链路向下游链路提供产品和服务，下游链路则向上游链路反馈信息。一般来说，不管什么样的行业，完整的产业价值链大致可以分为三个环节：原材料的生产和供应、中间产品的生产和最终产品的生产。同时，这些环节可以分为研发、采购、运营、销售、服务等创造价值的活动。不同的环节由不同类型的企业组成。产业价值链中各个环节的相互作用直接影响价值创造活动，但需要注意的是，并不是每个环节都能创造价值。其实只有

---

① 迈克尔·波特：《竞争优势》，华夏出版社 1997 年版，第 25 页。

一些具体的环节才能真正创造价值,利润相对较高。真正创造价值的环节是产业价值链中的"战略环节",也是产业的利润。

文化产业属于高风险行业,文化消费具有很强的链式效应和关联效应,因此,产业链的深度与广度直接影响了文化产业抵抗风险能力和产业盈利能力的整体水平,因此,许多文化产业学者基于波特的价值链理论,对其进行修改与调整,将其应用于文化产业的研究,从而弥补同心圆模型的不足,更加全面而深入地分析文化产业的价值生成机制。如普拉特(Pratt,2004)将文化产业的创意价值链分为四个阶段:第一阶段为原创内容的发想与创作,第二阶段为创制与相关工具运用,第三阶段为重制与大量传销,第四阶段为展演、贩售与阅听的消费授权①。这一研究体现出文化产业中原创的个人作品与整体生产脉络的联结关系及作品商业化的各阶段流程。与此类似,克里斯·毕尔顿(Chris Bilton,2006)认为文化创意产业的价值链是实现创意产品"内容"的方式,包括内容的过滤、内容的包装、内容的支付和内容的消费。吉普·哈古尔特与勒内·库伊曼(Giep Hagoort & Rene Kooyman,2010)把文化创意产业价值链分为创作、生产、分销和体验四个方面。露西·蒙哥马利(Lucy Montgomery,2010)将研究细化到具体的文化产业门类,以电影、音乐、时装等行业为例,把创意产业价值链分为生产、分配、监管、消费四个方面。

围绕文化产业价值链问题,我国学者也展开了一系列深入的研究。厉无畏、于雪梅(2007)认为完整的文化创意产业链包括原始创意——创意产品的生产——创意产品的展示、推广、交易、传播以及衍生品的开发、生产、经营,并将文化创意产业链归纳为创意的产生、创意产品的生产、创意产品的商品化三个最主要的环节,随后对产业链环节上对应的人才特质进行了系统分析②,对于本书研究有着直接的借鉴意义。郭新茹、顾江(2009)认为文化产业价值链的形成集合了文化、技术、商业等多项生产要素,其发展是一个价值不断创新的过程,它主要由创意内容的策划、文化产品的设计和生产制作、市场推广(包括营销推广和传播渠道)、消费者服务环节四部分构成,并在此基础上提出

---

① 安迪·普拉特:《文化产业的经济地理观》,台北远流出版社 2011 年版,第 80 ~ 81 页。
② 厉无畏、于雪梅:《培育创意人才 完善创意产业链》,载于《上海戏剧学院学报》2007 年第 1 期。

了基于产业价值链定位、基于资源优化整合、基于顾客价值创造三种文化产业盈利模式，在阐释文化产业价值链构成与分工的同时，也涉及人才在价值实现与产业盈利过程中的作用①。李学军、谷鹏（2015）也将文化产业价值链划分为四个环节，分别是创意生成、文化产品的开发制作、流通传播与消费，并据此提出了纵向延伸价值链、横向延伸价值链、拓展价值链等文化产业发展路径，一定程度上印证了顾江等学者的观点。朱欣悦、李士梅、张倩（2013）将文化产业价值链划分为创意生成、文化产品开发与制作、品牌打造与保护知识产权、商业推广、消费五个环节，从文化产品的功能价值和观念价值角度重点强调文化产业品牌与知识产权的重要性。李勇军、黄柏青（2014）同样将文化创意产业价值链划分为五个环节，包括创意生成、投入、文化产品的开发与制作、传播与销售、最终消费者购买，突出强调创意与文化产品的开发、制作中投资、融资的保障作用。

3.1.2　文化产业价值链的构成

综合多位学者的研究成果，文化产业价值链的三阶段说、四阶段说、五阶段说皆有其逻辑的合理性。对各种学术观点进行归纳、整合之后，本节认为文化品牌的打造、知识产权的保护可以融入创意生成环节，而文化产业的融资投入可以归并入文化产品的开发制作环节。另外，消费环节是文化产业价值链的最终归宿，如果文化产品不能满足顾客的需求，那么产业价值也就无从实现，因此文化产品的消费应当是价值链中不可缺少的一个环节。综上所述，本节认为文化产业价值链由以下四个环节构成（如图3-2所示）。

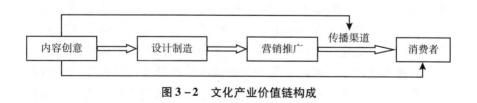

图3-2　文化产业价值链构成

---

① 郭新茹、顾江：《基于价值链视角的文化产业赢利模式探析》，载于《现代经济探讨》2009年第10期。

1. 创意的生成

文化创意产业化的首要因素在于创意的产生与形成，因此这一环节位于文化产业价值链的源头，在整个价值链中处于最关键环节。上文提到，文化产业的核心在于创意，而创意来源于优秀的艺术家及其他文化创意人才的灵感与思维，包括表演艺术中的剧本创作、人物表演，建筑设计行业优秀设计师的设计灵感，广告业中的推广营销创意等。创意生产者通过自身的创作与投入，将文化与创意源源不断地注入文化产业中，使得文化作品呈现出精神属性，带给潜在消费者高品质的文化享受，这是文化产业创造利润与附加值的源泉。

2. 文化产品的设计和生产制作

如果说创意生成阶段产出的是文化作品的话，这一阶段则是将创意转化为文化产品的过程。创意生产者无法确保自身的创意灵感总能与文化消费者的主体需求相符，这时就需要既具备优秀的创意素质与审美能力，又了解市场需求、具备设计策划能力的人才，对于需要集体协作的创意工作进行统筹策划与设计，使得文化创意作品能够被市场接受、欢迎，从而降低创意活动的投入风险。另外，需要借助技术手段，标准化、批量化地将抽象的创意变成具体的文化产品，并进行复制。这里所说的开发制作不仅针对与创意直接相关的文化产品，还包括文化创意的衍生产品。例如《哈利波特》原本以小说的形式问世，但依托完整强大的文化产业价值链，衍生出电影、游戏、主题公园、卡通玩具等形态，创造出很高的市场价值。

3. 市场营销与推广

文化产品的设计制作是将创意作品转化为产品的过程，但要将文化产品转变为文化商品，还需要市场营销与推广这一关键环节的作用。在这一阶段，文化产品经过多种营销手段被投放到市场中，消费者借此才能获知、了解文化商品，并作出是否购买、消费文化商品的决定。由于文化产业及文化产品的独特属性，文化产品的市场不确定性远远大过于其他产业产品，因此文化产业价值链中市场营销与推广的作用就尤其明显。文化产品制作人、品牌授权经营商和代理商等通过对知识产权的开发与应用，运用形式多样的营销模式对文化产品进行宣介推广，文化产品才能最终到达消费者环节。离开传播，创意的无形价值就很难触及消费者并产生共鸣。世界传媒业巨头新闻集团将传播渠道定位为其最重要的战略环节，先后成立了福克斯广播公司、英国天空广播公司、星空传媒集团等，除广播电视外，其传播渠道还包括报纸、杂志、图书出版及网络等，发挥不同媒介各自的优势，满足不同消费群体的需求。

4. 消费者服务

消费是文化产业价值链的最终环节，只有消费者认可文化产品，采取购买行为，文化创意经过创作生成、设计制作、营销推广等产业环节后，才能最终实现利润变现与价值增值，因此，消费者服务是创意研发、创意产品设计与策划、创意产品制作、文化创意产品营销推广等价值环节共同作用的最终结果。同时，消费者对整条文化产业价值链具有重要的反馈作用。随着休闲娱乐时间与可支配收入的持续增加，大众对于文化消费提出了越来越高的要求，不仅注重其交换价值和使用价值，更强调文化商品的情感诉求和审美诉求。这就要求创意内容提供者持续提高自身的文化素养与创意创新能力，创作出更高品质的文化作品，同时，对于文化产品的设计策划人员与营销推广人员也带来了巨大的挑战。

文化产品是人类智慧与实践活动的结晶，文化创意的形成、产品的设计与具体化以及宣传、分销直至服务等所有环节都不可能离开人力资源的支撑，以上对于文化产业价值链构成的分析既是对文化产业人才进行分类的基础，也为后面分析文化与旅游产业价值链的融合提供了基础。

3.2　旅游产业价值链构成

旅游业是以旅游者为对象，为旅游者的旅游活动创造条件，提供旅游者所需要的产品、服务和商品的综合性产业。根据与游客的关系和旅游接待活动，可进一步分为旅游核心产业和旅游相关产业。旅游业的核心产业包括旅行社、旅客集散中心、旅游景区、酒店、旅游交通系统等，旅游相关产业是旅游业与国民经济其他产业部门融合的结果，同时服务旅游者与社会全体民众。

近年来，旅游产业发展经历了从传统资源利用导向到对创新创意的追求的供给侧结构性改革转变，越发强调对人本需求与可持续性的关注以及对潜在市场需求的激发。以波特的价值链理论为基础，国内外学者对于旅游产业价值链的构成进行了一系列探索。Yilmaz 和 Bititci（2006）提出了旅游产品从一端到另一端无缝链接的价值生成模型，包括赢得订单、分销前支持、分销和分销后支持的过程。罗本新（2005）将旅游价值链定义为旅游产品从工业化到最终消费体验的传递过程。黄纪远（2006）认为旅游产业价值链是指旅游产业中不同企业承担不同的价值创造功能，多个上下游企业共同向最终消费者提供服务（产品）而形成的分工与合作。它由旅游供给、旅游中间商和消费者三个环节构成。具体来说，旅游产业的价值链是由旅游教育机构、旅游开发公司、旅游设备供应商、主题酒店、旅游景区、旅游相关商品销售商、旅游食品供应商、旅游交通运营商、旅游娱乐产品运营商、旅行社、旅行者和政府组成的垂直链条。刘仁怀和袁国宏（2007）认为旅游价值链是以旅游批发商或景点为中心，通过对旅游服务流、旅游物流、旅游资金流、旅游参与者流、旅游信息流、旅游商业流和旅游文化流的控制，通过信息、旅游、饮食、健康、住宿、旅游、娱乐和购物等一系列活动。将旅游供应商、旅游批发商、旅游零售商、游客共同组成一个全网连锁结构模式。

3.2.1 旅游产业价值链的分类

相比于文化产业价值链的三阶段、四阶段、五阶段说，旅游产业价值链的分歧更大一些。刘人怀和袁国宏（2007）认为可将旅游产业价值链分为多种模式。

1. 以旅游批发商为核心的适合旅游产品的"点对线"旅游价值链模式

不同旅游目的的游客对旅游、住宿、饮食、购物、娱乐等方面有不同的需求。但目前仍有少数以"观光"为目的的跟团旅游，可以较为轻易地获得成熟的产品，而如果采取其他的旅游方式，则成熟的产品相对较少，需要游客自身向各行业的旅游供应商去一一地购买。目的地旅游线路式旅游是指旅游批发商在了解旅游者的旅游目的、消费特点和规模、消费水平等信息的前提下，将目的地的各种相关的旅游要素，按照时间顺序有机整合，从而形成的产品链条，例如已经比较成熟的丝绸之路旅游线路、华东地区旅游线路等。在这种模式下，旅游批发商从单一的旅游供应商那儿购买产品的组成部分，即分散的旅游要素组成部分，包括交通、住宿、接待、观光和娱乐。然后被包装起来，打上旅行路线品牌的烙印。旅游批发商的核心功能是生产，而非简单地充当中介。旅游批发商虽然会从接待行业去批量地购买各个要素上的旅游服务，但仍须根据市场需求，对这些要素进行重新组装加工，整合到旅游批发商的各种服务中，从而形成线产品。

2. "街区式"旅游价值链模式适用于以景区为核心的度假旅游产品

目前，中国旅游业正处于从观光旅游向度假旅游的转型期，个体游客增多，团体游客减少，传统的跟团旅游正在向"行 + 住"的"自由行"模式转变。旅游景点的自我宣传和积极性不断提高，与游客的直接接触更加密切。旅游者的需求日益多样化，旅游产品组合层出不穷。因此，重建新形势下的旅游价值链模型，目标是重新确定价值链的核心节点，建立以景区为核心的旅游价值链模型。设立旅游质量监督部门，对旅游供应商进行监督，维护游客体验。对于旅游景点来说，资源保护和旅游可持续发展是监测的标准。旅游价值链上的节点企业主要是执行法规或标准，整个价值链主要是收集游客的反馈信息，进行综合评价并提出改进建议。以旅游经营者为核心的价值链模式主要受经济发展驱动，其起点是需求诱导的供给。以景区为核心的旅游价值链模式更注重法律约束和公众监督，其出发点是供给导致需求①。

3.2.2　旅游产业价值链的构成

近几十年来，随着旅游产业的快速发展，旅游产业价值链条不断延伸，构成环节不断拓展，目前的旅游产业价值链主要可以归结为以下部分。

1. 旅游体验产品设计

从旅游资源到旅游产品的第一步是旅游体验产品的规划设计。这类企业包括专注于旅游目的地资源整合与设计的旅游策划、产品策划、市

---

① 刘人怀、袁国宏：《我国旅游价值链管理探讨》，载于《生态经济》2007 年第 12 期。

场营销等咨询服务公司，以及这类企业集团，科技含量高，价值创造空间大，但在以往的旅游产业价值链划分中并未得到应有的重视。

2. 旅游体验产品物质环境制造

好的概念性产品规划设计需要物质载体来表达，相关的硬件建设也因此成为重要的一步。如果没有这一环节，最好的旅游资源就只能停留在潜在状态，不能作为经济资源使用，更不能为游客的旅游体验服务。一些专业从事景区建设、酒店建设等旅游环境和设施建设的专业企业集团，其旅游属性被建筑行业的特征所掩盖，使其长期在旅游产业价值链的识别中被忽视。

3. 旅游体验产品信息传递及中介服务

概念浓缩的旅游产品和设施硬件需要向远方的游客传递信息和开展销售。因此，相应的中介服务企业集团应运而生，包括各类旅游广告公司、文化传播、网络传播等信息传播企业集团，以及专门从事产品销售的旅游网络在线销售公司、旅行社企业等。旅游市场信息不对称在业内被广泛诟病，与这部分行业发展不完善密切相关。

4. 旅游运输服务

旅游体验产品的消费依赖于消费者的移动，而不是产品的移动。因此，旅游运输企业集团应运而生，旅游运输企业集团主要是指从客源地到目的地的运输，不包括旅游目的地的当地运输。旅游体验产品的运输可以看作是旅游体验产品的一部分。它将游客从旅游目的地运送到旅游体验地。其价值不仅在于交通功能的实现，还为这一环节的价值创造提供了发展空间。

5. 旅游体验产品的生产与消费

服务业最大的特点是生产和消费的同时性。游客到达旅游目的地开始享受各种旅游体验服务的时间和地点，也是旅游企业进行生产的时间和地点。这些企业包括在旅游目的地为游客提供必要的饮食、住宿、交通、旅游和娱乐的服务集团。这部分企业一般被认为是旅游产业的核心，是典型的劳动密集型传统服务业的一部分。

6. 旅游体验的二次消费生产与服务

常规旅游消费只包括愉快的旅游体验所需的基本消费，而旅游消费则是游客在旅游过程中的总消费，包括的范围通常比前者更大。前者属于旅游体验的初级消费，而游客在旅游目的地的购买行为可以理解为旅游体验的二次消费。它属于旅游消费的非基础消费部分，是改善和加强旅游体验的重要内容。这部分的生产和消费与一些旅游商品制造和销售服务企业密切相关。

7. 旅游体验产品整理

随着目的地游客类型的不断升级，对精细化、个性化旅游体验产品的需求也不断增加，相应的生产服务企业集团不断涌现和发展。这些企业集团包括知识技术附加值较高的旅游服务体验产品，如集医疗保健与旅游休闲观光于一体的高端接待服务企业。

8. 旅游体验产品的产品消费服务

随着旅游体验个性化要求的不断提高，部分体验对产品的依赖性也在增加。专门为此类企业提供产品供应的旅游企业也越来越多，如将酒店体验产品与分时度假、度假与房地产开发相结合，出现了一些新的房地产开发企业集团。

9. 旅游体验产业链整合服务

随着旅游产业链的不断延伸，旅游企业对金融、保险、信息等服务的需求也在不断增加，与此同时，整合也在不断进行。一些专业旅游信用卡、旅游保险、旅游数字化服务企业不断壮大，使旅游业进入了一个新的阶段[①]。

3.2.3　旅游产业价值链的凝练与总结

为了便于开展本书后续部分的研究，在结合前人学者观点基础上，并在产业融合背景下，考虑到旅游产业综合性、广泛性、关联性、异地消费性和服务性等特点，本书对于上文所述旅游产业价值链的划分进行进一步的凝练与总结，认为旅游产业链是从上游的旅游规划与开发、旅游产品服务策划和生产，中游的旅游产品分销、旅游信息传播和游客空间位移，到下游的旅游产品消费和游客体验的系列活动构成的整体，该产业价值链构成形态如图 3 - 3 所示。

---

① 张朝枝、邓曾、游旺：《基于旅游体验视角的旅游产业价值链分析》，载于《旅游学刊》2010 年第 6 期。

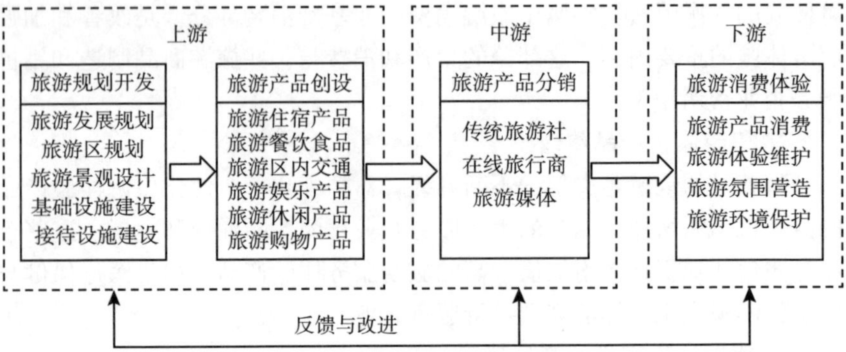

图3-3　旅游产业价值链构成

3.3　基于文化、旅游产业价值链的文旅融合模式

3.3.1　文化、旅游价值链的融合

经过上文对于旅游、文化产业概念及旅游、文化产业价值链构成的分析可见，旅游产业与文化产业的融合具有较高可行性。宏观来看，无论精神文化、制度文化、物质文化、显性文化、隐性文化，都以各种形式渗透于旅游主体、客体和旅游媒介中，体现出"旅游的文化性"特征。相应地，旅游也能够参与到文化产品、服务的生产过程中，对文化传播、消费起到推动作用，呈现出"文化的旅游化"特征。

另外，旅游产业与文化产业虽然有明确的技术、产品和市场边界，但旅游产业中专门从事文化资源开发利用并使其为旅游服务的企业在本质上属于文化产业。在文化产业中，主要生产供游客参观、游览、欣赏的产品和服务的企业发挥着旅游的作用。因此，可以说文化产业和旅游产业本身就有部分交叉和重叠。利用产业链的"融合与延伸、集聚与互补"机制，寻求和匹配文化产业与旅游产业价值链的契合点和融合点，促使文旅两大产业交叉或接近的部分融合发展，是推动文旅融合的必要手段。在这一匹配过程中，文化资源与旅游产业相互融合，形成产业集群模式、生态融合模式等新业态和新模式。以乡村文化旅游产业为例，有学者认为乡村文化旅游产业的价值包括基础研究、技术整合、内容生产、策划与整合、营销与服务品牌管理、衍生产品开发与营销、品牌延伸、消费者购买等环节。

3.3.2　产业价值链的模块化

在经济学研究中，模块化被认为是企业制造和组织设计的一种新范式。模块化是系统分解和整合的过程，体现了新型产业结构的本质。模块是系统中一个相对独立的部分，一个模块是一个子系统，每个模块的功能、特点都不同，但通过技术标准或标准接口联系，起作用。朱瑞波（2003）将价值模块与产业整合联系起来，指出产业整合实际上是传统产业分工在一定程度上的回归，是一个系统化、模块化的过程，与原有产业的发展有很大的不同。模块化是与分工经济相关的一种经济现象，是分工深化的结果。它包含了制度的分解与整合，是一种追求效率、节约交易成本的分工形式。通过前面的分析可以看出，旅游产业价值链主要由旅游景点、旅游交通、旅游餐饮、酒店、旅游娱乐、旅游商品、旅行社、游客等环节组成。它们本来是相互独立的，这些链接是水平链接的组合。因此，从模块化的角度来看，旅游产业的价值链可以看作是在"旅游需求"的引导下，为实现旅游产业的整体价值，通过横向的组织互动与合作而形成的价值链，它具有景点、旅游交通、旅游餐饮、酒店与酒店、旅游娱乐、旅游商品、旅行社等相对独立的模块。同时，根据文化产业的特点，文化产业的价值链可以看作是一个垂直的价值链，主要由创意策划、生产、文化传播和文化消费组成。要实现旅游产业与文化产业的融合，旅游产业与文化产业价值链的各个环节都应该是相对独立的，并且在一定条件下能够与产业体系之外的其他价值链环节进行融合。同时，一些通用性较强的模块可以应用到旅游产业和文化产业的各种产品开发中，削弱甚至消除了这两个产业资产的专用性。因此，模块化已成为旅游产业与文化产业融合的基础。

3.3.3　文旅融合模式与经典案例分析

我们必须意识到，文旅融合是一个高度复杂的现象，旅游产业在与文化产业的融合发展中，其涉及的行业，以及产业门类众多，相应的就导致产业链复杂，这二者的融合可以看作是文化产业与旅游产业各要素间打破原有边界，通过交叉、重组、整合、渗透等方式，最后形成共同体的过程。因此，文旅融合未必会产生唯一一个高度标准化的产业价值链的整合与集聚形态，但在文旅深度融合中所呈现出的多种模式中，体现出文化产业和旅游产业价值链各个契合点和融合点的重新集聚组合，其实，也正是因为两者价值链环的交融整合，才导致文旅融合呈现出多种不同的形态。本书认为可从价值链整合互补的角度对文旅融合的常见业态与模式进行分析。

1. 延伸型融合模式

根据产业融合的相关理论，旅游产业与文化产业可以打破原有的产业边界，两者借助产业之间的功能互补，以及产业链的延伸，从而实现产业层面的融合，并且借此来赋予原有的产业以新的附加功能和更强的竞争力。这种模式经常以"文化 + 旅游"的方式来实现，即文化的价值链朝向着旅游活动发生延伸，从而实现了一种"文化旅游化"。众所周知，我国的文化资源十分丰富，在漫长的历史发展过程中，这些文化资源可能会被遗忘或流失，而通过旅游化发展能够实现对这些文化资源的活态保护。更重要的是，许多优秀传统文化作品或形式可以借助旅游的形式实现更加生动的活化演绎，从而增加文化的附加值，并助推旅游的发展。

这一模式可以央视 9 套（CCTV－9）于 2018 年播出的优秀电视纪录片《跟着唐诗去旅行》为例。该片以唐代最具代表性的杰出诗人为切入点，邀请当代知名文化人士作为"导游"，带领观众纵横山水、穿越千年，打造了一部恢宏的文旅史诗。该片于 2017 年 9 月开始拍摄，邀请诗人西川、学者杨雨等出任"旅行者"，沿着唐代诗人的行走路线，去诗人当年游历或漂泊行经的处所，感受、揣摩其创作出不朽佳作时的境遇，借此回望唐诗里的山河，感受中国大地上正在发生的日新月异的变化，追寻当代中国人的诗意生活。该片涉及的"打卡地标"包括与杜甫相关的陇南、成都、夔州、三峡，与李白相关的匡山、太白山、庐山、九华山等名山，与孟浩然相关的襄阳、江浙吴越之地的扬州、黄鹤楼、浙江西部建德江，与王维相关的长安和辋川，与岑参相关的新疆、天山等。相比于其他纪录片节目，该片最大的创新点即在于邀请到知名文化人作为"导游"，用他们最直观的感受，去重走诗人之路、探寻他们心境起伏的轨迹、与他们的灵魂产生碰撞，在情景再现中体验千年之前诗人的诗心与精神，在客观性的电视纪录中加入了有温度的主观性感受，让唐诗和诗人不再只是刻板的标本，而成为观众心中鲜活的脉动。

更重要的是，《跟着唐诗去旅行》不仅是一台电视纪录片节目。借助这种巧妙的形式，作品还实现了从文化产业向旅游产业的延伸。随着节目的热播，观众在文化品位得到提升的同时，会产生强烈的意愿，想要去这些著名诗人游历、旅行、漂泊跋涉过的山川、河谷去参观游览，实现了从供给侧发起的旅游产业的转型与升级。借此契机，成都、扬州等旅游城市被赋予了更多热度；陇南地区等原本知名度较低的地区也得到了游客的重点关注；三峡、庐山等名山大川被赋予了更多文化意涵，秀美的自然风光中融入了更多历史人文气息，切实促进了文旅产业的深度融合。

通过对这一案例深入透视，可以看出在这一颇具代表性的文旅融合品牌的形成中，文化产业价值链中的创意生成、文化产品设计等链环与旅游产业价值链中的旅游规划开发、旅游产品创设等链环形成了自然的融合。纪录片创作团队在构思、策划这一作品的初始阶段固然有通过重走著名诗人的行旅之路来使唐诗"活起来""动起来"的想法，同时却也反过来考虑到以这种形式，借助古代传统文化精深博大的魅力来调动观众的出行意愿，去跟着文化"导游"们追随诗人的旅程，饱览祖国的壮美山河，在今古对比中感受中华民族文化的伟大魅力和祖国城乡日新月异的变化。运用这种巧妙的构思，创作者们促使文化产业的创意、设计等环节实现了向旅游产业的延伸，从而为旅游产业的高质量创新发展赋予了强大的动力。

以本案例为代表的影视旅游多数都属于延伸型文旅融合模式。符合这一融合模式的经典案例还有很多，本节即对其加以介绍总结。

（1）北京 798。

北京 798 艺术区位于北京市朝阳区大山子区，位于北京七星华电科技集团有限公司 718 大院。核心区面积近 30 万平方米，建筑面积 23 万平方米。它以当代艺术和 798 闻名，已成为北京城市文化的新地标。

2000 年至 2001 年，718 大院内的 5 家工厂和大院外的 700 家工厂被整合为七星集团。整合后，部分产业搬出大院，部分工厂闲置。七星集团开始出租空置的工厂，为艺术区的形成提供了很大的空间。2001～2002 年，刘苍空、隋建国、洪晃、罗伯特、东京画廊、紧张空间等艺术家和艺术机构陆续入驻。被包豪斯风格的建筑、安静的工厂环境、便捷的交通吸引，越来越多的文化艺术机构和艺术家入驻 798，艺术区逐渐成形。2004 年至 2005 年，一些艺术家和艺术机构先后组织了艺术展览和文化艺术交流活动。798 的影响逐渐扩大，开始引起社会各界的关注。时代杂志将 798 评为世界上 22 个最具文化标志性的城市艺术中心之一。2004 年 12 月，798 首次欢迎国际贵宾。德国总理施罗德出席"空白空间"画廊举办的"中德当代艺术展"。

2006 年成立北京 798 艺术区建设管理办公室；798 被评为北京市首批文化创意产业集聚区；首届 798 创意文化节即将举办。2008 年，798 被列为北京奥运会重点参观单位。2010 年，北京 798 艺术区管委会成立，首届 798 艺术博览会成功举办。2011 年，第五届北京 798 艺术节成功举办。开业当天，游客人数突破 10 万人次，创单日最高，全年游客人数首次突破 300 万人次。

这里汇集了画廊、设计工作室、艺术展览空间、艺术家工作室、时装商店、餐饮酒吧等文化艺术机构。截至 2018 年 11 月，798 拥有文化艺术机构 285 家，创意设计机构 113 家，旅游服务机构 117 家，占文创机构的 70% 以上，其中包括来自 20 多个国家和地区的众多海外机构。如法国、意大利、英国、荷兰、比利时、德国、日本、澳大利亚、韩国等，每年举办艺术展览 1000 余场①。

北京 798 的文旅融合特色主要表现在以下几方面。

第一，以文促旅。谈到"以文促旅"，首先就是处理好文化与旅游的关系。一般情况下，成功的文旅融合案例都是找到一个主要的文化脉络，沿着这条文脉开发与延伸相关旅游产业。北京 798 表现了"文旅融合"中典型的以文促旅的特色。其聚集了一大批艺术人才、艺术工作室、文化公司，在文化艺术领域形成了一定的影响力和吸引力，形成了所谓的"流量"，随着影响力不断增强，在非艺术领域，尤其在旅游领域形成了巨大的"流量"，全国各地的人慕名而来参观旅游，形成了北

① 布凤琴、刘凯月、李清：《荒芜后的城市景观再生——以北京 798 艺术区为例》，载于《美术教育研究》2021 年第 19 期。

京新的旅游景点。这突出体现了北京 798 的"集聚效应",各种艺术人才、艺术工作室和文化公司都愿意到北京来发展自己,而这种集聚效应的产生和作用的发挥主要得益于北京独特的区位和市场优势。从中国地理区间看,北京是中国的首都,政治、经济和文化影响力巨大,在此处开展文化艺术相关活动有天然的吸引力。并且,自改革开放以来,中国发展迅速,城市化进程不断加快,大都市文化迅速崛起,北京作为一线城市最能体现当代中国大都市的特征和风貌。因此,随着北京 798 的社会影响力逐渐扩大,以"艺术文化 + 都市观光"的概念将北京 798 打造成文旅融合项目就是水到渠成的事了。

第二,开辟了"工业旅游"新方向。以往的工业旅游是单纯的对工业厂区和工业设备的观光或体验,而北京 798 以工业厂区为依托,以文化艺术为内容,最后以体验观光为落脚点,很好地将三种元素融为一体。北京 798 的整体底色是现代工业文明,建筑群留有丰富的工业文明痕迹,很好地体现了工业文明的特色。与此同时,艺术群体的进入又将所谓的"后现代文化"融入"现代化工业"中,突出展现了"后现代 + 现代"的文化风格,这成为北京 798 独特的"文化特色",在北京798,游客既可以看到过去国营工厂的风貌,同时也能领略当代艺术的风采,既可以体会到工业历史的沧桑感,也能感受到当代艺术的活力与生机,这比单独的工业旅游或艺术展览要有趣得多。随着北京 798 的不断发展,其在餐饮、住宿等服务配套设施方面也逐渐完善,形成了较为完整的旅游生态系统。目前,北京 798 已成为"文化 + 旅游"双核驱动发展的代表区域,在国内形成了显著的示范效应。其独特的工业文化元素、当代艺术元素以及文化创意元素,这三个方面代表了北京 798 的文化特征,显示了北京 798 独特的文化色彩[①]。

第三,将文旅项目提升为一种生活方式,传递别样的生活理念。北京 798 发展到今天已经不仅仅是单纯的艺术区 + 旅游区了,它已经成为现代都市文化的代表,表达着年轻人和文艺工作者的一种生活方式和交往方式,构建了一种特殊的生活场景,传递别样的生活理念。这给我们的启发是,文旅项目的最终追求目标之一,就是要打造一种文化符号或文化形象,将吸引流量的主因从景观或服务要素转变为文化要素和文化

---

① 赵喆骅、刘雨晨:《试论"产业园模式"下城市工业文化遗产保护与再生——以北京798 艺术园区为例》,载于《重庆建筑》2022 年第 2 期。

意象，这样可以更加持久地吸引人们前来。北京 798 表达出了文化的积极和进步，创造出一种独特的都市生活模式，这是其在文化领域最突出的贡献。

通过 798 文旅项目的案例，我们可以总结出若干经验启示。

第一，需具备鲜明的艺术定位。

文旅融合的关键在于鲜明的"文化要素"，"艺术"作为构成人类文化的重要部分，能够很好地突出文化主题。北京 798 成功的关键就在于它的艺术性。通过吸引一大批艺术人才和机构的入驻，北京 798 以艺术为切入点，通过综合多种现代艺术和文化元素，成功打造出中国著名的文化艺术聚集区，同时，以艺术为主线，拓展周边商业元素，延伸相关产业链，在形成一定的艺术形象力的基础上，自然能够将旅游观光纳入其中，尤其能够吸引许多年轻人慕名而来，北京 798 的旅游人数也就随之增长了。北京 798 走出了一条显著的"以文促旅"和"以文带旅"的文旅融合道路。随着自身的不断发展，北京 798 已经成为集多种产业于一体的综合文旅项目区，但 798 的主题定位始终不变，紧紧围绕艺术和文化创意产业辐射其他产业领域。由此可以看出，文旅项目成功的基础不仅在于主题定位的突出，更重要的是要牢牢把握自身主题，可以随市场和时代改变主题的表达和呈现方式，也可以融合其他商业元素，但不能模糊主题色彩，要明确自身特色，在发展过程中，北京 798 始终坚持"艺术为先"的理念，不将"艺术"作为"面子"，而是作为自己立足的"里子"和"原则"，这就对旅游形成了可持续的良性互动。"以文为主，以旅为辅"，是北京 798 文旅融合的突出经验。

第二，及时动态的商业调整。

北京 798 最初定位是艺术和文化创意产业聚集区，大力吸引相关艺术和文化人才、机构入驻，这样的定位使北京 798 焕发了巨大生机，艺术品展览和贸易量急剧增长，但随着经济环境的变化，单靠艺术产业难以支撑 798 的继续发展，园区管委会及时调整方向，吸引了一大批其他商业项目入驻，譬如餐饮、酒店等，这样就将 798 打造成了艺术＋商业的综合区，以艺术为着力点，融入多种商业元素，打造综合产业形态。由此可以看出，在文旅项目的开发和维持中，要时刻关注市场环境变化，针对环境变化做出相应调整，这样才能不断满足市场需求，以市场活力保证自身的生存活力。如今的 798 已经不仅是一片艺术区，也是一片独特的休闲生活区，在这里，既能够享受艺术也能够享受生活，这就主要得益于商业元素的引入。正是众多商业配套服务设施的引入，798产生了一定的流量黏性，从而刺激了消费。许多人会在这里喝一杯咖啡，读一本书，悠闲地度过一天，游客享受了生活，园区获得了收益。文旅项目之所以成功，落脚点就在于收入的规模化和可持续，正是因为北京798已经成为一种生活模式融入人们的日常生活中，这就使得不仅外地的游客会到北京798观光游览，北京本地的市民也会到北京798消遣和休闲，这两部分共同构成了北京798的旅游人口，加上原本的文化艺术专业人士到北京798进行交流和投资，这三者为北京798注入了稳定的现金流，维持其不断发展。

第三，既有城市资源的充分利用。

北京798并不是一个重新建造的艺术聚集区，而是在已有废弃厂区的基础上构建的新型文化艺术产业区，它不需要拆除已有建筑，只需要充分利用已有厂区空间建筑资源即可，这就决定了它的建设和投入成本比较低、项目启动和运转需要的时间周期比较短、能够在较短时间形成集聚，比同类型艺术文化聚集区多了成本和时间优势。北京市当时对于北京798的拆除和保留曾产生过巨大的争议，经过讨论和征求各方意见，最后对北京798的态度就是"看一看、论一论、管一管、干一干"。这就是说，针对既有的城市资源，在不影响城市总体规划的前提下，还是应该尽最大可能进行保留，同时引入商业资源，进行商业开发，争取对既有资源进行深度开发，这样既可以保留城市发展的历史痕迹，也可以焕发城市既有资源的新活力。这给我们的启示是，对于文旅项目的开发，应该尽可能利用既有资源，使投入成本最小化，投资收益最大化①。

（2）故宫博物院。

北京故宫是中国明清两代的皇家宫殿，又称紫禁城，现为故宫博物院，被誉为世界五大宫之首。1961年，这一景区被列为第一批全国重点文物保护单位，1987年，它被列为世界文化遗产，1988年入选《世界文化遗产》名录，2007年被评为5A级景区。故宫是中国传统建筑文化的精华，古代皇权文化的核心，建于明成祖永乐四年，永乐十八年落成，是中国古代宫廷建筑之精华。故宫藏有大量珍贵文物，据先前的统

---

① 王智：《城市创意产业园景观重塑方法研究——以北京798为例》，载于《艺术与设计》（理论）2018年第10期。

计总共达 1052653 件，占全国 1/6 的文物。在全国 1300 多个一级文物收藏单位中，故宫博物院以 8000 余件一级文物高居榜首，并拥有许多极为珍贵的国宝。一开始，故宫采取了非常严谨得体的高冷路线，但这种定位并不成功。虽说戴着"故宫 IP"帽子，但是由于设计出的产品较为刻板，消费者表现不出浓厚兴趣，不肯购买。故宫博物院经历了一段漫长的低迷期。目前，经过 7 年的文物清理，经过重新归类设计的 25 个门类，多达 180 万 7000 余件的文物集体亮相，体现出文化创意研发的巨大力量，成为此处最宝贵的文化资源。目前，故宫已经开发了九千多种文创产品，每年的销售额均超过 10 亿元大关①。

概括来说，故宫博物院的文旅融合模式，主要采用了开发型、体验型、活化型、创意型融合等多种模式的综合发展，使古老的故宫及其深藏的文物在现代观念和智慧技术下焕发出年轻的活力和新的魅力。

首先，活化古老的空间和文物，唤醒故宫的活力。

故宫拥有自己的故宫博物院官网，并且建立了数字文物库。截至 2011 年，其文物总数达到 180 万余件，其中珍贵文物 168 万余件、一般文物 11 万余件、标本 7577 件。为方便广大群众欣赏，故宫建立数字文物库，线上展出文物 186 万件，人们可直接在官网观看每一件珍贵文物。故宫博物院的官方网站，2018 年一年度的访问量即高达 8.91 亿，位于中国文化机构排名的第一位②；此外，还建立了外文网站，让世界各国人民都能够通过网站来了解故宫的文化特色，此外，故宫博物院特地把青少年网站做得活泼有趣，让孩子们自愿走进博物馆。

故宫在一些曾经不开发或废弃的宫殿设有综合性历史美术馆、画像馆、分类陶瓷馆、青铜馆、明清工艺美术博物馆、铭文馆、玩具馆、四宝馆、玩物馆、宝器馆、钟表馆和清代宫廷法令及文物展览。从皇宫到博物馆，故宫博物院始终以保护传统文化为基础，扩大开放，改造冰库为可容纳 300 余人的观众服务区，向大众开放。位于隆宗门外路西的皇家冰库区域，建于清乾隆年间，古砖环抱，灯光幽静，走进冰窖餐厅，一股古朴之风扑面而来。冰窖餐厅提供宫廷特色餐点，比如著名的"慈禧太后小窝头"等。另外，文物库房宝蕴楼改造为文化展览中

---

① 明政：《故宫博物院文创产品的创意设计策略及启示》，载于《西部皮革》2021 年第 16 期。

② 2018 年旅游局年鉴。

心，还用 VR 技术"复活"西洋水殿延禧宫，让嫔妃休息之地变为现代交流中心①。

其次，举办特色活动和展览，由高冷走向亲民，提升出游体验。

故宫近 10 年来在世界各地举办了 160 多项展览，是全世界博物馆走出本土举办展览最多的一个博物馆，除了线下展览以外，还有多项网上展览，让人们"足不出户"便能进行鉴赏与参观；此外，故宫还跟腾讯合作，每年都会推出动漫、游戏创意大奖赛。2016 年 2 月 25 日，故宫博物院在人民大会堂举办了"大朴——故宫博物院崔如卓艺术作品展"，同年在故宫博物院举办了"洛阳牡丹与故宫牡丹主题文物展"。故宫博物院于 2019 年春节推出"在紫禁城过年"节日习俗活动，用文物还原了昔日皇宫的各种春节装饰和活动，以及皇宫里装饰的清廷春节产品。展览以"祈福迎吉、祭祖孝顺、宗族和睦、勤政贤惠、娱乐欢乐"六大主题，充分展示了清廷春节期间的习俗。2019 年元宵节期间，故宫博物院举办了一场名为"紫禁城里的上元之夜"的文化活动，这是故宫在 94 年的历史上，第一次在夜间免费向公众开放场地。作为"紫禁城里过大年"系列展览活动的延续，此次灯会在推进文旅融合的基础上，极大地拉近了故宫与游客、市民之间的距离，进一步满足公众的文化、心理和情感需求，更好地诠释"传统节日"这一团圆、幸福话题，让公众在看似庄严的博物馆中也能感受到浓厚的节日气息和真实的人情味，更真切地感受和体验到紫禁城的历史盛况与文化魅力②。

最后，打造特色年轻文创 IP，改善故宫的传统形象。

打造年轻的文创 IP，使特殊文化符号转化为旅游产品吸引年轻消费群体，改变传统的故宫形象。前故宫博物院院长单霁翔认为，要深入研究人们的生活，根据他们生活中的重要需求开发产品；只有深入开掘自身资源库藏，实现实用性、趣味性的结合，才能创造出大众化的文创产品。③ 故宫商城由故宫童趣、故宫书房、故宫家居、故宫数码、故宫服饰开发而成等不同系列文创具体产品，如朝珠耳机、凤纹丝巾、海错图

---

① 王雪飞：《公共图书馆文创产品开发利用研究——以故宫博物院文创产品开发利用为例》，载于《图书馆工作与研究》2021 年第 S1 期。

② 刘芳、李思凡、张超平：《故宫旅游文创产品开发策略》，载于《合作经济与科技》2021 年第 3 期。

③ 每日经济网：《故宫博物院前院长、中国文物学会会长单霁翔：金融创新提供支撑，看好成都文创发展前景》，http://www.nbd.com.cn/rss/toutiao/articles/1424842.html。

茶杯等，还推出了年轻女性推崇的国风系列化妆品。良好的文化 IP，能够产生强烈的粉丝效应，从而可以继续延长与巩固，以 IP 为核心的旅游产业价值链，以期能够实现未来的高转化率与重复购买率。事实证明，知名度高的文化 IP，其衍生产品在营销推广时，更加具有吸引力。故宫在最近几年内拍摄和播出了各式各样的影视节目，包括纪录片《我在故宫修文物》（2016）、综艺节目《国家宝藏》（2017）、《国家宝藏 2》（2019）、《上新了·故宫》（2019），还有宝蕴楼话剧实景演出《海棠依旧》（2015）等，刷新了当代的年轻人对故宫的传统印象，获得了观众的好评。

除此以外，根据 2018 年旅游局年鉴，自 2004 年 12 月 5 日面向社会公开招募第一批志愿者以来，社会各界已先后有 600 余人乐意投身到故宫的志愿服务工作中。时值故宫开放区域逐步扩大、专馆展览逐年增多，招募高素质的志愿者，既能配合故宫和观众新的需求，又能让观众加入到故宫博物院，深入体验故宫的文化。自 2015 年 6 月 13 日起，故宫试行每日限流 8 万人的入园制度，以及实名制售票制，随后，又开始实行电脑与手机购票。自 2017 年 5 月起，故宫博物院开始实行全网售票参观制，最终实现了分时段售票、游客分时段参观，从而有效控制了观众流量，这样既节省观众购票时间，增加游览时间，又实现游客分流，合理控制客流量，减少故宫的客流压力，保护故宫建筑以及文物。故宫博物院还做到完善服务及基础设施，发起"厕所革命"，建立详细的导视系统，并对故宫进行环境整治，将沥青路面还原为传统的建材地面，去掉破坏整体环境的铁栏杆，改善绿化，将路灯换成了宫灯，最大限度地还原明清时期的故宫及环境。故宫还种植牡丹、荷花、银杏及腊梅等多种花卉绿植，使游客可看到当季绿植①。

综上所述，故宫案例的成功给处于延伸型文旅融合的其他项目以启发的点在于，要通过挖掘当地的人文故事以及自然资源，推陈出新，设计新组合，推动旅游产业的转型。发展具有自己文化特色的旅游产品，能激发旅游产业的内生动力。打造新的文化 IP，可以提高旅游地辨识度、增强变现能力，可以推动市场化、商业化。故宫博物院参与并主导文化 IP 的研发，深入研究故宫及文物的文化内涵，研发出深具人文情

---

① 张加梅、刘霞、王珏：《基于历史文化旅游选择的研究综述——以故宫博物院为例》，载于《当代旅游》2019 年第 11 期。

怀的产品，并通过这种文化理念向人们提供大众喜闻乐见的休闲娱乐作品和服务。采用互联网技术和数字技术进行多方面的推广与服务，吸引年轻观众，带动文化产业持续健康发展。

（3）杭州宋城。

随着物质生活水平的提高，人们越来越注重旅游产品的品位和格调，人们在文化旅游产品上的消费日益增多。显而易见的，人们越发重视旅游目的地的独特文化，因此，一些极具观赏性、非常时尚的旅游表演应运而生。如前所述，旅游演出一般是指从旅游者的角度出发，反映地域文化背景，注重体验性和参与性的各种主题商演和活动。宋城旅游景区是展示两宋文化的著名主题公园，也是体现杭州宋文化旅游的重要风景区。宋城景区的建设，是以宋代著名画家张择端的《清明上河图》为蓝本，严格按照宋代的建造方法，再现了宋代城市的繁华景象。旅游演艺"千古情"系列《宋城千古情》是在宋城集团理解、传承与展示当地历史文化的一场文化大餐，它以主题公园是将当地文化历史元素具象展现的载体。这个主题公园已经成为宋城有史以来最大的表演大厅。游客可以在主题公园浓厚的历史氛围中与演员互动，最后在剧院里享用一顿穿越时代的文化晚餐。主题公园与演艺节目的密切结合是宋城集团实现文旅产业可持续发展的秘籍和核心原因。

在《宋城千古情》的打造中，宋城集团将历史文化作为核心，它融合了现代高科技和一些艺术表现手法，将全世界的歌舞、杂技、戏曲艺术融为一体。应用 LED 屏幕旋转幕、神灯阵、烟雾制造等丰富手段，以此营造出梦幻般的意境。总体来说，《千古情》带给游客以强烈的震撼，使其产生身临其境之感，仿佛穿越千年回到宋朝，杭州历史特色十分浓厚。

《宋城千古情》每年演出 1300 余场，旺季每天演出 10 场。根据2022 年旅游局年鉴，自 10 多年前推出以来，演出场次超过 1.6 万场，总观众人数超过 4800 万，是去年全球演出和观众人数最多的一届。同时，宋城内还有《熊熊烈焰》《惠王一家扔绣球花》《穿越快闪》《达卡秀的南美之战》《岳飞的战士们》《月之美人》等十场文艺表演供游客欣赏，使其更具参与感。在此基础上，宋城结合节假日推出了涵盖全年的活动，如春节庙会、火把节、泼水节、万神殿节等。

"建筑为形式，文化为灵魂"是宋城集团发展项目的宗旨。《宋城千古情》之所以能成为宋城的品牌项目，是因为它以杭州的历史典故、神话传说为基础，结合现代科技手段，以宋城的独特视角，呈现了宋朝在这一特定历史时期的文化特色。正是"以文化为魂"的理念，使得《宋城千古情》向观众传递着深厚的历史文化底蕴。演出以历史文脉为根，以文化底蕴为魂，多角度展现杭州的文化历史，具有浓郁的地方风情，让游客深切体验到历史的厚重。因此，《宋城千古情》被国家认定为"旅游与文化相结合的典范"。①

提起《宋城千古情》，首先想到的就是那些美丽端庄、能歌善舞的美女，这些美女活力四射，演出现场引发大量掌声、尖叫、喝彩，就算是任意一段她们的演出小视频传播到网络上，动辄就是非常高的播放量。然而即使如此，《宋城千古情》获得巨大成功的根本原因并不是美女，或者说，美女云集并不是《宋城千古情》获得成功的唯一理由。近些年，国内很多地方将旅游产业开发作为优化经济结构、配置新的经济增长点、推动发展方式转型的重要切入点，在旅游产业配置方面有打名人牌的，有打历史牌的，有打风光牌的，有打娱乐牌的，当然也不乏打美女牌的，可谓挖空了心思，想尽了办法，但很多地方的效果却不好：有的只是"内热"，当地政府满腔热情，或许民众也稍有热情，但"外寒"的本质却无法掩饰，外界始终是冷漠的；有的地方蓬勃兴起，但由于缺乏持久的吸引力，或者善于"上马打江山"而不懂得"下马安天下"，迅速地冷却下来；有的地方想方设法打各种牌，但每一张牌都打不对路，事倍功半，甚至劳而无功、劳民伤财，而宋城却跳过了旅游发展之路沿途的一个个深坑②。综合来看，宋城能够取得现在的成绩，是因为与其他演艺类项目相比，其具有以下特色与优势。

一是强大的营销策划能力。宋城进一步的策划，是根据景区春夏秋冬不同的特点制定不同的主题活动，每个季节根据中国的习惯和地方特色都有不同的活动。这些活动在媒体特别是自媒体上的曝光率很高，比如《九寨千古情》的熊猫打麻将。截至2023年，宋城在抖音上开设了

① 陈蓓奇、陈金花：《旅游文化对旅游品牌塑造的影响——以杭州宋城为例》，载于《当代旅游》2020年第18期。
② 仝艳婷、孙景荣：《旅游演艺产品顾客满意度的社会学分析——以杭州"宋城千古情"为例》，载于《长春理工大学学报》（社会科学版）2019年第4期。

比赛，一等奖奖金高达 100 万元，所以在比赛期间抖音上有很多与宋城相关的短视频，也意外地催生出一批宋城的网红。有的游客看了抖音专门赶了一两千公里的路来到宋城感受。《宋城千古情》的成功，离不开宋城集团在营销策划方面的探索和努力。

二是宋城集团庞大的营销网络和丰富的渠道利润。截至 2022 年底，集团已设立 1 个中心（杭州）、6 个办事处，签约旅行社 3200 家，建立了庞大的营销网络。团体和旅行社通常以 5 ~ 6 折的价格结算。丰富的渠道利润提高了旅行社将游客运送到景点的积极性。

三是创新求变的创造机制。以新鲜元素吸引游客，也是"宋城古韵"作为品牌项目的核心竞争力。2003 年，为宋城千古量身打造的剧场落成。剧场版《宋城千古》阵容空前，演员 300 余人，节目理念大胆，高潮迭起，细节精益求精。2007 年，宋城集团投入 5000 万元，从舞台布置、大 LED 屏幕设置、演出质量等方面对《宋城千古》进行了全面整改和提升。2009 年版《宋城千古》充分提炼了蚕丝伞、群扇、茶叶、蚕丝、江南丝竹、江南社区等元素，增添了一份温文尔雅的江南风情。2010 年的版本用四个主题和尾声取代了最初的六幕剧，并加入了流行和当代元素。宋城集团一直遵循"一月一小改，一年一大改"的方针对《穿越宋城千古》进行完善，每年对节目的完善投入高达 1000 万元[①]。

旅游演出产品的重复模仿和创新不足是目前旅游演出市场面临的普遍问题。自 2004 年《印象·刘三姐》凭借其独特的产品创意和有效的市场运作取得轰动效应后，许多城市也相继推出了同类型的旅游演出产品。但是，从市场反应来看，很多产品盲目跟风而缺乏创意，尤其是大型景观实景表现，存在着在表现形式和科技手段运用上的模仿现象，容易产生相似感，无法长时间吸引游客。在这种情况下，宋城在同类旅游表演产品中脱颖而出并获得成功，也就并非偶然了。《宋城千古情》的启发作用是巨大的。我国是一个文化多元的国度，传统文化、民族文化、地域文化、宗教文化以及新兴文化、外来文化等融合交汇，纵向看层次丰富、源远流长，横向看种类繁多、斑斓多姿。近些年，文化传播方式时时革新，文化受众精神享受渠道日益丰富，欣赏水平大幅度提

---

① 　王丽颜：《杭州宋城"千古情"文化产业项目管理流程研究》，湖南师范大学硕士毕业论文，2020 年。

高，传统文化和地域文化的传承面临诸多挑战。文化与旅游融合是文化传承的有效手段之一。但也应看到，文化传承并非简单的照搬照抄、复制粘贴，创新才是文化传承的真谛。在文旅融合中，只有创新性的传承，才能真正将文化打造成文旅景点。文化传承的要义在于在创新中继承，不断地用新的思想内涵、核心价值、艺术形式使传统文化富有时代特色，才能使文化长传长新，生生不息。"宋城千古情"在创意、构思方面做足了创新功夫。岳家军的故事，梁祝、白蛇的传说都是众人皆知的，这些故事与传说在文学、戏曲、影视、舞蹈等各个领域都有优秀的艺术产品，从而让它们成了一种文化符号①。《宋城千古情》在打造中首先想到的就是对现代化舞台技术的运用，声、光、影等一些高科技手段的介入，让这些传统文化具备了更高的观赏性。再就是表演技法的创新，例如备受欢迎的《梁祝》，一改通常那种演员在舞台表演、观众在下面观看的常态，完全消除了演员和观众之间的空间划分，表演场地被放置在礼堂和走道上。这种去分割的过程消除了观众的孤立感，给了观众接近演员的机会，并有机会参与表演，这种小小改动激发出的热情与融入感，对观众来说是非常重要的。

在众多旅游演艺公司的竞争中，宋城集团除了良好的运营之外，还坚持传统文化和旅游的多种融合，不断创新，凭借一出出"千古情"的精彩演绎，终于在竞争中取得成功。

（4）西安与短视频。

随着智能手机和5G技术的普及，手机短视频崭露头角，迅速发展成为一种新的内容传播方式，吸引了大量用户。短视频平台结合大数据信息，根据大众喜好进行智能推荐。其中，有丰富的旅游内容，如旅游冲浪、旅游指南、美食和美丽的风景。因此，受到短视频广泛传播的影响，很多受到游客喜爱的城市都被戴上了"网红城"的帽子，尤其到节假日，越来越多的年轻人去往"网红城"游玩。同时，短视频平台也为公众提供了展示个性、分享新奇经历的机会，为有旅行打算的人提供了更多的参考余地。受短视频的影响，很多市民会调整原有旅游计划或安排下一个假期旅游计划。

21世纪是一个流量的时代，无论是在旅游行业还是在娱乐行业，

---

① 李倩：《基于游客体验质量的杭州宋城民俗旅游开发研究》，载于《旅游纵览》（下半月）2016年第10期。

流量已经成为价值实现的重要前提。随着短视频社交时代的到来，大量的年轻人聚集在各种短视频 App 中，通过短视频通信相互交流。这类人性格比较突出，也有非常强烈的展示和分享欲望。当他们到达一个旅游景点时，他们会将所见所闻结合起来，以短视频的形式记录下旅行体验，并发送到平台进行交流和讨论。近年来，出现了许多具有代表性的短视频宣传案例。例如，重庆的李子坝轻轨，它穿过住宅楼里长长的轻轨线，显然存在了多年，但直到短视频的兴起在全国范围内传播，并发挥了强大的宣传作用，才被人注意到。

近年来，西安旅游也得益于短视频平台的崛起。西安通过抖音上的"顶屏"宣传，扩大了话题的传播范围，增强了用户在传播圈网络结构中的粘性，让用户愿意参与和分享关于西安的话题，为打造城市新形象提供了坚实的基础。抖音上西安的各种奇观吸引了大量游客。游客在现实中在抖音上体验、模仿、拍摄短视频，再在抖音短视频上再现为奇观，形成了西安奇观游的竞赛。抖音上有很多西安的美食和风景被网友分享，这就是短视频本身所呈现的形象。而人们在现实生活中的模仿行为，又一次复制和传播了这种形象的传播。在音乐、拍摄方式、拍摄地点、拍摄内容上，他们都尽可能地参考了原始影像，这成为抖音上再次创造的奇观。提升西安的话题度和知名度，由于大量的视频都是由西安当地人制作上传的，为游客展现了西安不同的面貌。因此，西安从千年古都成功转型为"网红之都"，改变了西安在大众心中固有的印象[1]。

与传统的传播方式相比，抖音具有以下几点优势。

首先，高效低成本的内容制作周期，以及扁平化的内容视角。

抖音是 UGC（即用户生成内容）产品。随着互联网技术的快速发展，网络的交互性得到了日益明显的体现。在如今的环境中，用户不再仅仅是网络内容的观看者，同时也成为网络产品内容的生产和传播者。互联网的发展本身就是一个"去中心化"的过程，公众更加重视言论自由的权利。抖音的成功之处就是以"去中心化"的 UGC 产品为主线，它将内容的生产全部交给用户去实现，公司则只负责内容审核。在新媒体时代，用户掌握了对内容价值的判断。任何人在抖音平台上发表的作品，只要获得了较高的关注度，就会扩大传播的范围，产生较强的影响

75

① 朱卉平：《西安文旅融合发展模式分析》，载于《当代旅游》2021 年第 24 期。

力，极大地去满足普通人想要成为网红的意愿。在城市形象传播短视频制作方面，内容要立足于城市特色和独特的文化底蕴，让更多人深入了解一些城市的文化精髓，为平台用户提供优质的原创内容，让用户从短视频中看到每个城市的魅力。

其次，符合互联网时代年轻人的生活特点和节奏。

传统的视频作品没有时长限制，然而短视频平台作品则主要分为三类：第一类时长为 15 秒左右，如抖音、美拍等，这种产品内容以普通用户为中心，呈现用户的定制化心理，突出用户的社交需求。第二类时长为 1 分钟左右，如快手，内容主要突出视频情节；第三类时长为 2～5 分钟，如第二拍等，内容以"pgc"为中心，这种产品有专业的编排处理，一般来说视频主题比较清晰。由此可以看到，抖音视频的时长限制，恰好符合了"碎片化""快节奏"等的时代要求，互动性的内容符合当下"体验"时代的需求。[①]

以上分析可以带来许多启示。文化是什么？文化就是当地人在生活中所展示的内容。短视频由于其特殊的生产方式，让越来越多的普通人可以展示自己的生活。这种生活短视频传播出去，就变成了当地文化的宣传。在抖音的旅游短视频中，用户可以更生动、全面地了解景点的各个方面，相比于图文信息，更有"身临其境"的感觉。观看短视频的用户也可以在评论区与他们互动。评论是抖音 UGC 中极其重要的一部分。基于对平台的认同感和归属感，"抖音"用户会将"打卡"网红景点视为一种"义务"，从"我想去"升级为"我必须去"。总之，抖音作为当今短视频最优秀的平台之一，已经充分展示了其对于文旅融合发展的作用。可以预见的是，未来会有越来越多的文旅融合产品和抖音合作[②]。

2. 渗透型融合模式

渗透型融合是指文化产业利用特定的手段和方法，将文化元素融入旅游产品中，并以旅游产品或服务的形式呈现给消费者。也可以是旅游产业渗透到文化产业中，赋予文化产业旅游功能。就目前发展情

---

① 伊文臣、南晶霞：《浅析抖音短视频对城市形象传播的影响与策略》，载于《西部广播电视》2021 年第 24 期。

② 王东：《基于抖音平台的旅游类短视频传播研究》，甘肃政法大学硕士学位论文，2021 年。

况来看，前者仍是这一融合模式的主流，亦即"旅游＋文化"的方式。通过"旅游＋文化"将文化元素融入旅游产业价值链，提升游客旅游体验的文化品质，从而提高游客满意度和国际旅游竞争力，实现旅游文化化。渗透型融合最常见的形式之一是文化遗产旅游，通过对文化遗产资源的保护与创新式开发，促进传统文化的复兴，推动文化遗产的活化，满足游客现代需求，山东台儿庄古城堪称这一模式的典型案例。

台儿庄古城位于山东省枣庄市台儿庄区。它位于京杭大运河中心，是国家 5A 级旅游景区。历史上，由于从江苏到山东，北上北京的船只必须经过台儿庄，大量的人员和物流聚集在台儿庄周围。随着社会经济的迅速崛起，台儿庄已成为南北交汇、商贸交流的滨水枢纽。1938 年，在抗日战争期间，由于台儿庄战役，这座古城变成了一片废墟。2008 年 4 月 8 日，为纪念台儿庄战争胜利 70 周年，枣庄市人民政府正式宣布台儿庄古城恢复重建。2013 年 8 月 5 日，古城重建项目全面竣工。修复后的台儿庄古城拥有北方大院、鲁南民居、徽派建筑、欧式建筑等八种建筑风格，建筑多傍河而筑，城中水巷纵横，水网密度甚至超过了苏州古城。此外，台儿庄段运河是京杭大运河中唯一东西流向的，蜿蜒曲折的运河穿城而过，故此被世界旅游组织称为"活着的古运河"[①]。

除对遗产旧观的大力修复与适度开发以外，台儿庄古城项目很好地在旅游景点中融入了文化元素，使这一旅游景点呈现出厚重的文化意蕴。第一，利用跟抗战有关的元素。古城的城墙上张贴或镶嵌有与台儿庄大战相关的照片，对体现战争遗迹的建筑如清真寺的弹孔墙、残存弹孔的鲁南老民房等进行大力的保护，将在运河清淤和古城建设中挖出的骸骨、武器、盔甲等战争遗留物收集起来进行展览。在商铺中向游客出售手榴弹、炮弹等容器造型的白酒等。第二，体现南北交融的特点。为体现凭借京杭运河而形成的南北交融文化，古城在八大建筑风格上下足了功夫，将其打造为"民居博物馆"。在饮食文化上，也体现出南北交融的特色。以古城的代表性食品"黄花牛肉面"为例，据说北方人爱吃牛肉但不产黄花，南方人爱吃黄花但不爱牛肉，因此，"黄花牛肉面"是典型的南北文化杂糅而形成的饮食。第三，体现运河色彩。历史

77

---

① 韩冰：《台儿庄古城文旅融合发展中地方政府职能优化研究》，山东大学硕士学位论文，2021 年。

上的台儿庄人口流动频繁，造成地方信仰丰富，故相传有"台儿庄七十二庙"的说法。为复现当日盛景，当地相关部门重修了天后宫、关帝庙、马神庙等庙宇及天主教堂，另外专门雇人在运河边表演柳琴戏、运河花鼓、运河号子等民间曲艺，还有水城游船歌曲表演等形式，以此来展现迷人的运河风情。

台儿庄古城项目是文化渗透入旅游，以文化遗产的修复与开发提升旅游业附加值的典型案例。在这一案例中，文化产业价值链中的文化创意生成、文化产品生产制作与旅游产业价值链中的旅游景观设计、基础设施建设、旅游餐饮住宿交通等旅游产品创设，以及旅游产品消费、旅游体验维护等链环形成了良好的融合。枣庄市人民政府及相关旅游开发主管部门在发起古城重建时，除了通过多方渠道获取信息，以尽可能真实地还原古城旧观的同时，也对其进行了适度而巧妙的开发，在其中融入了与"台儿庄大战"有关的抗战元素，将多种民风民俗以民间文艺演出的形式呈现出来，加上能够体现南北交融特色的建筑风格，以及极富当地特色的美食文化，使来此的游客深刻感受到运河文化、南北文化、遗产文化等多种文化的魅力，极大地提升了台儿庄旅游项目的文化品格①。

与台儿庄案例相似，很多其他经典案例符合渗透式融合模式，本节对这些案例加以介绍总结。

（1）厦门鼓浪屿。

在文旅融合的大势下，鼓浪屿通过多方面的特色凝练，增强了自身对于游客持续的吸引力，主要体现在以下方面。

首先，将百年历史名人故事融入自然风光中。鼓浪屿之美不仅在于其旖旎的风光，更在于其深厚的人文底蕴。很多人对鼓浪屿的印象是"音乐之岛"，但其实它也是一座具有厚重文化积淀的"大咖岛屿"。走进这座岛，让时光带领游客邂逅鼓浪屿的故人与往事，看见爱与信仰的光芒。鼓浪屿面积并不大，但岛上名人密度超乎想象，郑成功、弘一大师、林语堂等先后在这小岛上留下足迹与故事。

1926 年，鲁迅刚刚到达厦门大学的时候，便写信告诉恋人许广平，说鼓浪屿就在学校的对面，坐舢板一二十分钟可到。这也是鲁迅唯一一

---

① 王昕：《台儿庄古城景区营销策略优化研究》，青岛大学硕士学位论文，2021 年。

次用文字记录鼓浪屿。自 1930 年初秋首次登上鼓浪屿开始，巴金便与鼓浪屿结下了不解的情缘。在巴金心中，鼓浪屿是他永不忘怀的"南国的梦"。他多次到鼓浪屿小住，沉醉于这片土地上人性的温馨梦幻，可以说鼓浪屿就是他冲破网罗的梦想。林语堂与鼓浪屿渊源颇深。1905 年 10 岁时，他转到厦门鼓浪屿养元小学读书，13 岁小学毕业后进入寻源书院读书。在林语堂的人生中，鼓浪屿是他与西洋生活初次接触的地方，他在这里迷上了音乐，从此开始了他横跨中西文化的旅程。因长期定居在鼓浪屿，舒婷的大多数诗文都创作于她居住的中华路 13 号。2007 年，舒婷推出散文集《真水无香》，她在扉页写着题词"我的生命之源——鼓浪屿"，书中所有的文字也全都围绕着故乡小岛鼓浪屿而作，全书读来犹如一本自传背景下的"鼓浪屿方志"。自然风光与这些历史名人的交汇，构成了鼓浪屿作为著名旅游景区的魅力之源①。

其次，独特建筑风格与人文底蕴的结合。鼓浪屿的每一栋建筑都有自己的故事。中华路 21 号的这栋建筑建于 20 世纪初。建筑面积 680 平方米，有两层门厅。它采用了维多利亚时代表性的清水红砖墙和哥特式尖拱窗。猫头鹰楼见证着岁月的变化，在不同时间有过不同的业态，做过住宅，开过旅馆和商店。鼓浪屿管委会对猫头鹰楼进行保护性修缮，拆除了建筑外墙外的违章店面、清空了原有的商业业态，重新建起了围墙并重新设计了庭院绿化。现在游客看到的亚细亚火油公司旧址就是一个非常具有特色风情的老建筑。修缮完毕的猫头鹰楼重新对外开放并选择书店作为新的租户。按要求，书店装修不能改动原有建筑，书店在设计的时候也花了很多心思，装修完全保留了老建筑的原貌。除了书籍陈列，书店三楼还不定期开展文化沙龙，邀请专家向居民、游客讲述鼓浪屿的老故事。如今，鼓浪屿上已经拥有了 3 家书店和 1 家图书馆，文化气息深厚。

2014 年，厦门市对鼓浪屿实施"全岛博物馆"计划，将很多建筑纳入公共开放的无围墙生态博物馆系统，使其成为活化历史的重要资源。此外，鼓浪屿还建立了历史建筑研习基地，根据木质构件、水泥雕花等不同技艺聘请十多名老工匠，通过传帮带培养传人，确保这些老建

---

① 王旭：《厦门鼓浪屿旅游开发中名人效应问题探讨》，载于《经济研究导刊》2018 年第 10 期。

筑维护的传统技艺不会断代①。

最后，历史与当下的穿越交融。鼓浪屿作为世界文化遗产地，见证了中国融入世界的全过程，蕴藏着灿烂的文化底蕴，也有丰富的可转化为旅游要素、旅游产品、旅游业态的价值链接点。作为一个走向世界，承载着过去、现在以及未来对话的国际社区，鼓浪屿在文化消费与深度旅行的市场需求下，基于对城市文化与历史文脉、自然人文景观的内外需求升级，也对市场提出了更多的提升要求。

2019年9月，"爱在鼓浪屿故事体验馆"作为全国首个融合当地文化的新媒体互动艺术装置空间，在鼓浪屿正式开幕运营。体验馆位于福建路的虫洞书店二楼。虫洞书店自2016年开业以来，一直专注于鼓浪屿的文化生活与艺术体验方式的提升，以书店为载体，以国际艺术为桥梁，持续为所在的一个半世纪前的老建筑注入源源不断的生命力，为鼓浪屿与世界创造新的链接。虫洞书店在"文创+科创"文旅融合新形态下，调整产品和空间，经过不断的摸索与合作尝试，打造出独具鼓浪屿气质的虫洞2.0版本。

走进虫洞书店，鼓浪屿的时光之门洞开，百年岁月一齐交融呈现，承载着"爱"的故事加数个多维感官互动装置，分落融入虫洞书店二楼的各个空间里。虫洞书店打破常规的线性游览方式，在这里，游客将感受到时光流逝如纸片飞舞般的震撼，感受到郁约翰牧师用一生为这座小岛带来的精神疗愈与医学治愈的无私之爱，感受林巧稚医生在面临人生选择的时候坚定遵从内心从而选择的奉献之爱，也能感受到文学幽默大师林语堂在人生爱情观里对待婚姻的专情之爱……通过深度挖掘鼓浪屿内在文化基因，虫洞书店将当地文化植入到升级改造中，打造在地性的特色书店，带你重回百年前的鼓浪屿，在一个个生动有趣的互动装置中，深切而具体地感受那些历久弥新的爱的力量。

"文创+科创"已成为新文旅的必备属性，在深度挖掘城市文化的同时，用最新的科技互动装置呈现，使参观的人群通过互动的方式深入体验文化背后的文物、故事与情感价值核心，较之走马观花的游览以及平面的观展方式而言，这是自2D向3D、4D的体验升级与迈进。通过创作，跨越人类情感与科技之间的界限，找出表达独特观点的新方式，

---

① 付有：《鼓浪屿文化遗产旅游发展的空间策略研究》，华侨大学硕士学位论文，2019年。

这是一次"文创"与"科创"、传统与未来融合之旅,也是一趟穿越时空的爱的探索之旅,每个人都将在此收获不一样的感受与价值,体验属于自己的时光之旅①。

鼓浪屿案例的经验具有很大的启示意义,首先,其建筑特征融合了中国、东南亚和欧洲的建筑和文化价值观和传统,这是由生活在岛上的土著、外国和归国中国人的多样性所实现的。岛上建立的聚落,既体现了移民者从原籍地或居住地带来的影响,又融合在一起,形成了厦门装饰的新风格。在这方面,鼓浪屿见证了亚洲全球化初期各种价值观的汇聚、碰撞和融合。鼓浪屿之所以是国内知名的旅游景点,除了美丽的风景,更重要的是对人文历史资源的保护、开发和利用。美景与人文的深入结合,是一个优秀文旅融合项目所必备的。充分挖掘当地的人文资源、不断提升旅游业态内涵是获得市场认可的关键。

其次,历史建筑遗存是具有历史文化价值、艺术价值、科学价值的建筑。这些建筑不仅要"留得住",更要"用得好",在坚持严格保护的前提下,应当积极促进优秀历史建筑和历史风貌的活化利用。鼓浪屿在政府的积极指导下,在群众的积极参与下,开展家庭音乐会、社区音乐会等传统文化工作,在遗产核心要素等历史建筑中设立社区书店、图书馆、文化沙龙等,丰富社区文化生活,挖掘和保护社区最本土化、最难忘的文化。并将本土文化与海外中华文化相结合。文化景观的形成保护和再生产,极大地丰富了鼓浪屿的文化色彩和旅游内容,实现遗产、旅游与文化的最佳结合。这是在一个景区或景点共存多种资源的情形下,实现各种资源的最佳结合,是文旅融合发展的正确路径。

(2)江西井冈山。

1999年,江西省最先提出"红色旅游"的概念,率先打出红色旅游品牌,率先出台省级红色旅游发展规划。井冈山红色资源保护利用定位高、起步早、视野广、效果好,对弘扬井冈山精神、传承红色基因发挥了重要作用,同时也做到了旅游业与红色革命文化的融合。具体体现在以下方面。

首先,体验式营销为游客带来生动形象的游览体验,提升景区产业活力与品质。井冈山红色文化旅游营销非常重视为顾客提供感官和精神

---

① 王恒:《基于文旅融合背景的世界文化遗产地发展路径探析——以厦门鼓浪屿为例》,载于《江西科技师范大学学报》2020年第2期。

体验。风景区的五个功能已经改变了以前单调的窗口风格和显示红色旅游教育的风格，并启动了"六个一"红色旅游项目。在参观过程中，游客可以回顾红军历史，参观与红军有关的景点，参观播放红色歌曲的商场，购买与红军有关的纪念品，乘坐播放红色歌曲的长途汽车等。所有的旅游环节都是对井冈山精神的理解，带给游客红色文化的体验。

其次，致力于打造红色文化 IP，打造红色教育品牌，提升红色文化的影响力。井冈山景区通过提炼、挖掘当地的红色资源内涵，开发出具有人文情怀的产品、路线，打造出独具特色的红色文化 IP。近年来，井冈山景区以话剧《主席归来》、挹翠湖水幕电影、舞台剧《井冈山》等精彩演艺吸引大量游客。自 2006 年 3 月以来，《井冈山》已演出 200 多场，观众 20 余万人次，参与演出人员 100 多名，多数为井冈山大学艺术学院教师和学生。整台节目分为《序》《引兵井冈》《燎原星火》《创举伟大》等 5 个部分，总共由 20 多个具体节目组成，总时长共长达 90 分钟①。

依托深厚而独特的红色文化资源，井冈山不断探索和利用红色文化教育资源，取得了显著成效。先后被列为"首批全国青年革命传统教育十强基地"等，其以红色教育专业基地为代表的红色旅游产品，辐射到黎平、罗浮、南山、龙石、毛平六大区域的特色旅游小镇建设②。

最后，做到红色旅游与乡村旅游相融合，有助于实现乡村振兴。井冈山自然环境优良，生态景观独特，红色旅游与乡村旅游的有机融合催生了新业态，丰富了旅游产品体系，为农民增收和扶贫脱贫工作提供了强大助力。在井冈山能见到种类繁多的纪念品、特产以及当地美食，游客们来到井冈山，除了欣赏美丽的自然景观，切身感受"胸怀理想、坚定信念"的革命精神，还可以赏玩井冈山的纪念品，如壁扇、根雕、竹编工艺、竹纤维制品、现代红军衣物、井冈山金属纪念币、井冈山邮票、红色书籍等，当然还有绿色无公害的特产食物，主要是当地的山货产品，包括野生云耳、竹笋、竹荪、茶树菇、红米等。当地的红米老酒、四特酒等酒类在外来游客中也非常受欢迎，还有井冈山茶、狗牯脑茶、井冈皇菊等多种产品，因每种茶都有自己的特色和功效，也广受欢

---

① 袁晶：《井冈山红色旅游资源开发存在的问题与对策研究》，载于《旅游纵览》2021 年第 17 期。

② 彭钥：《井冈山红色旅游开发研究》，载于《旅游纵览》2021 年第 6 期。

迎。以有趣的手工艺品、鲜美的农家菜、健康养生的特产为代表的井冈山乡村旅游产品，改变了游客对红色景区的固有观念，能迅速拉近景区、村民与游客之间的关系，提升游客对景区的好感度。通过红色旅游，带动乡村旅游、生态旅游，有助于发展全域旅游，改善当地的经济状况，提升当地居民的生活水平，实现乡村振兴①。

　　井冈山的文旅融合之路如此成功，固然有政府的推动、自然资源的优势、居民的积极配合等原因，但最重要的是对红色革命文化的充分挖掘与展现，并结合乡村旅游和生态休闲旅游综合发展，形成丰富的旅游产品体系。井冈山通过打造具有当地特色红色文化 IP，利用新颖的体验式营销手段，提升了景区的传播力和影响力。井冈山提供的具有人文情怀的旅游产品，是成功打造文化旅游 IP 的关键，并以这种人文情怀为理念，向人们提供喜闻乐见的休闲娱乐作品和服务，增加旅游购物的消费数额，增加游客在旅游区的停留时间，从而推动旅游产业收入结构的进一步优化，拉长旅游区的产业链，为红色旅游和乡村旅游景区提供了一个经典的示范。另外，井冈山可以充分借助当地得天独厚的自然资源，以生态休闲旅游吸引游客前往，可在保护环境前提下，大力发展康疗养生等文旅地产。我国的红色旅游主要分布在广大的乡村地区，发展红色旅游，带动当地的乡村旅游、民俗体验、生态休闲旅游以及文旅地产等新业态的发展，可为乡村百姓带来更多的就业、创业机会和商机。发展红色旅游是一种从扶贫到扶智的重要转变，有助于乡村振兴和全域旅游的实现。

　　（3）山西平遥古城。

　　作为我国现存保存最完好的"四大名城"之一，同时也是唯一一座列入世界文化遗产名录的中国汉民族古城，平遥古城的文旅融合颇有可借鉴之处。

　　首先，艺术与旅游深度融合，扩大知名度和影响力。平遥古城近年来着力发展以弘扬中国传统文化为中心的旅游业，借助山西籍有影响力的艺术家和设计师之力，如贾樟柯、王怀宇、王志俊等，大力发展艺术文化产业，接连举办平遥国际摄影大展、平遥国际电影展、平遥国际艺术雕塑节等三项具有国际影响力的大型艺术展览活动，这种独特的旅游

---

　　① 林澜升、谢玉清、程梓奕：《井冈山红色旅游资源开发路径研究》，载于《西部旅游》2021 年第 3 期。

与艺术的重组型融合，是平遥古城文旅融合的主要特色之一。

中国平遥国际摄影展是中国十大著名艺术节之一，曾获"IFEA 中国最具国际影响力十大艺术节"奖。这是当代摄影师最盛大的节日。2001 年起，平遥古城每年举办平遥国际摄影展，2003 年，平遥古城成立了平遥国际摄影博物馆。国内与国际接轨，传统与现代互动，平遥古城独特的风貌、淳朴的民俗与形式多样的摄影活动相得益彰，吸引了来自世界各地的 10 万多名专业摄影师和业余摄影师前来观展、参与各种活动。平遥国际摄影大展是国际摄影艺术和摄影界顶级学术活动的重要展示平台，在海内外产生了出乎预料的轰动效应，进一步提升了平遥古城的国际影响力，促进了当地文化旅游业的发展①。

2017 年，电影导演贾樟柯发起创立的平遥国际电影展在平遥电影宫举办影展，采取"政府推动、市场运作"的模式，并邀请导演冯小刚、杜琪峰、制片人詹姆士·沙姆斯、普华集团董事长等作为影展顾问，主要展映中国电影和非西方及发展中国家电影，着力推动电影文化，致力于为中国观众提供欣赏全球优秀电影作品的机会。影展借助贾樟柯及其他电影演员的明星效应，推动了本地艺术文化产业的发展，提升了平遥古城的国内知名度。

自 2018 年起，每年 7 月在古城举办的平遥国际艺术雕塑节，是古城平遥继国际摄影大展和国际电影展之后，又一中西融合的文化艺术交流活动。整个展览以整座平遥古城为户外展示空间，改造后的平遥柴油机厂作为室内展示空间，来自海内外数十个国家的雕塑艺术家、策展人齐聚古城，作品横跨传统至当代。平遥国际艺术雕塑节是传统文化与当代艺术的碰撞，在艺术青年群体中引起强烈的反响。平遥古城通过举办上述丰富的艺术节展等活动来平衡平遥古城旅游淡旺季，是文化旅游融合的创新与升级，以文化艺术产业带动旅游产业的模式值得其他旅游地借鉴②。

其次，废旧空间改造成文化空间，活化旅游空间。平遥古城将古建筑改造成餐饮、酒店、民宿等商业空间，平遥柴油机厂、棉织厂、仓库

---

① 岳艳琴、赵琳：《平遥古城旅游体验质量提升对策研究》，载于《商业经济》2021 年第 5 期。

② 王齐玥：《基于科技融合的文旅产业发展策略研究——以平遥古城为例》，载于《文化创新比较研究》2022 年第 2 期。

等老厂房改造为平遥电影宫、雕塑博物馆等文化空间。这种活化型融合是平遥古城的又一大文旅融合特色。平遥电影宫由位于古城西北角的原平遥柴油机厂改造，是平遥国际电影展主场馆，包含一个露天剧场和五个室内放映厅，共计 2200 个座位，建筑面积 1.1 万平方米。电影宫配套设施完善，除放映设施外，还配套论坛活动空间、展览空间、新闻中心、贵宾沙龙、书店、餐饮与零售等多个综合空间。电影宫定期策划系列艺术文化活动，包括"平遥专场"特别展映、"平遥之音"系列学术论坛、"平遥境界"系列艺术展览，旨在营造丰富的艺术文化生活体验，打造地标式的公共复合空间。另外，城内街面铺子改造成的民宿、商店、饭店、酒馆等空间，室内装饰具有当地的文化元素，体现了古代和现代的市民生活，为游客提供当地特色美食，增添了旅游者观赏和体验时的趣味[①]。

最后，体验民俗节庆活动和特色演艺，满足游客的精神需求，促进旅游业可持续发展。平遥古城在"文旅融合"方面起步较早，多年前已开始举办民俗节庆活动，力图将当地的传统民俗文化以新的形式展现出来。从 2006 年开始，每年腊月二十三至正月十六古城都举办"平遥中国年"大型喜迎春节系列活动。在此期间，迎薰门广场锣鼓喧天、人山人海；兴国寺旧址中，百名书法家挥笔泼墨，赠送春联；景点小察院内，御史送福，清风贺岁；电影宫里，古彩戏法，共贺新岁。活动以古城为中心，景区客栈一齐联动，乡镇社区共同参与，游客在此拍照、录视频、发朋友圈，和亲朋好友分享这最具平遥味、最具中国传统年俗味的文旅大派对。十几年来，"平遥中国年"活动一年一个主题，不断整合"文旅＋文化"产业资源，"春节文旅套餐"持续扩容提质，在全国春节主题游中脱颖而出，先后获得"全国节庆活动百强""中国十佳民俗节庆""中国十佳品牌节庆"等殊荣。除此以外，在平遥古城内，王潮歌导演的大型实景演艺剧《又见平遥》大放异彩，自演出以来，剧场几乎场场爆满，作为国内景区大型实景演艺剧的开先河之作，《又见平遥》盛况经年，历久不衰。《又见平遥》文化旅游产业区分为三大板块，一是以《又见平遥》剧场为主的演出区，二是以停车场为主的旅游服务功能配套区，三是以主题步行街为主的文化旅游展示区，通过

---

① 张爱权：《平遥古城旅游开发与保护的对策》，载于《前进》2019 年第 5 期。

演艺把园区做起来，把旅游要素全部放进去，催生出完整的文化产业链①。

体验型融合是注重顾客感官和心灵体验的营销策略，对景区旅游产业的长期发展具有重要的推动作用，长期的、稳定的沉浸式体验能一定程度减少游客与旅游地之间的距离，增强了二者之间的联系，使游客融入并参与到当地的传统民俗活动中，切身感受景区的热闹氛围和当地人的热情好客，为游客带来更丰富更有趣的出游体验。难忘的切身体验会给游客留下深刻的印象，有助于游客的回流。

3. 重组型融合模式

重组整合主要是将原有产业价值链分解，形成混沌的价值网络，然后提取原有产业价值链的核心增值环节，重新整合为新的价值链。这种模式强调文化旅游产业与其他产业的深度融合，如"文化旅游＋农业"形成农业文化旅游；"文化旅游＋产业"形成产业文化旅游；"文化旅游＋健康产业"形成健康旅游等。文旅产业与其他产业的融合，将形成更多新型的文旅业态，既能提升旅游形象，又能有效传播文旅产品。

这一模式可以乡村文化旅游为代表。随着工业化和城市化进程的加快，乡村旅游进入新的发展阶段。乡村文化旅游在欧洲发展较早且较为成熟，其中葡萄酒旅游又堪为其代表，被视为葡萄酒产品爱好者，到达葡萄酒的产地，去追求与葡萄酒本身相关的各种消费体验的旅行形式。除了品尝优质的葡萄酒外，去体验葡萄酒的产区特色，这也成为旅游者的主要目的，例如参观葡萄种植园、葡萄酿酒厂，参与葡萄收获庆典，观赏关于葡萄酒制作的表演秀等。由于葡萄酒的生产流程较长，生产工艺比较复杂，需要经过发酵、贮藏、灌装等一系列的工艺程序，这就为旅游体验的融入提供了许多节点。在法国波尔多、澳大利亚巴罗萨谷等地都能够看到成熟的葡萄酒旅游形式。

葡萄酒旅游的开展，涉及不同产业、各自的地理空间，以及产业价值链环节的产、旅融合。从葡萄的种植，到葡萄酒的酿造与窖藏，再到葡萄酒的销售和消费，不同环节之间，均可以延伸出完全不同的旅游活动和产品。葡萄酒的相关生长制作景观，以及其消费场所的旅游是最为传统的形式，涉及葡萄种植园、葡萄酒庄及葡萄酒酒吧街区、葡萄酒博

---

① 周颖：《平遥古城文化旅游 IP 开发探究》，载于《太原学院学报》（社会科学版）2019 年第 6 期。

物馆等场所。第二层次的葡萄酒旅游则以体验旅游为主，涉及葡萄原果的采摘，葡萄酒的生产工艺的参观、体验，葡萄酒的品鉴等活动。最后，葡萄酒旅游还衍生出创意旅游形式，涉及在葡萄酒实验室和工厂等场所，全方位开展的研学旅游、葡萄酒赛事、节事和展览活动、相关主题食宿和娱乐活动等。由以上分析可见，葡萄酒旅游作为"文旅 + 其他"的经典案例，体现出文化、旅游及葡萄种植、葡萄酒生产等多个产业价值链链环的重组与整合，如文化产业中的创意生成，旅游产业中的旅游区规划、旅游产品消费与旅游体验维护、葡萄采摘及相关产品制造等，环节纷繁众多，最终将多个价值链环所形成的价值网重新排列组合，形成一条新的产业价值链①。

重组型融合模式还可以从其他全球闻名的案例得到印证。

（1）美国迪士尼。

迪士尼最大的特色在于文化创意与科技的完美融合，其注重结合文化节事活动为文旅融合增添新的活力，以紧扣主题的现场表演，配合主题乐园的旅游娱乐功能，增强游客的互动性和体验性。具体来说，其融合主要体现在以下五个方面。

第一，优质的文化资源和文化创意是其发展文旅融合的核心竞争力。对文化资源和想象力的充分开发和利用，是迪士尼主题乐园的核心。国内的主题乐园发展呈现出文化内涵不足和同质化严重的问题，缺少高辨识度的品牌特色。中国拥有博大精深的传统文化和时尚精彩的现代文明，蕴含了丰富的文化资源有待开发，一味地模仿和复制并不能成功，避免同质化竞争，挖掘文化资源，形成具有高辨识度的优质创意内容，形成自己鲜明的特色，实现差异化发展才是最佳战略。国内的主题乐园和文化旅游应当从文化资源中寻找根基，创造属于自己的具有高辨识度的文化形象，区别于同类别的其他文化品牌。

第二，现代科技与文化的完美融合延长文旅融合的生命周期。秉持着文化与科技耦合共生、文化先行、科技引领、互动共赢的原则，迪士尼乐园依托于高新技术进行不断更新和升级换代，通过不断创新来延长乐园的生命周期。2017 年迪士尼新推出的"潘多拉：阿凡达的世界"主题区荣获 TEA 颁布的主题娱乐奖项，其中最新的 3D 骑乘装置"阿凡

87

---

① 赵晶英、卢润德：《基于旅游资源价值链的旅游资源整合研究》，载于《社会科学家》2005 年第 S2 期。

达飞行通道"获得 TEA 单个主题景点类奖项,同时还开发了冰雪奇缘和银河护卫队主题区,均荣获 TEA 主题娱乐奖项。这些新的主题区的成功运营,极大地推动了迪士尼主题乐园的整体发展,带来新的增长活力。迪士尼通过不断创新,不断升级换代,培养了更多忠实的游客。因此,主题乐园的发展应当关注当下,善于结合最新出现的前沿科技,促进主题乐园的主题和功能不断更新和升级换代,满足各个年龄阶段的游客需求,也能贴近当下社会发展,满足当下游客的休闲需求,培养一代又一代的忠实游客①。

第三,实现同电影媒体的紧密融合以扩展文旅融合的传播途径和营销方式。迪士尼王国最初以动画作为开端,不断推出动漫电影作品,形成丰富的迪士尼故事和迪士尼形象,而这些成为迪士尼主题乐园的基础,也成为乐园得以闻名于世的载体。娱乐产业同媒体业的紧密融合,为迪士尼主题乐园的外在宣传提供了无可比拟的途径,娱乐产业同媒体业之间的内在联结强化了迪士尼的品牌形象,为其营销创造了得天独厚的条件。相反,国内的主题乐园不能很好地借助电影媒体等资源,无法形成良性互动,实现共赢。国内发展主题乐园应更好地从动漫、神话、故事、剧本和创意中寻找可以开发的内容,实现与电影媒体的同步促进,共享客源和资源,提升品牌知名度。

第四,产业链的打造及多元的盈利模式是积累品牌价值的重要方式。对文化创意产业来说,创意是核心,但高附加值的衍生产品和全产业链的打造是制胜的关键。将创意转化为价值,必然离不开相关文创产品的设计与营销。迪士尼从动画到乐园,再到服饰、文具、餐饮、住宿、旅游纪念品等种类丰富的产品和服务,各个环节都紧扣迪士尼的创意核心,为迪士尼主题乐园的发展延伸了无限生命力,增加了高附加值②。

第五,注重游客体验,以沉浸式体验的方式讲述故事。迪士尼主题乐园为游客打造一个完完整整的童话世界,使游客仿佛身临其境地体验乐园中的一切,所有主题、建筑和设施的设计均以游客为中心,以游客的体验为重中之重。相较之下,国内的许多主题乐园缺少了体验性和互

---

① 姚睿、孙文霞:《迪士尼真人动画电影的 IP 运营、改编策略与跨文化传播反思》,载于《中国新闻传播研究》2021 年第 5 期。

② 应博华:《迪士尼文化产业发展及其对中国的启示》,载于《规划师》2016 年第 8 期。

动性，仅以观光和游览、项目体验为主，局限于直观的、流于表面的单一项目体验和感受，不能更加深入地同乐园主题、文化底蕴和其他项目联动，割裂了每个项目与乐园主体之间的联系，游客未能获得更多层次的休闲体验。因此，国内的主题乐园应在园区的设计全过程中更好地考虑游客体验感的增强，为游客带来多层次的更加酣畅淋漓、难以忘怀的体验，吸引游客再次或多次回到园区游览。

（2）巴塞罗那智慧旅游。

巴塞罗那位于伊比利亚半岛东北部，气候宜人、风光旖旎、古迹遍布，是西班牙最著名的旅游胜地、文化古城。同时，这里也是一个以高品质生活闻名于世的城市。

巴塞罗那是国际建筑界公认的一座将古代文明与现代文明完美结合的城市。这里也是艺术家的殿堂，毕加索、高迪、米罗等世界著名艺术大师的遗骨随处可见。同时，它也是一个优雅的城市，分为老城区和新城区。老城区有许多建筑遗迹，如罗马城堡、中世纪圆顶和房屋，它们与现代建筑融为一体。许多街道仍然保留着古老的石头人行道。建于 14 世纪的哥特式天主教大教堂位于老城区的中心。塔尔苏斯教堂是西班牙最大的教堂。连接和平广场大门和市中心加泰罗尼亚广场的兰布拉大道被称为"花市街"。西班牙广场的光之泉是一道美丽多彩的风景。西乌达德拉公园以喷泉、动物园、植物园而闻名，蒙特塞公园以瀑布而闻名。巴塞罗那有多家博物馆，包括现代艺术博物馆、弗雷德里克·马塞博物馆、毕加索博物馆和海事博物馆等。巴塞罗那大学有 500 多年的历史。它还以其自治大学和技术学院而闻名。每年 10 月举行的国际音乐节是世界音乐界的盛事。当地的索尔达娜花园舞蹈和吉他歌曲是世界闻名的民歌和舞蹈。每年四月的玫瑰展和斗牛展、国际博览会均十分吸引人。

同时，巴塞罗那作为足球俱乐部的所在地，吸引着来自全世界的球迷，这里可谓足球界的"麦加圣地"。巴塞罗那足球俱乐部，简称 Barca，是西班牙甲级联赛的传统豪门之一。它成立于 1899 年。截至 2018 年，巴萨在西班牙赢得了 25 个西甲冠军，30 个国王杯冠军（国王杯历史上最多），13 个西班牙超级杯冠军，3 个伊娃杯冠军和 2 个西班牙联赛杯冠军。在国际上，他赢得了 5 座欧冠奖杯，4 座欧洲优胜者杯，3

座国际城市博览会杯，5 座欧洲超级杯和 3 座世俱杯。[①] 在 IFFHS 国际俱乐部排名中，巴塞罗那在 1997 年、2009 年、2011 年、2012 年和 2015 年位居榜首。巴塞罗那市政府一直致力于发展智慧旅游，不断将科技与旅游结合以解决旅游目的地的战略性挑战，并实现更大的盈利。在 2015 年 Juniper Research 的全球智慧城市排名中，巴塞罗那位列全球第一，其融合特色主要体现在以下五个方面。

第一，覆盖全城的便利旅游出行设施。

巴塞罗那的地下综合网络已覆盖全市，共有 37.5 万米长的城市网络线路，FTTH 100% 覆盖整座城市。721 个 Wi－Fi 热点让游客随时随地获取网络服务，游客可以通过 App 简单便捷地获取免费无线网络，畅享互联互通的网络世界。市政府还不断将 Wi－Fi 热点的范围扩至博物馆、公园、超市、图书馆，甚至沙滩等地。目前，全球共安装了超过 11 万台智能 MAX 电梯，其中西班牙就安装了 2.4 万台，多是在巴塞罗那的地铁和机场等交通繁忙地区，令游客受益。此外，圣家族大教堂景区也建立了完善的停车传感器系统，以引导大客车安全、便捷停放。司机只需下载一种专门的 App，就能够根据传感器发来的信息获知空车位信息。巴塞罗那还拥有 IRIS 系统，将街道信息发送给手机用户任其查询，各个街道的摄像机可提供实时交通状况图像和信息资料，并显示当前年流量和预估 15 分钟内的交通流量，为游客提供最佳出行时间。此外，巴士站还安装有绿色太阳能动态信息广告牌，向出行游客提供关于班车时刻动态和其他事件信息[②]。

第二，使用物联网和大数据管理游客资料。

巴塞罗那市政府开始试验使用物联网和大数据管理游客的测试项目。项目从最受欢迎的景点——圣家族大教堂街道层级开始。通过在景区每个街道安置的 9 个无线网络感应器、1 个全球移动通信系统和 3 个 30 感应器来分析游客的信息，以及游客数量、旅游时间、景点分配时间及游览顺序、流动性、国籍、游客前来和离开的地铁车站等信息。这些信息对政府来说用处很大：可以做出更好的城市交通政策，优化流动性；提高公共服务效率；和景点管理机构进行更好的协调工作，保护景

---

① 路云亭：《建筑的隐喻：巴萨足球美学在中国接受者视野中的价值呈现》，载于《体育科研》2016 年第 1 期。

② 曹余：《国外智慧城市建设对我国的启示》，载于《质量与认证》2017 年第 10 期。

区发展等。2016 年，圣家族大教堂共迎接了 450 万名游客。[①]

第三，生动智能的景点智慧导览系统。

巴塞罗那在景点智能导览方面做得十分出色。例如，巴特由之家的门票中包含一个由手机改装的免费高科技导览器，有中文语音讲解和 3D 实景展示，蓝色的耳机也十分符合巴特由之家的海洋主题。每到游览的地方，除了语音介绍相关背景外，屏幕还会显示房间摆设的动态仿真效果。将导览器的屏幕举起对准相应的地方，屏幕中就会还原大师在设计时脑海中的设计元素原型，如从一个鳞片状的图架还原各种海洋动物原型，还可以模拟展现建筑里面当初的模样。这样的导览器不仅能让游客更深入地了解到建筑背后隐藏的故事及建筑家的思想和灵感，更重要的是提高了游客的体验和满意度，增强了游客对旅游目的地的认同感。

第四，智能系统提升了体育文化设施的功效与传播力。

西班牙是世界足球文化大国，巴塞罗那也拥有全欧洲最好的足球场。每年都有成千上万来自世界各地的足球迷们蜂拥到诺坎普球场——巴塞罗那足球俱乐部之家。宏伟的诺坎普体育场，是西甲球队巴塞罗那足球俱乐部的主场，是欧洲大陆最大的足球场。在装备现代化的通用设备后，它跃居成为全欧洲最好的足球场，被欧洲足协授予"五星级"球场称号。球场为远道而来的球迷准备了"虚拟体验"之旅，通过十分钟 3D 视频放映，真实展示巴塞罗那足球赛事的历史盛况。为了吸引全世界的游客，3D 影片为无声影片。如果有需求，游客也可在入口购买声讯导览机。足球场第三层看台，覆盖着防雨顶篷、照明系统，还设有电子设施总控制中心和记者专用席。走进像玻璃房一样的记者专用席，软椅可 360 度转动，将赛场一览无余，头顶悬挂着的电视机支持镜头回放。从第三层直接通往官方用品商店，可以发现，在售球衣的价格受到球员表现的影响，比如梅西的球衣价格是最高的。2019 年，巴塞罗那同西班牙大型跨国电信公司 Telefonica、移动运营商 GSMA 达成三方合作协议，将以诺坎普为试点，打造欧洲第一个装配 5G 网络服务的足球场。多个连接着 5G 网络的无线 360 度摄像机将安装在诺坎普各个角落，甚至包括比赛门框。在家观看的球迷可以使用虚拟现实（VR）

91

---

① 路云亭：《建筑的隐喻：巴萨足球美学在中国接受者视野中的价值呈现》，载于《体育科研》2016 年第 1 期。

眼镜进行体验，可获得如同在体育场内的观感，此外，摄像头还能捕捉球队的公开训练以及花絮。

第五，智能化创建绿色旅游城市。

巴塞罗那以智能化创建并推进绿色旅游城市发展。2000 年以来，巴塞罗那规定所有新建筑物必须安装太阳能作为能源补充来源。城市还采用了气动垃圾桶，可以将地下的垃圾吸进垃圾桶。这种自动收集垃圾的系统减少了垃圾运输车辆造成的噪音污染，并且能保持公共空间的整洁，同时通过气压设备避免系统内的管道残留垃圾和臭味。此外还有一种带感应的垃圾箱处理技术。当桶内垃圾快要装满时，即以无线网络传输的方式将信息反馈到垃圾处理控制中心，中心就会派工作人员前来处理。这就避免了垃圾溢出，造成街道不美观和产生难闻的气味。景区智能灌溉系统也是如此，通过地面传感器提供湿度、温度、风速、阳光和气压等实时数据，园丁们能够根据基础数据调整植物灌溉时间表，更加科学地灌溉。

巴塞罗那还大力推广游客租用电动汽车服务，在全市布设充电站，以及电动汽车车队租赁等绿色交通相关设施及服务。2012 年，建立了全城示范用电动车、滑板车的充电站，为游客提供免费充电服务。到 2015 年 12 月，全城已有超 500 辆混合动力出租车、294 个公共电动车、300 个充电站、130 辆电动摩托车和约 400 辆私人电动汽车。游客不时会看见纯电动、零排放的公交车穿梭于大街小巷，这种公交车已累计运营 11 万多公里。巴塞罗那还推出太阳能公交车，长 18 米，可载客 110人。巴塞罗那已成为西班牙唯一拥有大型、零排放公交车的城市①。

巴塞罗那在发展智慧技术，推动文旅融合发展中，有两点经验尤其值得借鉴。

一方面，政府的高度重视是智慧文旅发展的根因。

从历史悠久的建筑风格，到世界闻名的足球文化，巴塞罗那已经成为世界闻名的旅游胜地。2009 年，巴塞罗那议会提出了"智慧城市"的想法。到 2015 年，巴塞罗那完成了一系列卓有成效的智慧城市项目，被评为欧洲智慧城市标杆。巴塞罗那随后在欧洲 2020 战略（Mobility，E－Government，Smart City，Systemsof Information and Innovation System）

---

① 刘玥頔：《巴塞罗那城市市场更新与改造探索》，载于《公关世界》2021 年第 15 期。

的基础上制定了梅西战略（MESSI Strategy），旨在协调经济、环境和社会的可持续发展，努力提高公民的福利和生活质量，促进经济发展。此外，政府还单独设立了"智慧城市"部门，该部门的权力高于其他部门，可以调动所有资源，实现社会融合和超级连接，在巴塞罗那生活的点点滴滴中，让游客不自觉地感受到"智慧"的存在。

另一方面，依靠新科技，深入掌握游客需求。

在《巴塞罗那旅游2020》中，市政府强调了三点。其一，与不同的信息机构、大学和研究中心等创建合作机制，形成生成和传播信息的空间合作。其二，不断分析和监控旅游的发展过程，尤其是在科技创新的刺激下，不同旅游目的地的游客的动力和需求，并分析其对旅游目的地产生的影响。其三，利用现代新兴科技，例如大数据、物联网和人工智能等解决旅游管理上的问题，尤其是游客在市区的流动性，为游客提供公共服务和建立新的交流途径。巴塞罗那在智慧旅游上的卓越成就并不是偶然的运气。其对旅游服务的改进并不是一次性的，而是不断地做大做强，多年来持续推广进行的。政府通过一系列智慧旅游规划，建造了一座绿色又智慧、古老又尖端的世界知名旅游城市。

第4章 文旅融合中的资源整合：宗教与文学的例证

4.1 文旅资源整合开发的必要性

作为目前国内学术界的热门话题，"文旅融合"的研究重点已由"文旅融合"的概念阐释、文化与旅游的关系，延伸到文旅融合的相关理论及文旅融合区域态势测度，并关注到文化与旅游深度融合的模式与实现路径，体现出学理性与实践性较好的结合态势。在论及文旅融合实现路径时，多位学者都提到资源融合的重要性，如李任（2022）认为应将历史文化、红色文化、民俗文化等文化资源与山水田园等旅游资源融合，形成优势互补；黄先开（2019）认为在当前旅游需求多样化的背景下，文旅产业要识别和挖掘文旅融合资源的最佳交汇点，构建多元立体的旅游产品体系；望庆玲等（2021）认为资源融合是文旅融合的基础形式，文旅资源要素的相互渗透作用，使得文化与旅游自然而然产生了联系；王丽霞（2019）提出应将文学名著旅游资源与区域内其他文化资源进行整合开发，或者与其他类型的文化旅游资源统一布局，打造文化旅游产业集聚带。

文化资源的旅游开发是一个非常复杂的问题，只有对我国文化资源所涵盖的多个门类进行全方位整合，才能确保文化旅游的高质量发展，从而推进文化与旅游的真正融合、深度融合。在这一领域，不少学者进行了有益的研究与探索。王迎涛（2009）对目前我国区域旅游资源整合开发中的总体不足及问题的原因进行分析，最终提出了对应的发展建议；程晓丽和祝亚雯（2012）通过分析皖南旅游文化示范区的文旅资源开发现状问题，提出以空间为依托的地域组合、以市场为依托的产品整合等文化旅游整合开发模式；窦志萍（2015）将文化旅游资源划分为静态吸引物、动态吸引物两大类，据此提出了昆明文化旅游资源整合开发模式。根据密度依赖（Density dependence）理论，任何一处旅游开发地都存在一系列用于开发的资源，它们可能相互关联，有着相同或相似的主题。在此基础上，马晓东和翟仁祥（2021）提出可以将内涵丰富的文化资源划分为众多的文化丛、文化因子，重视其相互之间的渗透、整合，从而形成旅游文化资源系统。

目前已有的多数研究仅从宏观概念层面提出了对跨门类文化资源进行整合开发的必要性，解释了哪些资源"应该融合"，而未能清楚说明"如何融合"，在文化资源整合开发策略上缺乏可操作性强的指导性结论，而这也直接关系到文旅人才在文旅产品与服务设计、生产、营销、管理中的作用发挥。本书以上文已提到的安徽地区文旅资源整合开发为例，同时选取较具代表性、彼此间存在密切联系的游仙文学与道教文化作为研究对象，探究在文学旅游与宗教旅游的交互影响下，如何对文化旅游资源进行深入挖掘、利用与开发。

4.2　文旅整合开发的地方实践

在全国各地文旅资源整合开发的实践活动中，皖南地区的实践更具有代表性。皖南地区文化旅游资源丰富多样，各具特色，但在发展过程中仍存在开发水平低、产业链薄弱、旅游形象不明、王牌产品匮乏、整合开发乏力等问题。为解决这些问题，地方政府认识到，必须形成统筹发展的理念，因地制宜地采取"区域经济一体化"的思路，实现区域旅游资源的优化配置、相互补充、共同整合，使区域旅游资源布局更加合理、产品类型更加丰富、主题更加鲜明、形象更加突出。在具体实施过程中，文化旅游资源开发主要采取以下整合模式。

4.2.1　基于空间的区域组合模式

目前，旅游产业已经从景区和城市之间的竞争转变为区域之间的竞争。区域合作是提高综合竞争力的重要举措，也是实现互利共赢、相互促进的有效形式。由于目的地地域文化的完整性，只有文化旅游的整体发展才能充分展现地域特色，保持文化的长期传承。然而，区域旅游合作需要政府的努力。如果没有政府的介入和相关政策的支持，合作将缺乏必要的基础和条件。

安徽省政府应充分利用宏观调控功能，统一规划、合理布局，打破区域界限，将整个区域的旅游资源放在一个棋盘上，由行政区向资源区域转变，对现有资源格局进行重组调整，既体现以黄山为中心的总体布局思路，又体现整体区域思想。以黄山、太平湖、九华山、黟县、祁云山、歙县、芜湖方特为代表的沿江发展轴线得到统筹发展，形成"两区、一带、一环"格局："两区"即黄山与徽州文化旅游区，九华—天柱山宗教文化旅游区，"一带"为徽杭古道休闲旅游带，"一环"为皖南公路旅游圈。以"两山一湖"为核心，扩大旅游资源开发开放，利用现有旅游品牌发挥辐射带动和叠加效应。同时，各旅游区要自觉与示范区开发建设相结合，局部利益服从整体利益，形成大资源，建设大景区，可以借鉴长三角旅游一体化发展模式，实现旅游规划、旅游基础设施建设和旅游公共服务一体化①。

4.2.2　基于市场的产品集成模式

文化资源难以转化为文化旅游产品。关键是要找到合适的转型载体，要有创新思维。在文化旅游资源整合中，要遵循资源的内在联系，遵循"求同存异"的原则，突出特色，优势互补，将系列化、优质化、特色化的跨行政区域文化旅游产品结合起来。在区域合作中实施旅游资源整合，根本目的是实现整个区域之内，各类旅游产业之间的优势互补，提升区域内整体的旅游行业竞争力。通过整合，将示范区的回族文化旅游资源、文房四宝、佛教文化旅游、红色旅游基因、绿色环保旅游、名人故居类旅游资源，以及大量非物质文化遗产加工成相应的旅游产品，并将这些旅游产品组合成为多条主题突出、特点鲜明的文化旅游线路。

必须看到，科学的旅游路线可以有效地激发旅游者的出行欲望。一

① 金燕红、班石：《文旅融合视域下安徽旅游文创产品设计与开发研究》，载于《黑龙江工业学院学报》（综合版）2021 年第 5 期。

般来讲，一个旅游线路组合当中如果涉及的因素越多，那么这个组合内的变动可能程度就越大，因此旅游资源的吸引力也就越强，旅游线路的价值也就越高。根据这一原则，示范区在文化旅游线路设计中，可以考虑在突出特定主题的情况下，科学而又合理地去使相关景点产生关联，尽可能充分地去挖掘回文化、佛文化、道文化的内涵。根据不同主题，有回族文化深度体验游、文房四宝游、李白皖南游、皖南生态文化游、戏曲文化游、佛教文化游、皖南红色游、名人故里游等。多元化的主题旅游不但可以满足各种类型的文化旅游者的出行需求，而且可以显著提高相关区域的经济效益和社会效益。

4.2.3　基于产业的文化产业与旅游产业互动发展模式

旅游业要持续健康发展，必须高度重视文化资源的深度挖掘，从而提升旅游业的文化内涵和艺术品位。在文旅产业中，文化处于产业价值链的高端，对其他相关的产业具有较强的渗透力和辐射力，能够借此产生巨大的经济效益。经过实践得以证明，旅游产业跟文化产业彼此间的互动融合有利于区域内的文化、社会、经济等方面的协调发展，这样才能从根本上促进旅游产业和文化产业各自的发展。

通过发展旅游和文化产业，不仅可以增强人们对文化的认知和理解，促进文化的发现和传承，还可以实现文化资源的保存和增值甚至创新，从而为文化发展提供强大动力，在两者融合中实现相互提升和共赢。目前，我国正处于旅游产业结构转变和发展方式转变的关键时期。采取旅游产业与文化产业互动发展的模式，有利于挖掘当地文化，完善产业结构。旅游文化产业发展的核心是景区，也离不开酒店、旅行社、旅游运输、旅游商品等相关产业。通过完善和延伸产业链，大力发展文化体验、休闲度假、影视表演、展览创意、媒体出版等领域，结合示范区资源特色，可推出木雕、砖雕、石雕、竹雕、歙县砚、徽州水墨画等"徽州六大奇观"旅游表演项目；弘扬"徽韵"、黄梅戏、傩戏等特色表演；开展森林休闲、运动健身、康复疗养等特色旅游；影视剧本的创作，动漫产业的发展等，让游客能够获得更多的文化体验，愿意花费更多的时间和金钱[①]。

---

① 许良：《文旅深度融合的安徽路径》，载于《办公自动化》2020 年第 14 期。

97

4.2.4　基于营销的形象整合模式

区域旅游合作应以区域整体形象作为旅游吸引因素来推动市场。根据安德森的理论，在认知主体不能被定义或改变的前提下，图像成为对象自身各种属性的总和，整体图像比单一图像更丰满，更便于人们认识和理解。示范区文化旅游资源开发必须进行生动整合，形成鲜明的整体形象，通过宣传营销传递给全球潜在游客。结合当地文脉特点，示范区整体旅游形象可定位为"优雅徽南，徽州梦中"。围绕这一形象，加快推进"三区一园"建设目标。"三区"是世界一流旅游度假区、国家生态文明建设示范区、文化旅游改革创新试验区，"一园"是全国人民眼中的大公园。同时，加快旅游基础设施建设，建立跨行政边界的信息共享机制，加强与周边景区的合作，建立共同的市场平台。进一步拓展客源市场，以江苏、浙江、上海、广东等周边省市为一级市场，以福建、北京、山东、江西、湖南、湖北等省市为二级市场，以日本、韩国、马来西亚等亚洲国家，美国、德国、法国、英国等西方国家，以及澳大利亚等大洋洲国家为第三市场①。

综上所述，针对皖南国际旅游文化示范区开发过程中存在的突出问题，结合示范区具体情况，在具体开发过程中整合示范区整体优势，以皖南文化为灵魂，从空间、市场、营销、产业等方面整合文化旅游资源。在具体实施过程中，空间集成是基础，图像集成是核心。在此前提下，做好市场整合和产业整合，开发多层次、全方位的文化旅游产品，并根据国内外不同的市场需求，加大宣传营销力度，真正将示范区建设成为"安徽省旅游文化产业发展试验区""中国区域旅游文化合作示范区"和"全球著名旅游文化展示区"。

4.3　宗教旅游与道教旅游

前面对我国文旅资源整合性开发的地方经验进行了介绍，本节继续

---

① 张林：《全域旅游视角下安徽研学旅行发展路径研究》，载于《现代商贸工业》2022年第 5 期。

深入探究在文化资源的跨门类整合层面，我国的文旅融合可以进行怎样的尝试。

4.3.1 宗教旅游的概念界定与相关研究

作为古代旅游的重要组成部分，宗教朝圣被认为是一种早期的旅游形式。关于宗教旅游的学术研究始于 20 世纪 70 年代。随着 20 世纪 90 年代文化旅游的兴起，以宗教文化体验为核心的宗教旅游越来越受到学术界的关注。研究者从不同的角度对宗教旅游进行了定义，但尚未形成统一的概念。一种观点认为，宗教旅游是指有宗教信仰的人出于宗教目的而进行的旅游活动，包括朝圣、求法、朝觐、传法等形式（严亚玉，2000）。另一种观点认为，宗教旅游不仅包括宗教信仰者因宗教信仰而开展的旅游活动，还包括非宗教信教者参观宗教景区和景点的活动（郑善廷等，2004）。张巧琪、孙浩然（2008）认为宗教旅游包括宗教信仰旅游和宗教文化旅游，其中宗教文化旅游主要是指非宗教信仰者围绕宗教文化资源开展的各种旅游活动，包括考察、观光、游憩、休闲等。作为参考，本节中的宗教（道教）旅游主要是指宗教（道教）文化旅游。

围绕与本节关系甚为密切的宗教旅游资源价值与开发问题，我国学者们展开了较为全面的研究，其中既有针对我国主要宗教形式进行旅游开发的综合研究，也有针对具体城市或区域宗教旅游资源开发的研究，其中郑嬗婷等（2004）经调研提出包括宗教教事旅游、观光旅游、文化旅游、饮食旅游、修学旅游、疗养旅游等方面的中国宗教旅游资源谱系，对于开展旅游资源开发实践尤具参考价值。

4.3.2 道教与道教旅游

道教是中国的一种本土宗教。它最早出现于东汉，发展于魏晋南北朝，至隋唐五代、北宋达到鼎盛，至今已有 1800 多年的历史。道教文化源远流长，是中国传统文化的重要组成部分。道教文化兼容并蓄，广泛融合和吸收了中国古代优秀的传统宗教和学术文化。无论是秦汉的仙术、黄老道教、阴阳五行学说，还是儒学、民间医学、养生保健等，都在仙、不死、疗、人的主题下，融合、融于道家文化体系之中。从旅游开发的角度看，道观建筑、雕塑、绘画、仪式、仪式构成了静态或动态的旅游景观，对各类游客具有很强的吸引力。此外，道教还表现出对生命意义的终极关怀，崇尚自然的生活方式，追求天人合一的理想状态。这些都符合当前休闲旅游、生态旅游、回归自然的潮流理念。具体而言，道教文化资源旅游开发具有以下优势。

首先，发展道教旅游，其自然资源得天独厚。旧谚云，"天下名山佛道半"。道教崇尚自然，顺应自然，返璞归真，清静无为，追求一种境界的超脱，在与自然相融中实现羽化成仙，因此，其活动的场地大多选择在那些风景秀丽、环境清幽的地方。阅览典籍可知，道教活动的场所可以分为道场和洞天。道场主要包括江西龙虎山、安徽齐云山、四川青城山、湖北武当山等；洞天是"洞天福地"的简称，大多自古以来就是闻名于世的旅游胜地。"深山藏古观，幽径通殿堂"，建在这些名山胜迹中的道教建筑与其周围幽静秀丽的自然风光相得益彰，俗语云，"名山借宫观增色，宫观借名山增辉"。可见，名山与宫观彼此之间的相互衬托，同时，人文旅游资源跟自然旅游资源彼此渗透，这些都使得道教旅游资源的综合性开发成为可能①。

其次，道教文化是一种历史遗存文化，道教的宫观建筑、神像雕塑、绘画音乐等历史遗存形式多种多样，文化艺术性较高。道教建筑门类形式众多，许多主体建筑在我国建筑史上有着重要地位，例如苏南最古老的大型殿宇建筑苏州玄妙观，其上檐内槽上昂斗拱的建筑风格在国内绝无仅有，很多道教建筑装饰也鲜明反映了道教徒众追求吉祥如意、延年益寿、羽化飞升的思想。另外，很多道教的宫观建筑内部都有飞金流碧的雕塑和栩栩如生的绘画，道教音乐、医药、气功等文化艺术形式也都具有较高的旅游观赏价值。

最后，道教是典型的多神宗教，崇拜的天神仙真众多，教徒以所奉神灵、祖师的诞辰日及其他与信仰关系重大的日子为节日，如"三会日""三元日""五腊日""玉皇大帝圣诞""太上老君诞辰"等。每逢这些重要时间节点，道教徒都要在宫观中举行隆重的斋醮仪式，或是举办盛大的香会，表达对神仙功德的赞扬和自身的虔诚。这些节日仪典是难得的动态景观旅游资源，游人、信徒都可亲身参与其中，感受宗教文

---

① 卢世菊：《中国道教文化旅游资源深度开发对策分析》，载于《思想战线》2003 年第4 期。

化的神秘新奇。另外，这些道教节日往往伴随着集宗教节庆、民俗艺术表演、商市贸易于一体的庙会，同样是能够给游客带来直观旅游体验的重要资源①。

然而，尽管具备以上优势，但总体来说，目前我国道教文化旅游的内涵挖掘尚且不够，景区、产品的开发主要依靠孤立的资源原始形态来呈现，大多都采取静态静止的表现手段，即使有旅游商的开发，很多也都局限于走马观花式的景观游览模式，游客参与的旅游活动，仍以进香求愿、参观道教景观、观摩道教艺术、道教法事等活动为主，缺乏对于道教文化内涵所进行的全方位、立体化的动态呈现。

除了以上这些浅层的旅游活动以外，很多游客更希望有机会亲身参与道教法事活动中，去感受神秘肃穆的宗教氛围，并且希望能够体验宗教人士的生活起居，听其讲解道教教义，借此来感悟道教的思想真谛。目前处于较低层次开发阶段的道教文化景区难以全面挖掘和充分展示道教旅游资源的文化内涵，造成了供需错位，供给低端化，难以满足细分市场对于道教旅游产品种类、品质和体验深度的要求。因此，亟须寻找能够丰富道教旅游形式，丰富旅游内涵的资源与方式，从总体上提升道教旅游的文化品格与吸引力。

4.4　文学旅游与游仙文学

4.4.1　文学旅游的概念与相关研究

文学和旅游是两个密不可分、经久不衰的话题。自古以来，旅游业孕育了无数精彩的文学作品，而文学作品中与作家相关的形象、场景、人物、地点也对游客构成了强大的吸引力。因此，文学旅游被视为文化旅游的一个重要门类，它不仅可以为旅游开发提供丰富的加工材料和内容产品，也为旅游注入丰富独特的文化意蕴，提高旅游的内涵、质量和美誉度。

---

① 毛丽娅：《论道教文化旅游资源的开发与利用——以四川为例》，载于《四川师范大学学报》（社会科学版）2002 年第 2 期。

对于宗教旅游，国内外学者从不同的角度给出了不同的定义。Yaniv Poria（2003）等认为文学旅游目的地是一种文化遗产，其价值基于其作为文化遗产的文学价值。Herbert（2001）认为文学旅游地与文学作家和文学作品紧密相连，作为一种遗产景观吸引游客。在文学旅游者的旅行动机方面，Igor 和 Canay 等（1977）认为作家和文学作品会激发读者成为朝圣旅游者。游客可以参观作家的生活环境，亲身感受作家的灵感来源，获得关于作家的空间暗示。这种心理动机与宗教旅游十分相似，说明两者存在一定的相似之处，具有资源整合与开发的可能性。

国内学者更关注游客的动机问题。如赵康等（1993）认为，文学旅游应以各类文学作品为基础，利用其知名度和不同地区、不同阶层的人对文学作品的认知度和审美趣味，以物质手段再现文学作品中的审美情境，使旅游主体获得全方位的物质文化享受。汪洋（2010）指出，文学旅游的基础是人们对文学作品的兴趣，人们前往与作品（包括作者）相关的目的地，进行短暂的综合体验。

近年来，围绕文学旅游资源开发的理论以及实践对策，国内学术界积累了不少成果。傅祖栋（2017）经过分析整理，将文学旅游资源较为精细地划分为四类：作家的居住故地、其生前工作地、人物雕像石刻等与作家息息相关的文学旅游资源；文学作品故事发生地，及与此相关的民间文化资源、各种因作品而显其景的人工制作等旅游资源；影视城等基于著名影视作品的文学旅游资源；根据作品改编的歌舞等衍生产品。这一分类具有较强的借鉴指导作用。

尽管如此，文学旅游作为文化旅游中相对小众的形式，其发展还存在若干问题，具体表现在以下方面。

首先，资源利用方式相对单一。在我国文学旅游资源的开发利用过程中，由于古代文学旅游资源距今时间较长，资源遗失与遗迹损毁的现象比较严重，因此只能采取故居、纪念馆为主要形式的开发，较为单一，何况已开发为纪念馆的主要局限于个别文学名家，覆盖面窄。现当代文学旅游资源距今时间较近，开发形式相对丰富一些，包括作家故居、祖居、求学地、工作地、墓葬、文学主题公园等，但形式仍不够丰富，对游客吸引力有待提高。

其次，呈现方式较为陈旧落后。现有已对外开放的文学旅游资源多以展陈形式呈现，其展陈模式往往也大同小异，多采用"文字 + 图片"

的形式对文学家的生平、创作及其他相关活动进行展示。个别文学旅游资源开发项目会在以上内容中辅以陈列与文学家相关的文物如其生活和学习用品、曾阅读过的书籍、其不同版本的著作等，而且这种方式还主要局限于少数名家大家身上，难以带给旅游者深刻独特的体验。

最后，内涵发掘不足。相比于其他文化旅游形式，文学旅游的核心要素是其文学内涵，对于文旅旅游资源的开发不能仅从娱乐性、商业性入手，而应将更多注意力放在对其内涵的深度挖掘上。目前许多文学旅游资源的开发流于表面，借文学外衣对于景观资源进行纯商业性开发，旅游者很难从中感受文学家的情怀和文学作品的文化内涵，使得文学旅游的教育功能被稀释殆尽，这是亟待提升解决的问题①。

4.4.2 游仙文学与游仙主题的旅游开发

1. 游仙文学的概念界定与主旨归类

作为本节研究各文化门类交互影响作用与文化资源整合开发的重要例证，基于道教文化的"道教旅游"已受到学术界一定程度的关注，而从旅游开发角度对于游仙文学进行研究，本书尚属首例。游仙文学是我国古代文学中的一个重要门类，同时也是各类文学形式中为数不多的，直接在名称表述上即体现出浓厚的旅游色彩的一种。可以说，"游仙文学"与"行旅文学"一起构成了古代文学中与旅游活动关系最为紧密的题材类型。即使在今天，游仙文学作品所构筑的游仙世界和经历史发展而留存下来的游仙主题文化，都仍是旅游开发的资源富矿。

相比于广为人知的"游仙诗"，游仙文学的概念在学术界相对比较生僻，李丰楙（2010）指出，主题与内容只要与神仙传说有关的即为游仙文学。陈洪（2007）在《论楚辞的神游与游仙》中对游仙文学有更加详细的定义："所谓游仙文学，是指表现作者或作品中主人公以幻想的方式遨游仙境、交结仙人和寻求延年不死术为主要内容或主旨的创作。"迄今为止，围绕游仙文学开展的学术研究绝大多数仍集中在游仙诗方面，然而实际上，自先秦以至明清的许多赋、文、小说中也有丰富的游仙描写或游仙思想的体现。

---

① 王洋：《文学旅游研究综述》，载于《绿色科技》2010 年第 10 期。

简而言之，游仙文学是一种用来疗伤和安慰自己的文学形式。不朽文学的本源是不朽思想，而不朽思想源于先民对长生不老的渴望和对扩大生存空间的期待。在这种心理的推动下，早期的神话和童话故事中出现了天堂和仙境，里面有各种各样的神、仙女和有神有灵的动植物，这些都是游仙文学中重要的形象元素。应该说，神仙的想法本身就是假的。没有人能真正掌握风，骑龙而不死。但神仙思想所引领的神仙文学的浪漫主义精神是值得肯定的。面对有限生命的困境，人们希望通过健康、食物、储存等方式来延长生命，体现生命的价值和对生命尊严的重视，这就是"正歌"不朽诗所蕴含的"成仙之乐"思想。

需要指出的是，中国历史上许多杰出的文人诗人都希望通过求仙来得入仙境，主要不是为了继续世俗生活的各种享受，更多的是为了消除因生命无常而无法成事的遗憾，这使得看似荒诞的游仙文学具有了蓬勃而积极的精神。许多作家希望能像仙女一样飞到仙境，体验在现实生活中无法体验到的平等和幸福，这进一步完善了游仙文学的品格，体现了批判现实主义的精神。庄子、曹植、郭璞、李白等优秀的文学作家都在自己的作品中表现出了"轻而傲俗"的精神品质，从而确立了榆林文学超越现实、"脱尘脱俗"、"甘霖之心"等优秀传统。

此外，魏晋明清时期的许多仙话小说都创造了美丽的仙境，而根据各种机会进入仙境的人往往是社会底层的人，他们蒙仙人给予食物与药，甚至得到了美丽仙女的青睐。这些都反映了当时受压迫的普通人民的美好愿望。作品中所营造的纯洁美丽的仙境也能带给读者强烈的审美感受，体现了游仙文学在艺术想象上的独特优势①。

2. 游仙文学主题与旅游者心理需求的契合

根据上文论述，游仙文学作品的内容主旨集中体现在"列仙之趣""离尘脱俗""坎懔咏怀"等方面，其中既有大量出于想象的，对于神仙世界、神仙人物的描写；也有借主人公游历仙境所寄托的自我情怀。

根据存在主义真实性理论，游客并不十分关心旅游客体的真实性，他们只是借助旅游活动，或者借助旅游客体的存在，来寻找本真的自我。当以本真的状态呈现时，人们感觉自己比日常生活中的自我更加真实，更加自由，然而，这并非因为他们发现旅游客体是真实存在的，而

① 罗文卿：《唐前游仙文学研究》，山东大学博士学位论文，2011年。

是因为他们借此暂时地摆脱了日常生活中的约束，能够参加非同寻常的活动①。这一理论很好地解释了游仙文学资源能够与旅游者的出游动机形成契合的原因。造访蓬莱、泰山、天姥山的游客当然知道他们不可能在游览途中遇到神仙，但只要旅游目的地的景观与其他文化载体符合了其阅读游仙文学作品所产生的想象与期待，旅游地即被贴上了"真实"的标签。龚鹏程（2001）在《游的精神文化史论》一书中将这一逻辑阐述得更为翔实。他将中国人的"游"分为三种主要形态：一是优游，即一种悠游自在的生活方式，表现为随心畅意的游历、游观；二是借出游摆脱束缚、宣泄郁烦；而第三种更有积极作用，即将"游"作为一种值得追求的生活方式。从旅游主体来看，上文提及的"游"的三种主要形态对应着三种游客不同的心理状态与心理诉求，即娱乐放松、排遣烦忧与超越庸常。

"游"的第一种状态"优游"在汉乐府游仙组诗中体现得尤其明显，如《杂曲歌辞·艳歌》："今日乐上乐，相从步云衢。天公出美酒，河伯出鲤鱼"，《吟叹曲·王子乔》："参驾白鹿上至云，戏遨游，上建逋阴广里践近高，结仙宫，过谒仙台"，都表现对美好神仙世界的向往与在仙界逍遥游乐的情形。《瑟调曲·陇西行》中的描写更为典型："天上何所有？历历种白榆。桂树夹道生，青龙对伏跌。顾视世间人，为乐甚独殊。"尤其末后两句，将那种优游快乐的神态描摹得十分传神。此外，魏晋时期嵇康在《四言赠秀才入军诗》中的游仙描写："息徒兰圃，秣马华山。流磻平皋，垂纶长川。目送归鸿，手挥五弦。俯仰自得，游心太玄"，描绘隐居的人生高致，表现其游玄体道的风神情思，也是对"优游"状态的绝好诠释。

"排遣烦忧"主题在曹操的游仙诗中体现得最为直接。如《秋胡行·晨上散关山》，开篇极写行军征战的辛劳苦闷："晨上散关山，此道当何难……牛顿不起，车堕谷间……作清角韵，意中迷烦"，随后笔触一顿，进入游仙世界："有何三老公，卒来在我傍……我居昆仑山，所谓者真人。道深有可得。名山历观，遨游八极，枕石漱流饮泉"，诗中描绘的仙人"三老公"劝慰诗人说，只要跟随他们而去，就能游历名山，过上神仙生活。然而随后，三神仙见诗人"沉吟不决"，便升天

---

① 周亚庆、吴茂英、周永广：《旅游研究中的"真实性"理论及其比较》，载于《旅游学刊》2007 年第 6 期。

离去了，曹操随后写道："去去不可追，长恨相牵攀。夜夜安得寐，惆怅以自怜。正而不谲，辞赋依因。"经过激烈的思想斗争后，诗人最后还是坚定了统一天下，安民济世，建立理想太平世界的志向，然而建立功业、一统天下过程中的艰难苦闷又非常人所能体会，因而游仙便成为其短暂消忧抒闷的方式。《秋胡行·愿登泰华山》也表达了同样的主题："愿登泰华山，神人共远游。经历昆仑山，到蓬莱。飘遥八极，与神人俱。思得神药，万岁为期……不戚年往，世忧不治。存亡有命，虑之为蚩。"将对神仙世界的向往与理性思考下求仙梦想的幻灭放置于"不戚年往，世忧不治"的深沉意境之下，可见游仙只是作者自我排遣、解脱忧愁的方式。

代表旅游者最高精神追求的"超越"需要与游仙文学"坎壈咏怀"的主旨形成了完美的对应，而后者也恰是游仙文学品格最高，最能体现其艺术价值的方面，这在曹植、郭璞、李白等优秀诗人的作品中有格外明显的体现。曹植一生以功业自期，但身处在曹丕、曹睿父子的猜忌与禁锢之下，他不仅感到生命的巨大威胁，更明显地体会到因行为不自由而产生的压抑感，于是各种神仙传说便自然地进入到他的意识中，成为其安顿精神的良药，如《仙人篇》写道："四海一何局，九州安所如？……万里不足步，轻举凌太虚。驱风游四海，东过王母庐。百腾逾景云，高风吹我躯。"类似的情感在《游仙诗》中抒发得更加恣肆："人生不满百，戚戚少欢娱。意欲奋六翮，排雾陵紫虚。……翱翔九天上，骋辔远行游。东观扶桑曜，西临弱水流。北极登玄渚，南翔陟丹邱。"又如《远游篇》："昆仑本吾宅，中州非我家。将归谒东父，一举超流沙。鼓翼舞时风，长啸激清歌。"将渴望冲决牢笼，实现身心自由的形象刻画得气势飞动、跃然纸上。

郭璞生活在祸乱迭起、动荡不安的两晋之交，他对于晋室倾覆、中原沦陷的现实十分痛心。然而由于出身寒微，进仕无门，尽管怀有一腔抱负，希望为国效力，恢复失地，却终于无法实现，这种强烈的不平意识在其《游仙诗（其五）》中得到了充分的体现："逸翮思拂霄，迅足羡远游。清源无增澜，安得运吞舟。珪璋虽特达，明月难暗投。"《游仙诗（其九）》将其将游仙诗各类主题完美结合的作品："采药游名山，将以救年颓。呼吸玉滋液，妙气盈胸怀。登仙抚龙驷，迅驾乘奔雷。鳞裳逐电曜，云盖随风回。手顿羲和辔，足蹈闾阖开。东海犹蹄涔，昆仑蝼蚁堆。"既表现出想要借采药仙游以拯救衰老的"解忧"主题，又通过"手顿""足蹈"等动作精妙形象地表现出作者发扬踔厉、磅礴宇宙的激越精神。

后现代主义者认为，现代人在科技高度发达的压力下逐渐丧失自我，继而产生恐惧忧患心理。在这种心理压力下，人们通过旅游，离开居住地，到一个心灵上的归属地重新寻找自我，面对当下"996""007"等高强度工作时间安排与人们在升学、就业等方面普遍而严重的"内卷"现象，这种需求在中青年旅游者中就尤其普遍，因而排遣烦忧与超越世俗也就成为许多旅游者参与旅游活动的深层次心理动因。其实，"解忧"与"超越"两大心理诉求原本就难以泾渭分明地划分开来，这在李白的传世杰作《梦游天姥吟留别》中也同样得到体现："海客谈瀛洲，烟涛微茫信难求，越人语天姥，云霞明灭或可睹……霓为衣兮风为马，云之君兮纷纷而来下。虎鼓瑟兮鸾回车，仙之人兮列如麻……世间行乐亦如此，古来万事东流水。别君去兮何时还？且放白鹿青崖间，须行即骑访名山。安能摧眉折腰事权贵，使我不得开心颜！"天姥山仙境的游历，既是对政治抱负不得施展的忧愤宣泄，也表现出对世俗名利权贵的蔑弃，堪称"娱乐放松、解放忧烦、超越庸常"三类心理状态的集中概括，同时也是对当下旅游者出游动机的完美印证。

107

4.5　游仙文学与道教文化在文旅融合视阈下的关联

4.5.1　道教对游仙文学创作的影响

道家思想的产生虽然源远流长，但真正意义上的道家思想产生于汉代。东汉末年，太平路、五斗米路宗教组织的出现和《太平经》《老子想尔注》《周易参同气》等道教经典著作的出现，标志着道教在中国的正式形成。由于道教早期是在下层群众中发展起来的，其教义反映了农民的政治愿望和要求，反映了当时农民对封建政权的反抗，受到了以曹操为代表的封建军阀的残酷镇压。然而，在民间道教活动受到限制的同时，适应汉魏统治阶级利益的神仙道教迅速崛起，并逐渐向社会上层传播。当时，贵族世家的知识分子对道教和长生不老的修炼表现出极大的兴趣，仙气弥漫在整个上层社会，这客观上促成了曹操、曹植对天界的批判和向往。尤其是曹植，在经历了各种肉体和精神上的迫害后，完全接受了道家的思想，在他的文学作品中经常出现求仙、食仙的内容。魏晋时期著名诗人嵇康相信神仙的存在，但同时认为神仙是很容易得到的，所以他不提倡修仙。相反，他提倡饮食指导和冥想相结合，以恢复精神。如他在《秋胡歌诗》（七）中说："上阴阳，下阴阳。王母娘娘顺道，紫玫瑰遂庭。"并视其为"不朽诗作""赐我自然道，旷若发通孟""摘铃角，取食变貌"，与此时道教思想的传播密切相关。

东晋时期，由于葛洪等关键人物的作用，道教得到进一步发展。葛洪的修道成仙方法主要有以下几方面：首先，须至诚不疑，笃信神仙，如《抱朴子内篇·释滞》云："要道不烦，所为鲜耳。但患志之不立，信之不笃，何忧于人理之废乎？"在他看来，对神仙之道持怀疑态度的人是绝不可能成仙的。其次，恬静无欲，存思守一。《抱朴子内篇·对俗》中说："服丹守一，与天相毕，还精胎息，延寿无极"，强调"守一"是修道升仙的重要秘法。最后，烧炼金丹，服食登仙。在多种修道方法中，葛洪最看重的还是烧炼、服食金丹。《抱朴子内篇·金丹》云："余考览养性之书，……莫不皆以还丹金液为大要者焉。……服此而不仙，则古来无仙矣。"《抱朴子内篇》中还列举出一些适合炼丹的名山，强调道士炼丹前要斋戒沐浴，履行宗教仪式。以上内容在六朝以至唐代许多著名游仙诗人的作品中都有体现，如上文所引郭璞《游仙诗》其九"呼吸玉滋液，妙气盈胸怀"的描写，即是道教服食丹药、行气、服炼津液等功法修行的描写；李白《草创大还赠柳官迪》诗中"相煎成苦老，消烁凝津液。仿佛周窗尘，死灰同至寂。搞冶入赤色，十二周律历。赫然称大还，与道本无隔"，就更是对炼丹过程的直接描述。

4.5.2　游仙文学对道教神仙世界的影响

游仙文学的受众范围远小于道教，然而以游仙为主题的文学作品的出现先于《太平经》《周易参同契》等道教经典，加之道家思想与游仙文学在精神内核上的相通、相似，游仙文学对于道教的影响也是不容忽视的。

1.《庄子》的时空观与神仙形象塑造

庄子的道家哲学对神仙思想的发展产生了重要的影响，他以比老子更加开阔的心灵和逍遥的态度，倡导世人超脱尘世功名利禄的罗网，将他们引向一个空灵的境界。《庄子》中的许多片段都能够体现出他的时空意识。相比于理性的时间观念，庄子的时间意识明显地体现出非理性色彩。如《逍遥游》："朝菌不知晦朔，蟪蛄不知春秋，此小年也。楚之南有冥灵者，以五百岁为春，五百岁为秋。上古有大椿者，以八千岁为春，八千岁为秋，此大年也"，其实已启道教时间观的先河。除时间意识之外，庄子的空间意识也对后世影响深远，这一点集中表现在《庄子》中频繁出现的"游"字上。庄子重视的是个体在精神领域中的绝对自由，向往完全摆脱空间束缚的"方外之游"，如《逍遥游》："神人乘云气，御飞龙，而游乎四海之外"，《应帝王》："（无名人）乘夫莽眇之鸟，以出六极之外，而游无何有之乡，以处圹埌之野。"借助神仙传说，庄子对现实世界中的时空进行了重构，将局狭的现实时空变形为莽涌浩荡、伸缩自由的艺术时空，无形之中奠定了后世道教宏大神仙世界宇宙的基础。

此外，庄子在阐述其哲学理论时喜欢创造性地运用大量生动有趣的寓言故事，这些故事的主角大都是神奇怪异的人物形象，其中最值得关注的莫过于那些以"得道者"形象而出现的神仙，如《逍遥游》中的"神人"："藐姑射之山，有神人居焉，肌肤若冰雪，绰约若处子。不食五谷，吸风饮露。乘云气，御飞龙，而游乎四海之外"，又如"御风而行，泠然善也，旬有五日而后反"的列子，"修身二百岁"而"形未尝衰"的广成子等。这些神性突出、风神各异的得道者形象，后来都成为道教神仙谱系中的早期人物。

2.《楚辞·远游》中四方周游的图案化路线

在《楚辞·远游》中，作者利用阴阳五行学说来安排抒情主人公天界巡游的路线，使其升天远游的活动表现出明显的空间方位感，从而奠定了后代游仙文学图案化、模式化的环游路线。诗人的游历从对应着春天的东方开始："驾八龙之婉婉兮，载云旗之逶蛇。……撰余辔而正策兮，吾将过乎句芒"，随即来到西方："风伯为余先驱兮，氛埃辟而清凉。凤凰翼其承旂兮,遇辱收乎西皇"。在巡游由西向南,路经楚国上空时,借用了《离骚》结尾处天国下望,以乐衬悲的写法:"涉青云以泛滥游兮,忽临睨夫旧乡。仆夫怀余心悲兮,边马顾而不行。思旧故以想象兮,长太息而掩涕",为作品赋予了深沉的思想性。随后行游继续向南:"指炎神而直驰兮,吾将往乎南疑。……祝融戒而还衡兮,腾告鸾鸟迎宓妃。"最后驰向北方:"舒并节以驰骛兮,逴绝垠乎寒门。轶迅风于清源兮,从颛顼乎增冰"。这样一圈天界巡游的旅程,使得抒情主人公的游仙路线更加清晰可见,不仅对于司马相如《大人赋》、挚虞《思游赋》等后世游仙文学作品产生了深远影响,对于延伸、拓展道教经典中的神仙世界,确定教义中各路神祇的职司属地也有直接促进作用。

3. 游仙小说中仙凡世界的时间差异

自魏晋时期开始出现的一些志怪游仙小说继承了嵇康、张载等游仙诗的传统,对传统的仙境进行了拓展,将其从远离人间,凡人难以涉足的神山、大海中移到人间来,实现了游仙世界的"人间化",如《洞庭山》中的洞庭山仙洞、《仙馆玉浆》中的嵩高山大穴、《桃花源》中的武陵山区桃花源、《袁柏根硕》中的会稽山洞等皆是如此。这些所在虽然仍是人迹罕至,远离尘世,容易使人迷不知途,但曲径通幽,凡人还是能够循路进入,不像远在天上的传统仙境,只有周穆王、后羿之类的神人可以到达。这其实反映的是社会下层民众对于美好生活的渴望,对于丰富道教教义经典,增强对于普通信众的吸引力等起到了助益作用。除此之外,仙境中还有"山中方一日,世上已千年"的神奇现象,如《洞庭山》采药民出灵洞后见到"邑里人户,各非故乡邻",后来"唯寻得九代孙,问之,云'远祖入洞庭山采药不还,今经三百年矣'",又如《刘晨阮肇》:"既出,亲旧零落,邑屋改异,无复相识。问讯得七世孙,传闻上世入山,迷不得归。"任昉《述异记》"石室山"条讲述王质入山砍柴得遇仙人的故事也十分知名:"信安郡石室山,晋时王质伐木至,见童子数人棋而歌,质因听之。童子以一物与质,如枣核,质含之而不觉饥。俄顷,童子谓曰'何不去'?质起视,斧柯尽烂。既归,无复时人。"这些清丽优美的描写令人读之神往,同时生出人生易逝,而仙界永恒的感触,对于提升道教经籍的吸引力有着不可忽视的影响。

4.6　游仙与道教文旅资源的整合开发

　　游仙文学中有相当数量的作品表现"列仙之趣"，其中不乏对于炼化、服食仙丹以羽化飞仙的憧憬；道教教义及教事活动中的神仙文化色彩则更加浓厚。应该说，两者当中都不免夹杂有迷信成分，但瑕不掩瑜，作为我国传统文化中极大程度地发挥了想象之能力的题材形式，两者对我国民族文化的影响是巨大的，涉及科学、艺术、建筑、社会等诸多方面，为我们留下了许多宝贵的文化遗产，其中很大一部分可作为潜在旅游资源进行开发。结合上文关于道教旅游现状、问题的分析，及对于游仙文学与旅游者动机关联的阐述，将"文化资源"概念统摄下的文学资源与宗教资源两大文化门类结合起来，对于游仙文学与道教文化两个本身即有密切联系的领域进行整合开发方式的探索，无疑能够更好地发挥两者相互促进、彼此完善的影响作用。

111

4.6.1　游仙文学的旅游开发

　　游仙文学是我国古代文学诸多门类中光彩夺目的一朵奇葩，但针对游仙文学的旅游化开发却并不容易。不同于那些针对著名作家的具体作品，经过精心策划与深度开发所打造而较为成功的旅游景区，如《黄鹤楼送孟浩然之广陵》《滕王阁序》《岳阳楼记》对应的江南三大名楼，沈从文《边城》对应的湖南凤凰古城，因莫言获诺贝尔文学奖后其家乡山东省高密市东北乡兴起的"红高粱文化旅游"，由金庸《射雕英雄传》《神雕侠侣》等作品带动的浙江省舟山市普陀区桃花岛旅游等，游仙文学涉及的诗人、作者众多，游仙诗、赋、文、小说中的描写多出于奇幻想象，出现的场景、人物多为虚构，能与我国地理空间形成对应的原点型旅游资源比较分散，导致对其进行产业化旅游开发的难度较大。

　　另外，尽管游仙文学包罗万象，体现出超卓的想象力，在寄托情志等方面亦有突出表现，但总体来看，除少数作品（如李白《梦游天姥吟留别》、陶渊明《桃花源记》、张华《八月槎》）外，多数游仙文学作者、作品对于文学修养基础较差的游客来说不够熟悉。关注旅游者的旅游期待与临场体验之间的差异，这是对于遗产类旅游资源进行开发的关键。游仙文学作品营造出的光怪陆离、奇谲恢诡的艺术空间会对潜在旅游者带来较高的心理期待，但在现实中还原、复现作品中所描绘的场景却殊非易事，这些也都导致单独针对游仙文学进行旅游开发的难度较大。

考虑到以上情况，可采取多方面措施开展对于游仙文学资源的旅游开发。

首先，利用游客对于神仙境界好奇、向往的心理，将久负盛名的游仙作品文本资源直接与特定区域的自然人文资源相结合，对其进行深度开发与充分利用。例如可以借助游仙文学作品所营造出的丰富意象，赋予旅游目的地的特定自然景观以拟人化、传奇化色彩，使其具备文化灵魂。在这方面，浙江仙居县的"神仙居"景区就建设得比较好。神仙居位于仙居县城西，大约 20 公里的白塔镇南境，古名天姥山，此即是李白《梦游天姥吟留别》中所提及之"天姥山"。据南宋《嘉定赤城志》所载："王姥山在仙居县界，亦名天姥山，相传古仙人所居"，这样的出名由来为当地开发、打造游仙主题景区提供了得天独厚的条件。神仙居景区经过整体开发，分为南海、北海两块，呈现出岩奇、瀑雄、谷幽、洞密等江南峡谷风光典型特征。位于景区南侧的天姥峰上有一奇石耸出峰端，借助文字介绍与导游解说，这一景观与道教传说与游仙故事中的"天姥"形象结合起来，远远望去，该石"身着宽袖长袍"，灵动飘逸，惟妙惟肖。景区内另有一座酷似神笔的山峰，开发者巧妙地将其与李白"梦笔生花"的典故结合起来，观景之余给予游客无穷遐想。一些人造景观也别出心裁，如"卧龙桥"寄寓"神龙卧波"主题，一桥横跨卧龙谷悬崖，如彩虹当空，与景区的仙境主题十分契合。其他与著名游仙作品相关的旅游地也可借鉴这些经验，将景区内的自然景观、人物雕塑、文字碑刻等与神仙世界、游仙生活元素进行结合①。

其次，须注意到魏晋以降的许多游仙文学作品深受道教思想的影响，尝试以道教文化作为游仙文学旅游的载体。按照杜光庭《洞天福地岳渎名山记》所载，道教世界里的洞天福地包括十大洞天、三十六小洞天、七十二福地。这些洞天福地，绝大多数自古以来就是闻名遐迩的旅

---

① 杨丽霞：《道教神仙文化遗产旅游开发研究》，载于《中南民族大学学报》（人文社会科学版）2004 年第 S2 期。

游胜地，清幽的环境和恢宏的宫观建筑能够为虚构的仙境描写提供实景化空间，使游客的期待得到较好的满足。另外，可以适当在道教景区增设相关游仙作家的塑像，以石刻、碑文等形式将游仙诗、文、小说内容加以呈现，并辅以数字媒体技术，以图像、动漫等形式将游仙文学作品中描绘的景象与故事情节生动立体地展示出来。

再次，可以游仙文学作品的精神气质为首位旅游元素，对于著名游仙作家的故居、墓地、纪念馆等景区场所进行翻新重建。以曹植为例，作为历史人物，曹植在文化旅游者中知名度并不甚高；但作为文学家尤其是游仙文学作者，其成就地位却被后世高度重视与称许。曹植封地位于今山东省聊城市东阿县，其在文学史上光辉彪炳的成就与现今曹植墓景区的荒败凋敝景象形成了鲜明反差。当地旅游管理部门及开发企业可将曹植游仙诗中营造出的精神气象作为景区翻新重建的立足点，将其发扬踔厉、冲决网罗的游仙思想融入到人物雕像等静态景观中，使游客对这位渴望建功立业而始终罹害禁锢之苦的诗人产生全面了解，甚至由此对其遭遇产生强烈共鸣，从而得到深刻的旅游体验。景区还可借助游仙品牌的打造，与相距不远的烟台蓬莱景区开展合作开发，形成遥相呼应的效果，设计"大鹏展翼向蓬莱"的曹植游仙路线，实现两地文化旅游的彼此促进。

最后，以游仙文学为核心的各区域须充分发挥自己独特的资源优势，采取差别化定位，在凸显地方特色和打造个性化产品方面做足文章。例如同是游仙文学中频繁提及的仙境，西方昆仑与东方蓬莱在景观风物、气质风神、标志性动植物等方面都体现出截然不同的特色，可以结合游仙文学作品描写与两地的自然人文资源禀赋，采取差异化开发模式。另外，可以借鉴《远游》的经典路线，有意识地打造由东海蓬莱、西域昆仑、岭南罗浮山、北方终南山、恒山等组成的"大游仙世界"文旅品牌，将以上仙境意象涉及的县域、市域乃至相邻的不同县域作为一个大景区通盘考虑，在现有景观内容中融入更多符合游仙作品文本的典故元素，对旅游产品、线路进行统一规划设计，实现以游仙主题为牵引的全域旅游理念。

4.6.2　以游仙文学提升道教旅游品位

作为我国宗教旅游的重要组成部分，道教在琴棋书画、茶道酒品、商市戏社等方面无所不及,但如上文所述,当前我国道教旅游同样存在观念落后、文化内涵开发力度不够、资源孤立静态化等问题。与道教关系紧密的游仙文学凭借其丰富的主旨意涵与瑰奇宏伟的想象力,能够对道教文化资源的旅游开发起到很好的丰富作用,使得道教旅游的品位得到提升。

1. 赋予道教自然景观以文化内涵

道教中的神仙洞府大多远离尘嚣、幽深僻远,环境清幽秀美,是许多著名道观所在地。游客到此能够欣赏美丽的景色,参观宏伟的建筑景观,但如果开发程度仅限于此,则道教旅游仍停留在走马观花式的浅层状态,难以令游客深入体会到道教的文化韵味。游仙诗中游历仙境、与仙人接遇的情景描写,以及游仙小说中普通百姓经由神仙、动物及自然现象的引导进入仙窟,游历仙境,甚至与仙人产生爱情的故事情节能够很好地弥补景观静态化的局限,这些情景与情节易于以表演的方式呈现,甚至能够以虚拟现实的形式使游客参与进去,从而为其带来参与式的旅游体验。

2. 丰富了建筑、美术、音乐等道教文化艺术

道教的主要结构是宫庙,通常规模宏大。如湖北武当山有宫殿 8 座、寺庙 2 座、尼姑庵 36 座、石庙 72 座,被誉为"千年奇观"。它们是中国最宏伟的宫殿寺庙建筑。除了寺院,道教建筑还有很多种类,如庙、堂、楼、亭、房、坊等。许多道教建筑清楚地反映了追求好运、延年益寿和长生不老的理念[①]。可在一些道教主体建筑中加入体现游仙元素的装饰,使道教建筑在庄严神秘的氛围之外,体现出飞动的气势与超越的精神。道教宫观建筑旁的介绍说明性文字也可加以丰富,适当加入一些游仙文学的故事、典故以增强其文化艺术性。另外,可在主景区周围建设一些游仙主题酒店,使游客在一天的道教游览之余,将文化体验延伸下去。

道教宫观在早期并不主张设立画像,然而随着教义的发展,以及受到佛教艺术的影响,道教的庙宇内也渐渐开始设立一些塑有道教始祖、神界仙人等形象的石刻造像,另外,在举行道教仪式的时候,也出现了一些悬挂在建筑内的水陆画及教徒修道生活画等,这些雕像、绘画是道

① 孔令宏:《论道家与道教文化旅游》,载于《浙江大学学报》(人文社会科学版)2005 年第 5 期。

教旅游中重要的观赏物，但由于多数以道教仙君或道祖道众的修炼生活作为摹画对象，艺术品格尚有待提升。可邀请当代著名书画家以曹植、郭璞、李白等游仙作家体现"列仙之趣""坎壈咏怀"等主题的诗篇为母本，创作书法、绘画、雕塑作品，与道教造像、绘画作品一并展列，提升其艺术性与故事性。

道教音乐经过上千年发展，结合了古代宫廷音乐、文人音乐、民间音乐的优秀元素，形成了雅俗共赏的特性。以《道情》为代表的道教音乐体现出优秀的曲乐、声乐和器乐技巧，能够为旅游者营造出神秘肃穆的游览氛围。在今后的道教音乐资源开发中，可将《步虚词》等与道教关系十分密切的游仙文学作品采纳进来。另外，宋代柳永、苏轼、陆游等受道教影响，都曾创作过营造神仙意象，描写自己历游仙境、与仙人交往的游仙词作，可依循其文义谱曲赋声，形成更为丰富多彩的道教音乐大观。

3. 增加道教服食、养生、教事庆典文化的魅力

道教神仙信仰长生不老，以修行成仙为最终目标，在这一追求下，历代先民对道进行了大量的修炼，并注重养生，对医学进行研究，通过不断的实践，形成了如导、食、气等修炼方法，也形成了一整套的养生理论和技术，从现代医学的角度来看，其中有许多仍然存在有着较高的科学价值，如存思、吐纳、胎息、服食等方法，只要持之以恒地进行锻炼，对预防和治疗慢性疾病有着较好的效果。养生旅游原本就是当今社会的发展趋势，如果能够将游仙元素融入进去，将会进一步提升道教疗养文化的吸引力。例如嵇康游仙诗中"上荫华盖、下采若英。受道王母，遂升紫庭""凌厉五岳，忽行万亿。授我神药，自生羽翼。呼吸太和，炼形易色"等对于采药、服食、吐纳等修行活动的描写完全可以被纳入道教养生旅游的策划与包装中，嵇康光辉峻洁的人格与"广陵散"典故的知名度对于旅游产品的宣传推广无疑有着正向作用。

药膳是道家养生的重要组成部分。道教提倡禁欲和返璞归真。它的饮食通常由当地的天然产品制成，强调轻营养。如青城山的"银杏炖鸡"，以汉代张陵种植的白果树果实为原料，纯正可口；武汉长春观素菜因其色、香、味、形、名、质俱佳而广受赞誉。道教也很重视酒和茶的饮用。青城洞天乳酒、江西龙湖山天石家酒、江西马楚酒都有独特的配方。青城贡茶、茅山茶等也很有名。在此基础上，可将历代游仙诗中反复提到的"桂酒""神（鲤）鱼"，游仙小说中食之令人不饥不老的"仙枣"，颇富世俗生活气息的"胡麻饭"等作为道教药膳资源开发的元素，在确保营养与养生功效的同时赋予道教饮食文化以更强的文化内涵。

除上述方面，大量普通游客（非信徒）往往对道士们的生活感到神秘新奇，希望近距离观摩其诵经奏乐、上表化疏、步罡踏斗等教事活动，甚至希望能够当一天"道人"、同道士一起食用斋饭、听其讲述养生之道。考虑到这种情况，可以精心设计体验式道教旅游形式，宗教人士在向游客讲解道教教义时可以加入知名游仙作家如嵇康、葛洪、杨羲等的作品和生活故事，他们既是优秀的游仙作者，同时也是发明、发展道教存思、胎息等养生功法的关键人物，无疑能够进一步提高道教旅游体验的吸引力和文化底蕴。另外，如上文所述，道教的庆典节日往往伴随有大型的民间庆典和艺术活动，形成独具特色的宗教文化景观，若能在这些民间庆典中加入与游仙主题相关的文化表演，必然会极大提高游客的参与感与体验深度。

4. 以游仙文学升级旅游各要素产业

上述建议基本涵盖了旅游产业相关的要素产业，为了进一步发挥游仙文学与道教文化资源整合作用对于文旅融合发展的促进作用，需要将所有旅游要素纳入考量。例如在道教旅游商品的开发方面，在现有的道教经籍、道教人物画像等品类基础上，可以考虑将优秀游仙文学作品集结成册，作为旅游商品售卖；另外还可开发著名神仙人物的泥塑手办、烟壶内塑、游仙作家绘画作品、道教音乐光盘等，丰富完善旅游商品的类型，赋予其更深的文化内蕴。此外，还可在道教景区搭载乘客的游览车上加入体现游仙文化的雕饰元素，对于景区导游人员进行游仙文学、文化的知识传授与培训，从而将游仙主题贯穿于道教旅游的食、住、行、游、购、娱各个基本旅游要素中，并实现对于道教旅游的提质升级，满足游客对于"商""养""学""闲""情""奇"等高端旅游要素产业的需求，从而全方位提升道教旅游的文化品位。

4.7 文旅资源整合开发与人才的作用

综上所述，在文旅融合的若干路径中，资源的融合处于基础而重要的层面。文化概念内涵丰富，文化旅游资源也包罗万象，涵盖了诸多门类、系列。在对文化资源进行旅游开发过程中，应考虑将多门类文化形式进行跨界整合，以达到更好的开发效果。那些原本即存在密切关联，而又体现出错位性、异质化特征的资源可以互相依托，彼此促进，对其进行整合性开发可以收获良好的体验与美誉度。具体到上文的案例而言，游仙文学资源的旅游化开发可以道教文化为依托，通过有形的自然、人文景观，将游仙文学营造出的意境与刻画的人物故事加以实景化呈现，吸引文学爱好者参观游览。而道教文化资源的开发可以采用融入游仙元素的方式，提升其周遭自然风光与道教建筑、绘画、音乐等艺术形式的文化内涵，丰富道教服食养生、教事活动、节庆典礼的表现形式，从而提高道教旅游的文化品位，让游客拥有更为丰富的文化体验。其他文化旅游门类、因子的开发利用也可依循这一思路，在彼此之间寻找关联、交叉节点，在大文化观下对其进行整合，形成文化门类、文化丛、文化因子层层包裹、密密交织的统筹开发模式，而这一效应的形成无疑离不开那些既懂文化，又懂管理，既具备文化创意能力，又能开展文化旅游经营管理的复合型人才，在其支撑下，才能真正实现"以文促旅，以旅彰文"，推动文化与旅游两大产业高质量融合、协同发展。本书自第 5 章起，即结合前面关于文化、旅游产业价值链融合与文旅资源整合协同开发的相关论述，对于文旅产业人才进行系列深入的分析。

第 5 章　文旅融合下的人才分类

　　文旅产业是思想、知识、文化、技能和创造力高度关联的行业，作为文旅产业的核心生产力和竞争要素，人才和这一行业牵涉的每个环节都密不可分，是文化产业与旅游产业深度融合发展的核心动能，是两者高质量融合发展的重要保障。根据上文的论述，基于产业价值链交叉重组的文旅融合模式，对于文化旅游资源的整合性开发要求等都使得融合后的文旅产业内涵及产业人才需求发生了结构性的变革，这也对当前的文旅从业者提出了特殊的要求。

5.1　文旅融合新趋势背景下文旅人才需求特征

5.1.1　知识要求

　　突出强调综合型知识需求旅游教育的知识可以分为综合型知识、功能型知识、市场/产品导向型知识。综合型知识指掌握旅游业宏观层面所需的跨学科知识，涉及的专业知识不指向某个特定领域。功能型知识指学生对旅游产业某一领域的专业知识，常包括信息技术、市场营销、规划等方面。市场/产品导向型知识指开发某一细分产品和市场所需的专业知识，如遗产旅游、乡村旅游、生态旅游等。根据这一知识的类别划分，从近年国内主要人才招聘网站上各类旅游企事业单位不同层级的人才招聘启事的招聘条件分析可以看出，近年来各类文旅企业对人的知识要求明显呈现出综合性的特点。对应届大学生的招聘条件，要求学生具备文化、旅游、艺术、媒体等相关专业的基础知识与行业知识，对中层管理者的招聘条件，还需要熟悉国家宏观经济政策和相关行业政策，对社会媒体等新经济的知识要求也比较高。关于旅游学科的知识分类，从旅游者的活动角度来看，包括旅游行为心理学、旅游活动人类学、旅游行为社会学等；从供求关系来看，则包括文化旅游学、人文地理学、旅游经济与管理学等相关知识；从产业活动来看，包括旅游企业管理、旅游产业管理等相关知识。但从目前的用人单位招聘条件来看，几乎没有一家单位将上述知识作为人才要求的单一重点，而是将旅游、文化、艺术等相关行业的宏观基础知识作为必要条件，再针对具体的不同岗位有一些具体的专业性知识要求。总体来看，对人才的文化艺术相关知识要求提高，对新技术新知识及与消费者心理和需求相关的知识高度重视（在能力需求中体现）。

5.1.2　能力要求

在现行旅游管理专业人才培养方案中，对能力要求的表述大多为"熟练运用信息技术并擅长使用量化研究方法与软件工具""独立学习和掌握多学科视野和多样化方法的能力""良好的国际学术交流、跨文化沟通能力""具有批判性思维和创新能力"。从目前的招聘启事的人才需求条件来看，用人单位看重的能力依然是"沟通表达能力""文案写作与策划能力""数据分析能力""社交媒体运用能力""创意策划能力"，对中层管理者而言，关于能力的内容也基本一致，但对能力的要求明显提高，如对表达能力表述为"出色的演讲技巧和优秀的书面、口头表达能力""具有优秀的团队领导力以及优秀的合作技巧，解决问题技能突出，懂得处理不同意见"，具有对新技术、新业态的掌握能力，即"熟悉新业态新动向，并能很好地运用与创新策划应用的能力"。从这些表述可以看出，随着文旅融合的推进，特别是一些新技术在文旅产业中的应用，用人单位对人才掌握新技术应用、新业态动态的要求提高，同时也对员工的创新创意能力提出了要求[1]。

---

[1]　彭菲、徐红罡：《高等教育内涵式发展与对文旅人才培养的反思》，载于《旅游论坛》2021 年第 5 期。

5.1.3 素质要求

文旅融合强调积极向上和行业热情，这对文旅人才素质培育自然提出了相应要求。一方面，在以往的旅游人才培养中，以服务管理为核心的旅游人才培育强调服务意识、强调顾客至上，但在传承优秀中华文化传统，培养合格的社会主义事业建设者和接班人的背景下，旅游服务不仅要服务好顾客，更要弘扬正气、传播社会主义优秀文化，不能一味地迎合游客而将文化低俗化展示与表现。另一方面，文化和旅游融合不断加深，旅游的事业性特征更加凸显，产业地位相对降低，旅游成为传播与传承传统文化、弘扬社会主义道德和爱国主义精神的重要领域，在此背景下，旅游人才的思想政治素质显得尤为重要，文旅从业人员应该树立正确的价值观，增强责任感与使命感。用人单位招聘条件中也充分体现了这一点。与以往的招聘启事相比，现在用人单位的招聘启事经常出现"积极向上，工作有激情，热爱旅游行业""三观正"等明显具有思想素质要求的条件，同时，大多数旅游企事业单位都对人才提出了"思维条理清晰，思维活跃、富有创新精神""具备较强的团队合作精神与团队协作意识""抗压能力强，自我成长驱动力强"等相关要求，特别地，无论是对初级员工还是对中层管理者，用人单位都强调"对热点事件、潮流风向有自觉捕捉意识"，这也体现了用人单位对旅游人才的市场敏锐意识的重视。

5.2 文旅融合下人才培养的实践挑战

5.2.1 产业内涵的转变对产业人才的培养和供给提出了新的要求

文化与旅游有其自身的内涵、特点和价值。两者的融合发展不是简单的叠加，而是有机的融合。在这一背景下，原本单一产业的内涵，将会发生一系列的变化和拓展。从人才培养的角度来看，由于以往单一的行业管理体制的影响和限制，文化旅游人才培养局限于单向思维和行业壁垒，难以产生双向干预和互借人才的效果，已经落后于其他行业的创新发展。这是推动文化与旅游融合发展面临的现实问题之一。事实上，在国家层面文化和旅游部成立之前，中国文化旅游产业和管理机构已经产生了许多生动的文化与旅游融合的典型实践。影视旅游、音乐旅游、博物馆旅游、文化遗产旅游、游客带书旅游、文创旅游产品开发等新兴旅游业态蓬勃发展；以博物馆、文化馆、美术馆、科技中心、旅游演艺、主题公园等为代表的文化产品已成为新时代文旅发展的载体，这就对行业人才的培养和供给提出了更高的要求。行业和政府机构对创意创作、专业技术、运营管理、政府管理与公共服务等方面人才的需求持续增长。文旅融合背景下，人才素质和能力需求开始趋向于跨领域、复合型和创新型等方向。

5.2.2　环境改变对人才培养提出新的要求

在改革开放 40 年的蓬勃发展之后，我国经济已从高速增长阶段转入了高质量发展阶段。在这样的时代宏观背景下，文化旅游产业发展的环境也在不断地发生着变化，这自然就会对新型的产业人才培养内容、模式提出新的挑战。随着大众文化旅游的兴起，新时代的消费者对于个性化体验的需求日益明显，因此在文旅行业中，对于创意策划、产品设计、服务营销等方面的创新创意人才的需求也就变得格外突出。从技术环境来看，移动互联网、人工智能、信息技术等方面的快速发展，也在很大程度上改变着人们的生产、生活模式。这些都将对整个文化旅游产业结构和产业链产生巨大影响，行业对高科技数字技术人才的需求正在逐步扩大。这些需求向着产业人才获取、培养体系的传导，将对人才的培养模式、内容、形式和知识结构产生巨大的影响[1]。

5.2.3　产业职能转变对产业人才培养方向提出了新要求

改革开放以来，受经济体制的影响，我国文化旅游产业越来越开始

---

　　① 廖珍杰、张丽娟：《文旅融合背景下旅游管理专业协同创新人才培养模式研究》，载于《辽宁科技学院学报》2022 年第 2 期。

承担起经济社会发展的功能，它已经开始在国民经济发展中发挥了重要的作用。习近平总书记在党的十九大报告中指出："要坚定文化自信，推动社会主义文化繁荣兴盛。没有高度的文化自信，没有繁荣的文化，就没有中华民族的伟大复兴。"① 文化旅游产业是增强和传播文化自信的最佳载体，应逐步从单纯促进经济社会发展向支持大国外交、推动全球文化新秩序、推动构建人类命运共同体等产业功能拓展。文旅产业功能的转变传递到人才培养领域，使未来产业人才培养的定位超越个人或国家的思维单位，上升到世界乃至整个人类社会未来发展的新高度。

5.3　文旅行业人才培养的理念转向

思想是行动的指南。面向未来，应对文化旅游人才培养的现实挑战，必须解决文化旅游的深度融合发展与行业人才队伍建设不充分的矛盾。首先要创新思路，转变人才培养观念，人才培养是最基本、最主要、最关键的因素。要树立行业人才培养的全球视野，面对当今复杂多变的世界，教育必须坚持以"人文价值"和"全球共同利益"为核心的共同理念。这一理念对我国各类人才的培养和教育具有重要的指导意义。此外，还要树立行业人才培养的系统观。传统的人才培养观通常将教育（尤其是正规教育）视为培养的核心甚至全部，但已有研究表明，在人才的实际成长过程中，其知识的获取、技能的锻炼和综合能力的提高往往是教育（包括非正式教育）、培训和用人单位发挥综合作用的结果。"学习型社会"和"终身教育"的概念也强调，人才培养和教育要摆脱孤立，推进开放教育，为个人提供更多的选择和学习机会，将教育延伸到整个生命，超越校园，延伸到社会的方方面面，使学习、教育和社会相互作用、相互融合。因此，未来文化旅游产业人才培养应树立"系统观"，创新多元化培养方式，积极采取开放、灵活、全方位的培养方式，系统整合教育、发展、培训方式。

① 《习近平在十九大报告中提出，要坚定文化自信，推动社会主义文化繁荣兴盛》，新华网，2017 - 10 - 18，http：//www.xinhuanet.com/politics/19cpcnc/2017 - 10/18/c_1121820800.htm。

5.4　文旅人才分类的参照：文化产业人才分类

对于文旅人才的分类可以文化产业人才的分类为参照，而文化产业人才的分类同样基于文化产业价值链环节的分工。

5.4.1　创意的生成与相关人才

文化创意是最大的价值创造，是整个价值链的基础和源头，因此创意生产在整个价值链中处于最关键环节。上文提到，文化产业的核心在于创意，而创意来源于优秀的艺术家及其他文化创意人才的灵感与思维，包括表演艺术中的剧本创作、人物表演，建筑设计行业优秀设计师的设计灵感，广告业中的推广营销创意等。创意生产者通过自身的创作与投入，将文化与创意源源不断地注入到文化产业中，使得文化作品呈现出精神属性，带给潜在消费者高品质的文化享受，这是文化产业创造利润与附加值的源泉。

创意生成环节是整个文化产业价值链的起点，关于位于这一环节上的创意研发人才胜任力素质的研究也最为丰富和集中。整个文化产业价值链的主要价值增值就体现在原创的文化创意当中，因此创意的生产者无疑处在价值链的起点和高点，画家、作家、编剧、词曲作家、游戏设计、广告设计等原创人才是这类人才的代表。这类人才的主要工作就是开发新创意，并能够将创意体系化地表达给文化产品的生产者，以此作为文化产品的蓝本和雏形。这就要求此类人才首先要具备深厚的文化艺术素养，包括文化艺术领域的知识、技能积累和长期的专业训练中养成的审美功底。创意研发人才的创意创作并不是一次性的，而是持续性的，而且不同的创意往往领域跨度大，素材和灵感也来源广泛。为了保持源源不断的创作能力，需要这类人才有广泛的兴趣和旺盛的想象力，掌握作品所涉及的交叉学科知识，还要有持续学习和观察领悟的能力。除此之外，看待问题的独特视角、敢于打破常规的开拓和质疑精神、对于不同观点的包容性以及创新能力也是持续进行创意开发的必要素质。最后，作为文化工作者，需要创意研发人才对工作抱有热情，意识到自身承担的社会责任，对文化导向有前瞻意识，有高尚的艺术追求和人文关怀①。

5.4.2 文化产品的设计和生产制作及相关人才

创意为整个价值链提供了价值来源，这个阶段则是将文化创意转化成具有商业价值的实体产品的过程。创意生产者无法确保自身的创意灵感总能与文化消费者的主体需求相符，这时就需要既具备优秀的创意素质与审美能力，又了解市场需求、具备设计策划能力的人才，对于需要集体协作的创意工作进行统筹策划与设计，使得文化创意作品能够被市场接受、欢迎，从而降低创意活动的投入风险。进一步，在此环节中要利用技术手段和工具，将创意落地成具体的文化产品，并进行标准化和批量化的复制。这里所说的开发制作不仅针对与创意直接相关的文化产品，还包括文化创意的衍生产品。例如迪士尼动画不仅以动画片的形式出现，还衍生出动画电影、卡通玩具、主题游乐场等相关产品，构成了综合性的文化产业链。

处于价值链这一环节的人才是文化产品设计策划人才，这类人才是实现从创意到产品的价值转化的关键人才。此类人才所从事的工作，其实是创意创作和产品开发的复合。一方面，要在创意研发人才进行创意创作时助力其拓展创意空间、激发其灵感，并以市场需求为导向对其创作方向进行适当引导，然后充分把握和吸收内容生产者的创意；另一方面是将抽象的文化创意转化成具体的商业产品，也就是产品设计与开发的工作，在此过程中要明确产品的文化内核、鉴别其审美价值和市场价值，并在将创意价值注入产品的过程中进行卖点设计。

5.4.3 市场营销与推广、消费者服务及相关人才

文化产品的设计制作是将创意作品转化为产品的过程，但要将文化产品转变为文化商品，还需要发挥市场营销与推广这一关键环节的作用。在这一阶段，文化产品经过多种营销手段被投放到市场中，消费者

① 张莉：《产业价值链视角下的文化产业人才培养策略研究》，载于《文化产业研究》2015 年第 12 期。

借此才能获知、了解文化商品，并作出是否购买、消费文化商品的决定。由于文化产业及文化产品的独特属性，文化产品的市场不确定性远远大于其他产业产品，因此文化产业价值链中市场营销与推广的作用就尤其明显。产品策划制作者、授权品牌经营商、代理经销商等要经过知识产品的开发与授权，通过多种形式和途径对文化产品进行营销推广，消费者才能感知并接触到文化产品，若缺少这一环节，无形的创意价值就很难触及消费者并最终变现。

消费是文化产业价值链的最终环节，只有消费者认可文化产品，采取购买行为，文化创意经过创作生成、设计制作、营销推广等产业环节后，才能最终实现利润变现与价值增值，因此，消费者服务是创意研发、创意产品设计与策划、创意产品制作、文化创意产品营销推广等价值环节共同作用的最终结果。同时，消费者的反馈是指导整条价值链进行下一个循环、开发新的增长曲线的方向与参照。当下大众对文化消费的需求层次日益升高，除了产品的交换价值与使用价值之外，还对产品的情感满足和文化内核提出了更高的要求。这就要求创意内容提供者持续提高自身的文化素养与创意创新能力，创作出更高品质的文化作品，同时，对于文化产品的设计策划人员与营销推广人员也带来了巨大的挑战[①]。

文化产品的营销推广是影响到文化产品能否成功得到市场认可，并以盈利来反哺创意研发的关键环节。文化经营管理人才负责文化产品的经营，将整个创意成果进行价值变现，是推动文化创意产业化的关键力量。他们需要通过努力发现市场需求和产品的消费趋势，并把文化产品通过各类渠道传播到消费者那里，实现从文化产品到经济价值的最终转化。由此可见，这类人才本质上是具有一定管理能力的产品营销人才，因此，出色的营销和管理能力是其必备素养，具体包括敏锐的市场洞察力、质量意识、公关能力、对客户的服务意识、组织管理能力等。此外，由于涉及价值转化与利益变现，这类人才还需要具备与利益相关者的谈判能力、强大的沟通能力以及团队合作能力，本书将此类素质归结为市场营销与组织能力。

虽然同样是营销，但是文化产品不同于一般产品，如果没有一定

---

① 卫学莉、张帆：《中国文化产业发展的人才困境与对策》，载于《中国人力资源开发》2015 年第 8 期。

的文化艺术素养和审美功底，很难对所经营的文化产品有充分的了解。因此，此类人才同样需要具备审美辨别力、文化知识储备和对文化内容进行渲染推广的能力（即文化营销力）。在基本的营销能力和文化功底之上，此类人才还需深谙文化产业运作规律，因此要求其具备丰富的文化行业经验，拥有能够助推产品审核及推广的文化界人脉资源，以及具备对政策热点的把握能力和知识产权的保护意识（即政策运用力）。本节将上述素质归结为文化行业专门能力。相比于其他产业，文化产业的独特性在于高度的不确定性和涉及大量的知识产权。因此，需要文化经营管理人才有很强的执行力和风险承受力；在面对利益诱惑时要恪守公平、正直等原则，实施良好的自我控制，具备良好的创意人格。

5.5　文旅行业人才的分类

根据前面对于文旅产业融合业态、模式的分析，无论文旅融合采取延伸型融合模式（文化＋旅游）、渗透型融合模式（旅游＋文化），又或是重组型融合模式（文旅＋其他），经重组、聚合后形成的新价值链的正常运转都需要文旅产业人才的支撑才能得以实现。因此，文旅融合背景下的产业人才根据与各个链环的对应关系可被划分为以下几类。

5.5.1　政府和公共管理人才

无论文化产业或旅游产业，抑或基于两者产业价值链环节重组整合所形成的新型业态，在价值链上游的规划、策划等环节，以及中下游的监管、保障等环节，都离不开政府和公共管理人才的作用发挥。文旅产业要实现深度融合发展，需要大量既了解公共管理知识，又对文化和旅游独特规律有所把握，具备较高文化素养的创新型人才。政府和公共管理人才是行业战略与政策的制定者、推动者和执行者，以前文提到的台儿庄古城重建项目为例，如果没有一批具备公共事业管理较高水平，并对如何将各种文化元素融入旅游项目深有了解、富有创意的人才来担纲执行，也就不可能完成这样浩大的文化遗产保护、开发项目①。

5.5.2　策划设计类人才

文化产业与旅游产业都具有产品、服务精神属性强、不确定性强、投入回报较慢等特点，两者融合后形成的新业态也同样具备这些特点。为确保文旅项目能够"叫好"又"叫座"，需要大量对文化旅游市场现状和发展趋势有深刻了解，掌握熟练的文化旅游事务操作技巧，具有参与制定文化旅游规划能力的人才。另外，此类人才还需具备较强的设计能力，能够承担对文化旅游地的基础设施建设和相关配套设施建设的设计和组织实施，善于将文化的理念渗透到旅游地的各个方面。《跟着唐诗去旅行》电视纪录片的创意策划人员、导演、制片等都属于此类人才，他们敏锐地捕捉到国人对于优美的唐诗有着赏鉴、学习的欲望，但在快节奏的现代生活中缺乏足够的时间精力去克服文字阅读门槛的现状，用更加鲜活的方式复现了著名诗人们创作不朽名篇时的环境与心境，使得观众更容易跨越千年，与作者产生共鸣。更重要的是，借着当代文化名人担任"向导"这一形式，引领观众重走当年诗人之路，带动起观众追随诗人的步伐，去进行"精神之旅"的强烈意愿。与此相似，"台儿庄古城"的修复、开发项目也体现出设计策划类人才对于遗产旅游的基础设施和配套设施建设的统筹能力与创意能力。

5.5.3　经营管理人才

迈克尔·波特（Michael Porter，1997）认为，产业的价值只能从设计、生产、流通和消费整个链条里产生，文旅融合所形成的产业业态也不例外。文化和旅游的宝贵资源只有通过产业经营管理人才与策划创意人才的卓越努力与通力合作，才能将得到活化、显现，并生成可观的产业价值。在欧洲国家发展得已很成熟的葡萄酒旅游，不仅需要将葡萄酒文化融入产地旅游、采摘旅游等环节，更需要有专门人才对整个产业链进行经营与管理，综合统筹这一旅游业态涉及的葡萄种植、葡萄酒酿造

127

---

① 白长虹：《文旅融合背景下的行业人才培养——实践需求与理论议题》，载于《人民论坛·学术前沿》2019 年第 11 期。

与窖藏、葡萄消费品鉴场所、葡萄节事和展览等环节，对其进行策划安排。因此，实现文化和旅游产业的深度融合发展，离不开大量懂得文化和旅游产业经营管理规律的高素质人才。

5.5.4　创意创造人才

党的十八大以来，习近平总书记鲜明提出了坚定文化自信这一重大论断，并强调要"建设社会主义文化强国"。中华民族五千多年的历史创造出灿烂夺目的文化与文明。因此，我国坚定文化自信的主要路径，就是要深刻洞察各个历史阶段所创造的丰富文化，对其进行创造性转化和创新性发展①。《跟着唐诗去旅行》节目的成功拍摄与播出，策划设计人才固然功不可没，但在具体的画面、故事展现环节，例如怎样将诗人的著名诗句意涵与特定的旅行目的地特点自然地结合起来，如何在不脱离对于唐诗进行解读的大主题下去展现当代中国城乡的巨大变化，这些都需要一线的创意创造人才发挥其聪明才智方能实现。"台儿庄古城"修复与开发过程中，如何体现南北交融的建筑风格、如何将抗战元素具体地呈现在实体建筑和餐饮文化中，这些也都需要创意创造人才殚竭心智，发掘创造才能实现。

考虑到本书以文化、旅游产业价值链融合与文旅资源整合性开发为研究的理论基础，后面将以上文提到的后三类人才作为主要的研究对象。

5.6　文旅人才的分类素质特征

上文对于文旅人才基于产业价值链分工的分类及各类人才的基本特征进行了扼要的分析，实际上，为了更加清楚地了解文旅人才的分类特征，需要借助素质测评工具对其进行细致分析，结合文旅人才相比于其他人才的特殊性，可以考虑采用如下素质测评工具开展对于不同类型人才的特征分析，总结出其更为详细的人才类型特点。

---

① 白长虹：《文旅融合背景下的行业人才培养——实践需求与理论议题》，载于《人民论坛·学术前沿》2019 年第 11 期。

5.6.1　知识与熟练度测试

知识与熟练度测试主要用来测量文旅人才从事本职工作所需具备的专业知识、技能等，熟练度测试主要用来测量文旅行业的操作性员工如导游对于工作的熟练程度，如解说词的熟练度等。对于前者来说，工作知识主要体现为文化知识与旅游知识的交叉融合，例如在开发文创产品或策划旅游景区时所需具备的创意创造力，结合市场需求和顾客喜好对创意进行创造性转化，使其变为文旅商品和服务的可能性。此类测试可以通过人力资源管理咨询服务公司外包服务量身定做，也可以由文旅组织结合自身情况自行开发设计。鉴于文旅融合背景下产业人才工作素质要求的复合性与复杂性，专业知识的掌握情况如何，工作技能的熟练程度如何都会比较直接而深远地影响到此类人才的工作业绩，因此知识与熟练度测试是对于文旅产业分类人才特征进行测量的必需工具。

5.6.2　能力倾向测试

能力倾向测试包括的测试内容范围较广，多种较为经典的测试都在这一测试范畴内，例如智商测试（intelligence quotient tests），情商测试（emotional quotient tests），逆商测试（adversity quotient tests），一般能力倾向测试（general ability testing battery，GATB），创造力测试（creativity tests）等。此类测试主要用来测量人才在文字语句理解、数字逻辑、图形逻辑、空间图形思维、逻辑推理、理解速度等方面的能力素质，并且能够用来测量人才的知识潜力和将知识应用于现实实践的转化能力。文旅产业人才承担着文旅融合背景下知识、技能交叉融合的新型工作内容，对其上述各方面能力如政策文字解读、数字文旅转化能力、商业转化能力、策划设计逻辑能力、创意创新能力等都提出了较高要求，因此很有必要借助以上各类测试，了解人才在现任工作上发挥自身能力潜能，以及在未来职业发展中的能力开发可能性，故而也是针对文旅人才分类特征进行了解测量的重要工具。

5.6.3　职业兴趣测试

职业兴趣测试主要用来测量候选人的职业人格类型，测量其主要的职业兴趣分布所在，随后可以成为指导人才合理选择职业和发展路径，实现较好的人职匹配的测试类型。最知名的职业兴趣测试是霍兰德的人格特质理论和与其相配套的 VPI（vocational preference index）测试量表。该理论和量表将各类人才按其职业兴趣分为现实型、研究型、艺术型、社会型、企业型、传统型六类，每一类人才都具有从事该职业类型所必需的人格特质与职业特征，人才可以根据自身所处的职业兴趣类型开展有针对性的职业探索与发展活动。对于文旅人才来说，一般来讲需要此类人才具备较为突出的艺术型、社会型、企业型，以及研究型特质，而现实型与传统型职业兴趣与文旅产品、服务设计与提供工作相距较远。另外，文旅人才可以根据自身的职业兴趣测试结果，针对现任工作和未来的职业发展路径进行较为系统的策划与设计，使得自身的职业特长与兴趣与职业发展需求形成更好的契合。

5.6.4　人格类型测试

人格类型测试主要用来测量人才的个性特征、性格特点、人格特点、气质特点等，根据胜任力理论，人的特质、价值观、动机等是决定其能否实现良好任务绩效、创新绩效、周边绩效的深层次原因，人才的性格、人格能够影响到其工作的投入程度和业绩产出，这已成为学术界较为一致的观点。目前较为权威、流行的人格类型测试主要包括 16PF（16 personality factors）测试、MBTI（meyers briggs typing indicator）测试、Big 5d 大五人格测试、9 House 九型人格测试、DISC（dominance，influence，stability，compliance）测试等。文旅融合后所引致的新型创意工作，亦即文旅产业工作要求候选人具备较为开放的性格，善于与人沟通、交流、分享的特质，深度创意创新意识以及将创意转化为商业可能性的特质，借助以上这些素质测评工具，可以较好地了解人才的性格特点是否能够帮助其达到这些方面的要求，从而更利于其在文旅融合框架下按照新型职业特征更好地完成工作，产生较好的工作业绩和绩效产出。

5.6.5　评价中心技术

评价中心技术是多种素质测量、开发技术的集合，最常见的形式包括公文筐技术（in-basket technique）、无领导小组讨论（non-leader group discussion）、角色扮演活动（role playing activity）、商业模拟活动（business simulation activity）、奇异经历学习（adventure learning process）等。这些具体的素质测量活动既可以作为人才甄选的工具，也可以作为人才培训开发的有力帮手。文旅融合背景下，新型创意人才亦即文旅产业人才需要具备多种核心能力，包括创新创意能力、创意商业化转化能力、创意设计策划能力、创意产品服务经营管理与营销能力等，这些能力素质的测量仅仅依靠心理测评工具与面试等较为基本传统的测量工具是难以全面测出的，通过公文筐测验（in-basket technique）、无领导小组讨论（non-leader group discussion）、角色扮演（role-playing）、商业模拟（business simulation）、素质拓展训练（adventure learning）等可以更好地对于文旅人才的核心胜任素质进行更为全面细致的考察，因此评价中心也是文旅人才分类特征总结的有力工具之一。

131

第6章 文旅人才胜任力模型的构建

6.1 创意人才、文旅人才与胜任力概念

文化产品是人类智慧与实践活动的结晶，文旅产品的形成、产品的设计与具体化以及宣传、分销直至服务等所有环节都不可能离开人力资源的支撑。基于第5章对于文旅产业人才的分类，对其进行关键素质亦即胜任力素质的分析是开展后续人才管理活动的基础。

实际上，围绕文旅人才的分类，学界已进行过尝试，如厉无畏、于雪梅（2007）认为文旅创意人才可以分为创意创新的创造者、创意行为的组织者及创意成果的管理者。王雪野、王颖聪、顾小慈（2014）将文旅产业人才分为核心研发人才、中前端的生产制造人才和下游的运营管理人才。卫学莉、张帆（2015）则将文旅产业人才具体划分为创意人才、制作人才、营销人才及管理人才四类。张莉（2015）认为产业价值链视角下的文旅人才包括内容创意人才、产品设计策划人才及经营管理人才，并简要描述了三类人才所应具备的关键素质。

以上学者的研究对于文旅产业中主要人才的分类有着重要的借鉴意义，但是仍然存在以下两点不足：第一，对于这几类人才胜任力素质特征的分析，只是泛泛地提出了几项关键指标，并没有严格地按照胜任力理论展开论证，以及据此构建胜任力特征模型，因而一定程度上对于人才的选拔、培养和激励缺乏指导作用；第二，已有的研究缺乏系统的实证分析，所提出的胜任力指标是否可靠没有得到验证。根据以上研究和前文对于文化、旅游产业价值链环节的论证，本书拟先对文旅人才进行总体的胜任力研究，随后分别论证三类文旅人才的胜任力特征，并着重

对产品设计策划人才进行实证分析。

学者们也对文创人才胜任力进行了一系列探索，文创人才胜任力与文旅人才高度相关。1973 年，McClelland 提出了胜任力的概念，认为胜任力是个体在某一工作（或组织或文化）中最显著的潜在的、根深蒂固的特征。1982 年，Boyatsiz 提出了素质的洋葱模型，将素质分为核心、中层和外层。核心层是人格层。Spencer（1993）提出了素质的冰山模型，认为素质存在于知识技能、社会角色、自我形象、人格和动机五个方面。其中，知识和技能是明显的品质，位于冰山的上方，而其他品质则对应于冰山的下方，是隐性的，内在的素质。以上理论都将人的胜任力素质分为外显的知识、能力和内在的态度、价值观等素质。

近年来，胜任力理论在学界与业界不断发展，普及应用的范围越来越广，成为指导人才甄选、培养等活动的重要依据。文化产业以人的创造力为内在核心，属于知识密集型产业，具有核心产业与周边产业的关联度高，彼此之间的融合性强等特点。作为支撑产业发展重要资源的文化创意人才多是复合型人才，因此非常有必要对其进行胜任力特征分析，并在此基础上开展更有针对性的人才管理活动。近年来，围绕文化创意人才胜任力进行的研究为数不少，其中一部分通过定性研究分析了创意产业人才的素质要求与胜任力（李津，2007），或具体类别的创意人才的胜任力结构特征（吴贵明，2017）；另外一些则采取定量分析，借助 AHP 层次分析法（张燕等，2009）、探索性因子分析法（王刚等，2016）等分析文化创意人才整体的胜任力素质特征，或就具体文化产业门类人才如广告创意人的胜任力进行定量分析（汤舒俊等，2008）。

本书将以上述研究为基础，尝试从宏观和微观角度构建新型创意人才——文旅人才完整的胜任力素质模型。

6.2　文旅人才总体胜任力体系指标构建

为构建宏观层面的文旅人才胜任力指标体系，本部分将文献分析、行为事件访谈及问卷调查等方法相结合，综合构建出文旅融合背景下文旅人才胜任力模型，以期为培养旅游人才、提高旅游从业者的职业素质、建设高品质的旅游人才队伍等提供理论与决策依据。

6.2.1 胜任力要素的选取

胜任力模型的建立方式有很多种，为了全面考虑当前文旅融合背景下市场对文旅人才应有素质的需求，本书进行了多个维度的前期调研。首先在智联招聘、前程无忧、BOSS 直聘、猎聘、实习僧等在线人才搜索招聘平台，对于文旅企业招聘文旅人才的广告与招聘简章进行了内容文本分析，根据胜任力关键词出现的频率进行分析和推断，共获得 22 项胜任力要素关键词。其次，本节随机选取了 35 名游客并进行采访，获得 27 项胜任力要素关键词，综合相关文献，本书筛选出其中 18 项作为文旅从业者的胜任力要素。与此同时，调研团队运用行为事件访谈法对山东、江苏、浙江、福建、江西、广东等地区 20 位优秀的文化旅游从业者进行了半结构化访谈，通过访谈对象在从业方面的成功及失败的案例描述，在原有基础上新增了 2 项胜任力特质要素，分别是职业规划能力和适应能力。最后，通过咨询旅游领域的多位专家，对筛选指标进行适当的修改，确定了文旅融合背景下文旅人才的 20 项胜任力要素，基于此，设计了初始问卷，并对其进行在线调研。调研通过第三方问卷调研平台进行，共发放问卷 50 份，回收有效问卷 42 份，回收率为84%。其中，男性工作者的占比为 37.6%，受访者中有 73.1% 的人从事与文旅直接相关的工作，20.1% 的人从事宣传类相关工作，从事文旅工作的平均时间为 4.5 年。在调研过程中，受访者根据自身的理解对初始问卷的内容进行判断和选择，并进一步填写了他们认为在工作中重要而问卷尚未列出的特征条目。调研结束后，运用多重二分法对获得的数据进行分析，分析结果如表 6 - 1 所示。本节将文旅从业者的胜任力要素按照出现频率由高到低进行排列，共筛选出 10 项出现频率高于 50%的胜任力要素，并以此奠定正式调研问卷的基础。

表 6 - 1　　　　　　　胜任力要素分布频率

胜任特征	词条频率（%）	胜任特征	词条频率（%）
专业理论知识	78.1	道德品质修养	49.7
语言表达能力	87.8	心理抗压能力	84.3

胜任特征	词条频率（%）	胜任特征	词条频率（%）
熟悉旅游法规	70.4	籍贯	23.8
组织管理能力	75.6	性格开朗	48.5
文学艺术造诣	42.1	敬业精神	70.2
身体素质	41.5	团队精神	75.3
创新能力	46.7	诚信	72.4
自主学习能力	76.7	吃苦耐劳精神	65.3
计算机能力	45.8	纪律精神	43.9
职业规划能力	42.9	适应能力	46.5

6.2.2　数据的收集

结合专家访谈的结果，本书对筛选出的 10 项胜任力要素进行行为描述，形成了文旅融合背景下产业人才胜任力素质调查问卷。正式调研活动在 2021 年 9～10 月进行。问卷调研采取了线上发放和线下发放的两种方式。线上问卷的发放通过的是第三方的问卷调研平台、文旅从业者交流群及公众号推送等途径发放，线下调研则通过书面和实际走访的形式来进行。根据问卷要求，受访者需要对 10 项胜任力要素在 1～10 分的范围内进行评分。10 分表示该特征是文旅融合背景下文化旅游从业者最重要的胜任力特征，1 分则表示此项特征对于文旅融合背景下文化旅游从业者来说重要性最低。本书共计发放了调查问卷 300 份，回收问卷数量为 280 份，其中有效问卷（剔除掉答案明显带有规律性及填写内容不够完整的样本）为 273 份，有效问卷回收率为 91%。其中男性工作者的占比为 41.1%，女性工作者的比例为 59.9%，67.1% 的受访者从事导游等文旅相关工作，23.5% 的受访者从事文化旅游宣传相关工作，从事文化旅游工作的平均时间为 3.2 年。

为了检验问卷的可靠程度，本节采用同质性检验法对回收的有效问卷中各个题目与量表总分之间的相关性、量表共同因素的负荷量进行了数据分析。此外，还对问卷进行了信度、效度检验，以此来评估调查问卷设计的合理性及回收数据的可靠程度。最后对总体特征进行综合研究分析。

6.2.3　使用的统计分析工具

本节运用 AMOS 23.0 和 SPSS 23.0 统计软件对所收集到的数据进行分析和处理，主要采用探索性因子分析与验证性因子分析两种定量分析方法，这样进行调研设计的目的是构建文旅融合背景下产业人才的总体胜任力素质特征。

6.2.4　实证结果分析

1. 胜任力指标的信度分析

从指标的 Cronbach' α 信度分析表 6 - 2 可知，α 系数为 0.895，大于 0.8，说明研究数据具有较高的信度质量。针对"项已删除的 α 系数"，信度系数并不会由于任何一个胜任力要素的删除，而得到明显的增长，因此说明这一胜任力要素不能作删除处理。针对"CITC 值"，所有胜任力要素的 CITC 值均大于 0.4，说明各个胜任力要素之间的相关性良好，这说明本研究是具有良好的信度水平的。

表 6 - 2　　　　　　　　　Cronbach' α 信度分析

胜任力名称	胜任力素质行为描述	校正项总计相关性（CITC）	项已删除的 α 系数	Cronbach' α 系数
专业理论知识	综合掌握人文、地理及经济的基本理论知识和文化旅游服务技能	0.509	0.903	
语言表达能力	能够倾听、思考、接受和理解他人的语言和非语言信息，并运用有感染力的语言进行条理连贯的表述	0.665	0.887	0.895
熟悉旅游法规	熟悉我国文化旅游业的发展方针、政策和法规及职业道德	0.770	0.874	
组织管理能力	能够高效计划、组织、控制和协调一系列文化旅游活动	0.773	0.875	

续表

胜任力名称	胜任力素质行为描述	校正项总计相关性（CITC）	项已删除的 α 系数	Cronbach' α 系数
自主学习能力	能够利用互联网等媒介进行持续有效的学习，提高专业知识与技能	0.658	0.883	0.895
心理抗压能力	能够有效地对逆境引起的心理压力和负面情绪进行适应和调节	0.704	0.881	
敬业精神	热爱文化旅游行业并进行全身心的投入，有着恪尽职守和精益求精的工作态度	0.672	0.885	
团队精神	关心团队整体利益、团结同事并密切配合团队成员完成工作任务	0.734	0.878	
诚信	严格履行和消费者之间的承诺并实践约定	0.636	0.885	
吃苦耐劳精神	有着经受困苦的精神和坚韧不拔的品质	0.551	0.890	

2. 胜任力指标的效度及因子分析

本节使用因子分析对所获的数据，进行信息的浓缩度研究。首先，针对研究数据，进行检验分析，目的是判断，其是否适合进行因子分析。我们由表6–3可得结论，KMO 值为 0.753，大于 0.6，这样的结果显然能够满足因子分析的需要，这表明，研究数据可以被用于因子分析研究。另外，在 Bartlett 球形度检验中，$p < 0.05$，这说明，此研究数据同样适合进行因子分析。

表6–3   KMO 和 Bartlett 的检验

KMO 值		0.753
Bartlett 球形度检验	近似卡方	473.076
	df	265
	p 值	0.000

由结果可知，此处的方差解释率，完全可以表征因子提取情况及因子提取信息量情况。另外，根据表 6-4 可知，问卷数据经因子分析后共提取出 3 个因子，这 3 个因子旋转后相应方差解释率分别为 30.055%、27.528% 和 25.616%，旋转后累积方差解释率为 83.199%。

表 6-4　　　　　　　　　　　　　方差解释率

因子编号	特征根			旋转前方差解释率			旋转后方差解释率		
	特征根	方差解释率（%）	累积（%）	特征根	方差解释率（%）	累积（%）	特征根	方差解释率（%）	累积（%）
1	5.587	55.868	55.868	5.587	55.868	55.868	3.005	30.055	30.055
2	1.853	18.533	74.401	1.853	18.533	74.401	2.753	27.528	57.583
3	0.880	8.798	83.199	0.880	8.798	83.199	2.562	25.616	83.199
4	0.611	6.105	89.304	—	—	—	—	—	—
5	0.336	3.356	92.660	—	—	—	—	—	—
6	0.253	2.531	95.192	—	—	—	—	—	—
7	0.207	2.072	97.264	—	—	—	—	—	—
8	0.156	1.564	98.828	—	—	—	—	—	—
9	0.070	0.698	99.526	—	—	—	—	—	—
10	0.047	0.474	100.000	—	—	—	—	—	—

为了找出因子和研究项之间的对应关系，本节在此处使用了最大方差旋转法（Varimax）进行旋转。旋转后因子载荷系数可以表征因子对于研究项信息的提取程度，同时模型能够反映因子，它和研究项之间的某种对应关系。我们可以从表 6-5 得知，此处所有的研究对象，它们对应的共同度值，全部都大于 0.4，这就表明研究项和因子之间，彼此存在着较强的相关性。故而，从上述的因子之中，可以有效地提取出有用信息。

表 6-5　　　　　　　　　　旋转后因子载荷系数

胜任力素质名称	因子载荷系数			共同度（公因子方差）
	因子 1	因子 2	因子 3	
专业理论知识	0.025	0.935	0.067	0.880
语言表达能力	0.759	0.274	0.258	0.718

胜任力素质名称	因子载荷系数			共同度（公因子方差）
	因子1	因子2	因子3	
熟悉旅游法规	0.423	0.858	0.107	0.926
组织管理能力	0.205	0.630	0.585	0.782
自主学习能力	−0.075	0.714	0.586	0.858
心理抗压能力	0.445	0.100	0.830	0.897
敬业精神	0.370	0.137	0.800	0.795
团队精神	0.476	0.352	0.562	0.667
诚信	0.881	0.086	0.303	0.875
吃苦耐劳精神	0.930	0.014	0.238	0.921

6.2.5　实证研究结论

经过调研与分析，本节认为文旅融合背景下文旅人才胜任力要素由10个维度构成。根据 McClelland 冰山素质模型理论，个人素质可分为水面以上的可见部分和水面以下的不可视部分。相比之下，前者是浅表的，可以通过观察和测量来了解，如个人的知识和技能；后者是潜在的，难以通过观察和测量直接了解。因此，根据文旅人才胜任力要素能否被直接测量，可以将这些要素划分为外显及内隐两部分。

1. 外显胜任力

外显胜任力包括专业知识和职业技能两个维度，专业知识是文旅人才胜任力模型中的核心要素。文旅从业者在实际工作过程中需要运用多种学科知识，包括旅游政策及法律法规知识、景点知识、政治经济及社会学知识、应急救援知识及其他专业理论知识。职业技能是文旅从业者从事实践工作的根本，旅游从业者需要具备高效地进行计划、组织、控制各种文旅活动的能力，而且具备与他人顺畅的沟通交流能力及语言表达能力。与此同时，文化旅游产业的不断融合和数字经济的快速发展会衍生出各类新生事物，因此文旅人才需要掌握快速学习能力。在文旅融合的大背景下，旅游从业者要借助自身的工作实现"以文促旅，以旅彰文"，坚持以文化需求为导向，以合理、丰富、多元、健康的旅游形式，提升游客体验。

2. 内隐胜任力

职业素养和个人品质是内隐胜任力的重要组成部分。职业素养是文旅从业者在工作中表现出的综合素质，具体包括职业荣誉感、职业伦理及组织纪律性等。职业素养是旅游从业者做好本职工作、达成既定目标的内因。正直公平、诚信负责、吃苦耐劳、坚持不懈、自信乐观等品质是一个人道德水平的综合反映。正直公平、诚信负责是为人处事的基本准则，更是文旅从业者必备的重要品德。文旅从业者工作量大且比较辛苦，这就对从业者吃苦耐劳和坚持不懈的品质提出了要求。同时，旅游项目的管理和顺利运营涉及多个方面的内容，需要不同部门的工作人员之间进行密切的配合，因此，文旅从业者要具备较强的团队合作意识，保证工作的顺利进行。旅游从业者需要在实践中不断学习，不断进步，从而不断提高其职业素养，提高个人竞争力并创造个人品牌。文化和旅游产业的不断融合对从业者外显和内隐两方面的胜任力提出了更高的要求，这两方面的胜任力相互作用、互相影响。文旅从业者应注意提高这两方面的素质，提高旅游者的体验，促进文化行业和旅游行业的融合发展。

6.3　各类文旅人才胜任力体系指标构建

在上文分析论证的基础上，本节拟继续深入探讨各类文旅人才的胜任力素质指标，并构建以文旅产品策划人才为重点的胜任力模型。

6.3.1　创意创造人才

创意生成环节是整个文旅产业价值链的起点，关于位于这一环节上的文旅创意创造人才胜任力素质的研究也最为丰富和集中。文旅创意的生产者（文旅研发人才）位于创意产业价值链的高端，这是因为创意类产品服务，它的主要增值部分，其实就体现在其原创性的知识中。这类人才的主要工作就是开发新创意，并能够将创意体系化地表达给文旅产品的生产者，以此作为文旅产品的蓝本和雏形。这就要求此类人才首先要具备深厚的文化艺术素养，包括文化艺术领域的知识、技能积累和长期的专业训练中养成的审美功底。创意创造人才的创意创作并不是一次性的，而是持续性的，而且不同的创意往往领域跨度大，素材和灵感也来源广泛。为了保持源源不断的创作能力，需要这类人才有广泛的兴趣和旺盛的想象力，掌握文旅作品与服务所涉及的交叉学科知识，还要有持续学习和观察领悟的能力。除此之外，看待问题的独特视角、敢于打破常规的开拓和质疑精神、对于不同观点的包容性以及创新能力也是持续进行创意开发的必要素质。最后，作为文化工作者，需要创意创造人才对工作抱有热情，意识到自身承担的社会责任，对文化导向有前瞻意识，有高尚的艺术追求和人文关怀。

由于学界已有一些关于此类人才的分析，本节主要通过文献研究的方式，总结前人学者的既有观点与招聘广告中的文本描述，并结合以上论证，提出创意创造人才的胜任力指标24个，并将其划分为文化艺术素养、创意创作能力和创意态度三个维度，所构建的胜任力特征指标体系如表6-6所示。

表6-6　　　　　　　　创意创造人才胜任力特征指标体系

一级维度	胜任力指标	胜任力层次
文化艺术素养	专业知识、学习能力、交叉学科知识、审美功底	"冰山"以上部分
创意创作能力	兴趣、想象力、独特视角、创新能力、创意表达能力、开拓精神、观察力、领悟能力、包容性、质疑精神、团队合作、沟通能力	
创意态度	热情、诚信、毅力、责任意识、前瞻意识、艺术追求、成就导向、人文关怀	"冰山"以下部分

6.3.2　策划设计人才

在国内至今仍缺少对文旅产品策划设计人才的专门研究，而这类人才是实现从文旅创意到产品服务的价值转化的关键人才，因此也是本书的重点所在。此类人才所从事的工作，其实是创意创作和产品开发的复合。一方面，要在文旅创意研发人才进行创意创作时助力其拓展创意空间、激发其灵感，并以市场需求为导向对其创作方向进行适当引导，然后充分把握和吸收内容生产者的创意；另一方面是将所形成的创意转化成商业价值，也就是文旅产品设计与开发的工作，在此过程中要明确产品的文化内核、鉴别其审美价值和市场价值，并在将创意价值注入产品的过程中进行卖点设计。

鉴于针对此类人才胜任力素质的专门研究比较欠缺，本节通过开放式问卷、招聘广告关键词分析、关键事件访谈和相关文献研究相结合的方法提出文旅产品设计策划人才的胜任力特征指标，初步建立模型，然后通过问卷调查和统计分析软件进行实证分析，最终确定其胜任力特征模型。具体研究内容将在后面部分专门展开。

6.3.3　经营管理人才

文化旅游产品的营销推广是影响到其能否成功得到市场认可，并以盈利来反哺创意研发的关键环节。文旅经营管理人才的工作职责是负责创意产品、服务的经营管理，最终实现创意成果的价值增值，他们是推动文旅创意产业化的关键力量。他们需要通过努力发现市场需求和产品的消费趋势，并把文旅产品通过各类渠道传播到消费者那里，实现从文旅产品到经济价值的最终转化。由此可见，这类人才本质上是具有一定管理能力的产品营销人才，因此，出色的营销和管理能力是其必备素养，具体包括敏锐的市场洞察力、质量意识、公关能力、对客户的服务意识、组织管理能力等。此外，由于涉及价值转化与利益变现，这类人才还需要具备与利益相关者的谈判能力、强大的沟通能力以及团队合作能力，本书将此类素质归结为市场营销与组织能力。

虽然同样是营销工作，但是文旅产品不同于一般产品，如果没有一定的文化艺术素养和审美功底，从业者很难对所经营的文旅产品有充分的了解。因此，此类人才同样需要具备审美辨别力、文化知识储备和对文旅内容进行渲染推广的能力（即文化旅游营销力）。在基本的营销能力和文化功底之上，此类人才还需深谙文旅产业运作规律，因此要求其具备丰富的文旅行业经验，拥有能够助推产品审核及推广的文化界人脉资源，以及具备对政策热点的把握能力和知识产权的保护意识（即政策运用力）。本书将上述素质归结为文旅行业专门能力。

相比于其他产业，文旅产业的独特性在于高度的不确定性和涉及大量的知识产权。因此，需要文旅经营管理人才有很强的执行力和风险承受力；在面对利益诱惑时要恪守公平、正直等原则，实施良好的自我控制，具备良好的创意人格。通过对现有文献的梳理和对大量招聘广告词条的提取，结合以上论证，本节提出文旅经营管理人才的胜任力指标共计26个，并将其归结为市场营销与组织能力、行业专门能力和创意人格三个维度，具体见表6-7。

表6-7 文化经营管理人才胜任力特征指标体系

一级维度	胜任力指标	胜任力层次
市场营销与组织能力	服务意识、组织管理能力、个人影响力、谈判能力、质量意识、分析性思维、公关能力、沟通能力、风险意识、市场敏锐度、团队合作能力	"冰山"以上部分
行业专门能力	文化行业经验、审美辨别力、文化界人脉资源、文化营销力、政策运用力、文化知识储备、资源整合能力	
创意人格	执行力、遵守规则、风险承受力、责任心、正直、诚信、公平性、自我控制	"冰山"以下部分

6.4 产品设计策划人才胜任力模型的构建

正如前文所述，目前国内对于文化产业、文旅产业人才胜任力的研究或通过深度访谈、案例分析等质性研究方法对人才胜任力特征进行归结，进而构建胜任力特征模型；或采取以问卷调查为主要形式的实证的分析方法，即通过发放事先设计好的问卷，以此来收集数据，使用统计软件进行因子分析或层次分析，对胜任力指标进行归类并提取一级维度。本书认为，相比于主观构建模型，在大样本调研基础上确定特征指标，通过因子分析构建模型这一流程更具备客观性和逻辑的严谨性，因此本节以目前研究涉及较少的文旅产品设计策划人才为对象，通过文献检索和广告文本研究，结合专家意见和关键事件访谈，试图编制调查问卷，进而对问卷数据进行因子分析和信、效度分析，并借此构建胜任力特征模型。

6.4.1 研究设计：胜任力指标构建与问卷编制

本节通过以下步骤进行文旅产品设计策划人才胜任力指标的构建与调研问卷编制：（A）文献研究。在中国知网平台对"文化产业人才""文化/旅游人才""人才胜任力/胜任特征""素质模型"等关键词，将其输入引擎，进行检索，这样之后搜集到有关文旅产业人才胜任力研究的文献 27 篇，其中涉及产品设计策划人才的仅有 3 篇文献，但由于部分工作内容性质相近，有关文旅创意人才和产业经理人的文献也可以用作参考。最终通过对 27 篇文献资料的研究，共提取有关文旅产品设计策划人才的胜任力特征要素 17 项。（B）进行招聘广告文本分析。在智联招聘、BOSS 直聘、前程无忧、猎聘、实习僧等招聘网站上检索文化旅游产品相关人才的招聘广告，筛选出 196 份广告资料，通过梳理岗位要求的高频关键词，共获得胜任力特征要素 15 项。（C）由于有关此类人才的直接研究数量不足，为保证胜任力特征归纳的全面性和准确性，本节对 3 名相关领域专家发放了开放式问卷，获取胜任力指标 21 项；并对 5 名从业人员按照已经编制好的"行为事件访谈纲要"进行关键事件访谈，并进行编码，提取胜任力特征指标 30 项。（D）将上述步骤得出的胜任力词条进行合并和增删，编制出初步问卷，并进行小范围的预调研，共回收到有效的问卷计 31 份。按照预调研的结果，对相关专家进行咨询，凭此对问卷进行完善，对词条内涵进行阐释。最终，通过问卷预调研、开放式问卷发放与回收、关键事件访谈和专家小组讨论，共提取出 44 项胜任力特征，并据此编制出正式的文旅产品设计策划人才胜任力特征调查问卷。词条编号和内涵解释如表 6-8 所示。

表6-8　　　文化产品设计策划人才胜任力词条编号与内涵解释

A1	文化艺术素养	较强的文化艺术功底和一定的创作能力
A2	持续学习能力	持续拓宽知识面、掌握前沿知识和资讯的能力
A3	审美辨别力	准确辨析和评价文旅产品创意审美价值的能力
A4	创意创新能力	不断产生新创意的能力
A5	跨界思维	不断借鉴融合新形式、新元素、新业态进行产品生产的思维方式

A6	专业设计能力	自身能够进行文旅创意生产和产品设计的能力
A7	政策运用力	捕捉政策热点，并将其应用到产品开发的能力
A8	独特视角	善于跳出思维定式、从不同的角度看问题的能力
B1	交叉学科知识	市场营销、心理学、社会学等有关产品设计和推广的相关知识
B2	文化营销力	对文旅产品进行前期市场调研和后期营销推广的能力
B3	创意价值鉴别力	识别判断创意生产的创意所具备商业价值的能力
B4	创意控制能力	在必要时对创意生产者进行管理，控制其创意导向的能力
B5	创意激发 与引导能力	激发内容开发者的创作灵感，并以市场需求进行引导的能力
B6	文化界资源与经验	拥有帮助产品创作、审核和市场推广的业内资源（人脉）和经验
B7	谈判能力	与创意生产者和产品生产者以及其他利益相关者协商谈判的能力
B8	公关能力	维护在利益相关者和政府心目中的形象，并与其打造良好关系的能力
B9	沟通协调能力	与创作者及其他利益相关者进行协调，处理矛盾、达成目的的能力
B10	直面问题	正面处理利益冲突、突发事件的意识
B11	市场洞察力	敏锐捕捉市场动向、把握消费者需求变化的能力
B12	资源整合能力	在关键节点高效调动相关资源，促成产品生产和推广的能力
B13	适应变化	迅速适应不同创作者风格、市场变化和政策变动的能力
B14	组织管理能力	领导和管理运营团队的能力
B15	战略思维	前瞻性地决定产品创作和生产方向，凝结团队的能力
B16	风险意识	识别并规避文化产品的内容、盈利、政策等各方面风险的能力
B17	灵活性	灵活变通处理问题的能力
B18	个人影响力	利用人格魅力和专业功底，影响创作者和利益相关者的能力
B19	信息处理能力	准确梳理和凝练海量信息，并进行传输和利用的能力
B20	领悟转化能力	准确把握创作者意图，并将其转化进产品设计中的能力
C1	开拓精神	敢于尝试新鲜领域和新的产品形式、开拓新市场
C2	团队精神	团队目标为重，善于与运营团队合作达成目标，注重维系团队

C3	风险承受力	能够承担产品开发失败或市场反响不佳的风险
C4	包容性	包容并合理吸取相异的创意、团队意见和受众反馈
C5	质疑精神	敢于挑战权威，打破思维定式，思考现有创意的不足
C6	自信心	对自己的判断和产品前景能够保持信心，坚定信念
C7	抗压能力	能够承受来自各方利益相关者的压力并正常工作
C8	诚信正直	在创意转化和产品开发中具有守诺、履约、无欺的素养
C9	认真专注	工作中能够专注和投入
D1	成就导向	追求工作的成就感，将成就感作为重要的激励因素
D2	主动性	工作中有较强的自驱力
D3	兴趣	兴趣广泛，善于从不同事物中吸取灵感
D4	耐心	任何情况都能够耐心完善产品
D5	对产品的认同感	认同所开发的产品，并培养其他人的认同感
D6	职业操守	对开发者的创意、产品生产、目标受众和社会影响有责任感
D7	客户服务能力	将客户体验放在第一位，所有工作都是为了服务好客户

146

正式问卷主要分为两部分：第一部分是受访者个人信息，以及其所在单位的基本信息，具体而言包括其年龄、所在行业、所在城市、性别、受教育背景、迄今工作年限、所在公司性质和公司具体成立年份。第二部分是文化旅游产业创意人才素质的重要性评价。在该部分中，44项质量被分为四个维度，每个维度都包含了若干个质量维度的具体特征，对每个质量特征都采用 Likert 5 – point 量表的标准化提问方法各项胜任力特征的重要程度进行评价。

6.4.2 正式调查

本次研究面向两类调研对象：一是文旅创意产业从业者；二是具有实际从业经验或者企业项目咨询经验的文旅创意相关专业高校教师。地域主要选择北京、上海、重庆、天津、南京、苏州、广州、深圳、杭州、成都、青岛、济南等文化产业增加值较高的城市。本次调查共回收有效问卷356份。其中男性比例53%，女性比例47%，教育程度方面，本科及以上占 100%，从业人员占比 83%，高校教师占比 17%，企业民营性质占 75%，工作年限五年以上占 36%，所在行业主要分布在文化创意文化设计服务、文化休闲娱乐、旅游景区开发管理三个行业。从样本的背景信息看，具有一定的代表性。本节采用 SPSS 23.0 进行探索性因子分析，以此来构建胜任力特征模型，随后对其进行信度分析；采用 AMOS 23.0 进行效度分析，对构建的模型进行验证。

6.4.3　结果分析

1. 探索性因子分析与信度分析

在进行探索性因子分析之前，首先按照问卷第二部分各项指标重要性评价的最终结果，删除得分明显偏低的 5 项指标，再利用 SPSS 23.0 软件进行各项指标之间的相关性分析，在此基础上删除了 4 项相关性不显著的指标，最终保留 35 项胜任力指标。然后对保留的 35 项指标进行 KMO 和 Bartlett 球形度检验，结果显示，KMO 值为 0.961，Bartlett 球形度检验的 $\chi^2 = 7090.074$（$df = 595$，$p < 0.01$），这说明运行结果非常适合进行探索性因子分析。在以上步骤基础上，进一步使用主成分分析法，对数据进行因子分析，得到旋转成分矩阵表（见表 6 - 9），最终共提取四个特征值大于 1 的因子 F1、F2、F3、F4，它们的累计方差解释率为 65.598%，并且经过旋转后的绝大多数因子载荷大于 0.5，各因子下的指标归属见表 6 - 10。根据四个因子下的胜任力指标归属，经过与专家小组的讨论，决定将因子 F1 命名为创意商业化能力，F2 命名为文旅创意能力，F3 命名为创意人格，F4 命名为创意动机。根据探索性因子分析结果和冰山模型，构建文旅产品设计策划人才的胜任力特征模型。

表 6 - 9　　　　　　　　　　旋转成分矩阵

胜任力特征	F1	F2	F3	F4	克隆巴赫 Alpha 系数
谈判能力	0.746				
公关能力	0.699				0.951
战略思维	0.691				
组织管理能力	0.690				

147

胜任力特征	F1	F2	F3	F4	克隆巴赫 Alpha 系数
文化界资源与经验	0.677				
文化营销力	0.672				
资源整合能力	0.655				
市场洞察力	0.618				
交叉学科知识	0.616				0.951
创意控制能力	0.604				
客户服务能力	0.552				
沟通协调能力	0.523				
灵活性	0.482				
创意激发与引导能力	0.478				
持续学习能力		0.796			
审美辨别力		0.756			
创意创新能力		0.745			
文化艺术素养		0.738			0.912
跨界思维		0.708			
独特视角		0.620			
专业设计能力		0.582			
团队精神			0.708		
包容性			0.693		
风险承受力			0.680		
风险预判			0.597		
诚信正直			0.567		0.926
开拓精神			0.563		
适应变化			0.553		
直面问题			0.551		
职业操守			0.507		
兴趣				0.758	0.859
成就导向				0.648	

148

胜任力特征	F1	F2	F3	F4	克隆巴赫 Alpha 系数
耐心				0.627	
主动性				0.589	0.859
对产品的认同感				0.578	
特征值	18.210	2.060	1.443	1.246	
累计方差解释率（%）	52.028	57.914	62.038	65.598	0.973

表 6-10　　　　　　　文化产品设计策划人才胜任力特征模型

一级维度	胜任力指标	胜任力层次
创意商业化能力	谈判能力、公关能力、战略思维、组织管理能力、文化界资源与经验、文化旅游营销力、资源整合能力、市场洞察力、交叉学科知识、创意控制能力、客户服务能力、沟通协调能力、灵活性、创意激发引导能力	"冰山"以上部分
文旅创意能力	持续学习能力、审美辨别力、创意创新能力、文化艺术素养、跨界思维、独特视角、专业设计能力	
创意人格	团队精神、包容性、风险承受力、风险预判、诚信正直、开拓精神、适应变化、直面问题、职业操守	"冰山"以下部分
创意动机	兴趣、成就导向、耐心、主动性、对产品的认同感	

在进行探索性因子分析后，进一步使用 SPSS 23.0 软件进行信度分析。从模型的信度分析结果来看，总量表的 Cronbach's Alpha 系数达到 0.973，四个因子的 Cronbach's Alpha 系数分别达到 0.951、0.912、0.926 和 0.859（见表 6-9），均位于理想区间内，说明量表有非常好的信度。

2. 验证性因子分析

本节采用 AMOS 23.0 软件，利用结构方程模型，对于经过探索性因子分析得出的模型，来开展效度检验，分别得到结构效度、聚敛效度和区分效度如下。

由表 6-11 可知，卡方自由度比值（CMIN/DF）为 2.514，此值小于 3，近似均方根误差（RMSEA）为 0.077，此值小于 0.08，可见，这两项关键指标位于较为理想的区间；GFI、AGFI 大于 0.7，IFI、TLI、CFI 接近 0.9，在大样本下，处于良好区间，接近理想状态。总体来看，模型整体适配良好，具有较好的结构效度。

表 6 - 11　　　　　　　　　　整体拟合系数

CMIN/DF	RMSEA	GFI	AGFI	IFI	TLI	CFI
2.514	0.077	0.764	0.731	0.878	0.869	0.878

由表 6 - 12 可知，创意商业化能力、文旅创意能力、创意人格、创意动机四个潜变量对应各个指标的因子载荷均大于 0.6，绝大多数大于 0.7，说明各个潜变量，它们所对应的所属指标，都具有很高的代表性。另外，上述各个潜变量的平均方差变异（AVE）均大于 0.5，同时，组合信度（CR）均大于 0.8，这就说明了模型的聚敛效度是十分理想的。

表 6 - 12　　　　　　　　　　聚敛效度

路径			Estimate	AVE	CR
D7	<---	F1	0.694		
B17	<---	F1	0.766		
B15	<---	F1	0.822		
B14	<---	F1	0.810		
B12	<---	F1	0.793		
B11	<---	F1	0.717		
B9	<---	F1	0.803		
B8	<---	F1	0.819	0.584	0.951
B7	<---	F1	0.829		
B6	<---	F1	0.693		
B5	<---	F1	0.678		
B4	<---	F1	0.737		
B2	<---	F1	0.774		
B1	<---	F1	0.737		

路径			Estimate	AVE	CR
A8	<---	F2	0.728		
A6	<---	F2	0.762		
A5	<---	F2	0.791		
A4	<---	F2	0.791	0.603	0.914
A3	<---	F2	0.765		
A2	<---	F2	0.815		
A1	<---	F2	0.781		
C1	<---	F3	0.702		
C2	<---	F3	0.798		
C3	<---	F3	0.774		
C4	<---	F3	0.710		
C8	<---	F3	0.743	0.584	0.926
B10	<---	F3	0.801		
B13	<---	F3	0.793		
B16	<---	F3	0.809		
D6	<---	F3	0.737		
D1	<---	F4	0.674		
D2	<---	F4	0.730		
D3	<---	F4	0.734	0.549	0.859
D4	<---	F4	0.772		
D5	<---	F4	0.789		

由表 6 - 13 可知，这里的四个一级维度之间，它们均具有显著的相关性（p < 0.01），另外，维度的相关性系数，它们均小于 0.5，并且，它们均小于所对应的 AVE 平方根，这样的结果说明了各个潜变量之间，它们具有一定的相关性，并且，它们彼此之间具有一定的区分度，因此模型的区分效度理想。

表 6 – 13   区分效度

	F1	F2	F3	F4
F1	0.584			
F2	0.28 **	0.603		
F3	0.362 **	0.226 **	0.584	
F4	0.314 **	0.222 **	0.261 **	0.549
AVE 平方根	0.764	0.777	0.764	0.741

注：** 代表 p 值小于 0.01；对角线为 AVE，评价方差变异抽取量。

综上所述，通过探索性因子分析得到的模型通过了效度检验，表明4 因子 35 要素模型在各方面都具有良好的效度。据此可认为，本节构建的文旅产品设计策划人才的 4 维度胜任力特征模型得到了良好的验证，可以用来表示文化产品设计策划人才的胜任力。

6.5　本章小结

本章基于产业价值链理论和胜任力理论，在系统总结前人研究的基础上，确定了支撑文旅价值链有效运行的三类关键人才，即创意、创造类人才、创意产品的策划设计人才和创意产业的经营管理人才，并通过文献研究法、专家访谈等构建了基于冰山模型的创意创造人才（3 维度，24 指标）与经营管理人才（3 维度，26 指标）的胜任力特征模型。为弥补现有研究的空白，本节在大量文献研究和问卷调查的基础上，利用探索性因子分析和验证性因子分析的方法，构建了文旅产品设计策划人才的 4 维度 35 项指标的胜任力特征模型。其中创意商业化能力包括组织管理能力、文化界创意与资源、创意激发与引导能力等 14 项指标；文旅创意能力包括审美辨别力、创意创新能力、文化艺术素养等 7 项指标；创意人格包括团队精神、开拓精神、包容性等 9 项指标；创意动机包括兴趣、成就导向等 5 项指标。根据"冰山模型理论"，创意商业化能力与文旅创意能力位于"冰山"以上部分，这两项能力体现了文化产品设计策划人才的"复合"特征，即创意生成与产品策划、营销的复合。这两个维度是较容易测量的，在能力上能否实现两种能力的"复合"，是区分高低绩效的关键，也是培养和选拔此类人才的重点。创意人格和创意动机位于"冰山以下"，难以测量，不易改变，但却是高低绩效的深度成因。对于这种特质的选拔和培养，需要企业管理者和教育部门的深度观察和积极行动。

根据文旅产品设计策划人才的胜任力特征模型，可以推演出优秀的文旅产品设计策划人才应该具备的胜任力素质。第一是商业化与组织能力，这是此类人才区别于其他文旅产业人才的重要能力，在将文旅创意转化成商业价值的过程中，需要不断与各方利益主体进行矛盾协调、资源整合；并且需要其深谙消费者心理与文旅市场规律，拥有将文旅创意与消费者需求融合的综合能力；还要善于管理产品开发团队，对文旅创意生产者进行适当引导。第二是扎实的文化艺术功底，一名优秀的文旅产品开发者首先自身要有一定的创意开发能力和审美辨别力，才能发掘好的文旅创意作为商品的蓝本，在此基础上，要具备跳出文化框架的跨界思维和独特视角，看到其商业价值。第三，在人格维度上，需要有多元包容性，对快速变动的市场有风险承受力和开拓精神，在面对商业利益与涉及版权的实务时要秉持诚信正直的人格，恪守职业品德。第四，与工作动机直接相关的自驱性因素，如广泛的兴趣、对产品的认同、追求成就等。

153

第7章 文旅人才的效能发挥机制

本书第2、第3、第4章分别从文化与旅游的概念边界界定，两者之间的关系及融合的内在逻辑，我国文旅融合发展现状及问题，基于产业价值链环节交叉融通的文旅融合模式等方面对文旅融合现象进行了系统探讨，在此基础上对于分处于不同模式、不同价值链环节的人才进行分类，对其特征进行粗略总结，并在此基础上构建更为科学严谨的胜任力模型。胜任力模型是指导文旅人才获取、培养、开发、评价、管理等工作的基础，但需注意的是，仅仅构建文旅人才胜任力模型尚不足以对于文旅人才的管理给予充足的指导，文旅融合背景下最大限度发挥产业人才的支撑促进作用，尚需对于文旅人才的作用发挥机制进行系统分析。随着文化与旅游产业的深度融合，伴随着新业态的出现而产生的新型创意人才（亦即文旅产业人才）的职业特征要求势必会对从业人员带来挑战，在这种挑战下，如何激发文旅人才的工作效能，促使其产生高质量的工作投入，应是学界与业界十分关切的问题，是确保文旅融合高质量持续发展的关键，同时也是本书关注的重点。

根据人职匹配理论，全新的、极具挑战性的职业特征除了对员工起到激励作用，使其感受到更强的工作意义感之外，也使其面临应对挑战的压力。为了更好地适应变化了的职业特征要求，文旅人才需要自发地对于工作的内容、完成方式、节奏、角色认知等进行重新的思考与设计，亦即通过"工作重塑"活动来提高自身特质与工作要求间的匹配度。经过工作重塑的文旅人才有更大概率体验到比较明确的自我工作效能感，从而促使其以更强的热情活力，更为专注地投入到工作中去。因此，本章采用实证分析方式，将文旅融合发展所引致的新型产业人才职业特征设为自变量，将文旅人才的工作投入设为因变量，并将工作重塑设为中介变量，试图探讨和验证新型工作特征借由工作重塑的作用对文旅人才工作投入产生影响的路径机制。需要注意的是，作为一种自下而上的创新行为，工作重塑的进行往往伴随着差错和风险，此时组织内部是否存在一种开放而宽容的环境氛围关系到员工能否获得足够的心理安全感，从而将重塑效果的不确定性看作是修正工作的契机。基于以上考虑，本章将包容型组织氛围设为调节变量，考察其在新型工作特征对于文旅人才工作重塑影响过程中所发挥的调节控制作用。

7.1　文旅融合背景下新型产业人才的工作特征与工作投入

7.1.1　新型工作特征产生的背景

正如前文所述，文化与旅游的融合是一个头绪纷繁的复杂课题，学术界较为统一的认知是它牵涉到多个层次、多个领域，如资源融合、产品融合、产业融合、市场融合、生态融合等。本书认为，从产业融合角度来看，文旅融合的实质其实是产业价值链环节的整合与融通。旅游行业中那些专门负责开发、利用文化资源，使其为旅游活动来服务的企业，其在本质上，是属于文化产业的；同时，文化产业中，那些主要生产一些供旅游者参观、游览、鉴赏的产品、服务的企业，它们又发挥着旅游的作用。这里的关键是秉持产业链的"整合延伸，集聚互补"的机制，尝试通过匹配文化及旅游产业价值链的契合点、融合点，促使两者在彼此交叉，或是相接近的部分，能够融合发展，是实现文旅融合的内在机制与必要手段。依据前文的分析，文化产业价值链由创意生成、文化产品设计和生产制作、市场营销与推广、消费者服务四个环节组成，根据在产业价值链上作用与分工的不同，文化产业人才包括创意研发人才、文化经营管理人才、文化产品设计策划人才等，几类人才在具备不同胜任力特征的同时，也体现出创意人才的共性特征。

本书第 4 章论及，与文化产业类似，旅游产业价值链也可被划分为上游的旅游总体规划开发、旅游产品服务策划生产，中游的旅游产品的分销、旅游信息的传播和游客空间的转移，及下游的旅游产品、服务的消费等部分。文化与旅游产业价值链，两者有许多环节存在相似、交叉的情况，这两大价值链，它们通过交叉重构、内部整合、彼此渗透等方式，使文旅融合呈现出"文化＋旅游"的延伸型、"旅游＋文化"的渗透型及"文旅＋其他"的重组型等模式与业态。新业态下的文旅人才虽然仍体现出工作的高度创意性，但在文旅融合的产业背景下，这一新型创意人才（文旅创意人才）又呈现出与传统意义上的创意人才不同的工作特征。

追根溯源，将创意引入生产领域的尝试始于 20 世纪 60 年代，不少学者认为，如果能够有效地将创意融入产品或服务，势必能为企业带来更高的附加值，因此，通过创意来驱动经济发展的观点逐步得到认可。创意的提出和应用离不开拥有创意的人，因此学界也渐渐开始关注应用创意取得工作产出的人群，他们先后从工作内容、特质、类型和人群的学历程度等方面着手，最终比较一致地提出，创意人群是具有独特性格特征，拥有丰富想象力和创造力，能够将知识转化为生产力的高学历人员。在本世纪初，学者理查德·佛罗里达（Richard Florida，2001）在以上研究基础上提出了"创意阶层"（creative class）概念，他在著作中指出，创意阶层是有着较高的教育程度、独特的生活方式和多样化的价值取向的年轻群体，这个群体普遍拥有较高的抗压能力和较强的创新意识，他们普遍具有实现自我价值的强烈意愿。这一概念及其分类得到广泛认同，但在引入我国后，由于中外文化差异和研究惯例，学者们倾向用"创意人才"替代"创意阶层"。创意人才的工作特征在文化创意产业从业者身上得到较好的体现，文旅融合的时代背景则又赋予了文旅人才这一新型创意人才更为独特的工作特征。

7.1.2　文旅创意人才工作特征与其工作投入

工作特征一般是指工作本身和那些与工作相关的因素或者属性。这一结构源于泰勒（Taylor，1952）提出的"科学管理"四项原则，即工作专业化、系统化、简单化和标准化。特纳和劳伦斯（Turner & Lawrence，1965）通过对近 500 名员工的访谈，归纳出灵活自主、沟通互动、工作内容多样性、专业技能要求、行业知识要求和岗位职责这 6 项基本工作属性。在此基础上，J Hackman 和 Hackman Oldham（1976）提出了工作特征模型，并总结了工作特征的几个核心维度，包括工作技能的多样性（Skill variety）、工作任务的完整性（Task identity）、工作任务的重要性（Task significance）、工作的自主性（Autonomy）、工作效果的反馈（Feedback）等，技能多样性是指工作需要不同类型活动的程度，从而决定了员工技能和能力的多样化程度。任务完整性是指一份工作的完成需要完整地完成任务的程度。任务重要性是指该项工作对于组织内外部的其他人，他们的生活或工作的影响程度；工作自主权是指从事工作的员工，他们在组织工作内容、确定工作计划的时候，其所拥有的自由度与独立性。工作反馈是指员工在完成自己所承担的工作任务过程中，对自己的工作表现所得到的直接而明确的反馈。该模型影响深远，成为组织进行工作设计的理论基础。随后西姆斯（Sims，1976）等在此模型基础上开发出较为完善的量表，并经过实证分析总结出多样性、自主性、反馈性、合作性、任务清晰和友情获取机会 6 个核心工作特征。

　　1990 年，卡恩（Kahn）首先提出了个人参与工作的概念，将个人参与定义为组织成员能够切实而充分地融入自己的工作角色，并且能够充分而自由地表达自己的一种状态。通过深入访谈、研究，卡恩发现，在工作中投入的人：他们在任务中身体是活跃而警觉的，认知是警觉和专注的；在情感上，他们能够在工作中表达自身的想法和感受，能够表现他们的创造力、信仰和价值观，能够在工作中与他人感同身受，并建立良好的个人关系。卡恩的工作投入概念明确指出了三个维度——身体、认知和情感——并认为这种状态，它在很大程度上会受到三个心理上的前提条件的影响：那就是意义感、安全感和可获得性①。在此基础上，Maslach 和 Leiter（1997）将工作投入作为工作倦怠的对立面，并且使用工作倦怠测量的相反分数来评估工作投入。Schaufeli 等（2002）认为工作投入，这是一个比"工作倦怠的对立面"更加复杂的概念，认为工作投入是一种积极、充实、持久、普遍的情绪认知状态，具体表现为三个因素，即活力、奉献和专注。

　　以上关于工作特征与工作投入的研究成果为本节核心变量的分析提供了重要基础。根据佛罗里达（2001）的研究，创意人才这一概念主

---

　　①　Kahn W A. Psychological conditions of personal engagement and disengagement at work. *Academy of Management Journal*, Vol. 33, No. 04, April 1990, pp. 692 – 724.

要由比较年轻的群体构成，与那些传统产业的从业人才相比，这一群体在人格个性、心理特征、行为模式、价值观念等方面都存在诸多鲜明特征，如创意人才普遍崇尚较为灵活、宽容的工作环境，具有明显的创新意识，期望通过创新创造来实现个人价值，需要与同事协同合作，在反馈和沟通中获取新知识，并通过重组新知识产生新创意等。在文旅融合的战略背景下，随着产业价值链的交叉组合，作为文旅产业从业者的新型创意人才表现出在文化与旅游相关知识技能上的复合性，其工作特征相应地也与传统文化创意人才与旅游人才工作特征产生了一定的差异，结合上文关于工作特征模型的分析，本书认为新型创意人才的工作特征可以总结为"文化旅游创意交叉""创意转化""反馈协调"与"自主性"四个方面，当这些核心工作特征契合新型创意人才的需求时，他们将会表现出高度的工作热情，实现高程度的工作投入。

关于文旅人才的新型工作特征的要点可归纳如表 7 - 1 所示。

表 7 - 1 文旅人才的工作特征

工作特征维度	特征维度在文旅人才工作中的具体表现
内容多样性	主要体现为文化旅游创意交叉，文旅产业的交叉融合需要大量既懂文化产业知识，又了解旅游知识，能够跨领域进行策划与管理活动的复合型人才，需要产业人才将他们在文化经营与旅游开发管理方面的创意思维进行交叉整合
任务完整性	主要体现为文旅人才的创意转化。各种文旅融合模式都需要文旅人才将新颖的创意进行商业转化，使其能够在成熟的文创产品、影视动漫作品、旅游景区、旅游商品中直观地体现出来，为消费者所接受
协调与反馈	主要体现为文旅人才与组织内外的人员进行沟通协作，以此确保任务的完成。来自组织、上级、同事、同行的反馈可能含有重要信息，能够帮助新型的创意人才突破工作中的各种难题，新型创意人才也可从这种反馈中，了解到自身能力与工作要求之间的差距
工作自主性	体现为文旅创意人才希望运用新思路、新方法取得创新成果的自主要求，注重人才的主观能动性，它在创新、创造各类活动中的作用。相比于普通员工，新型创意人才更注重对工作方式、时间、节奏、地点的选择和控制

具体来说，"文化旅游创意交叉"体现的是工作特征模型中的技能多样化维度。文旅产业的交叉融合需要大量既懂文化产业知识，又了解旅游知识，能够跨领域进行策划与管理活动的复合型人才，需要产业人

才将他们在文化经营与旅游开发管理方面的创意思维进行交叠整合，而伴随着工作技能的多样化需求，新型创意人才能够经常体会到工作带来的新鲜感与挑战性，从而产生较高程度的工作活力与专注度。"创意转化"体现的是任务完整性与重要性两维度。"文化是旅游的灵魂，旅游是文化的载体"，无论是"文化 + 旅游"的内容延伸型融合模式，还是"旅游 + 文化"的渗透型融合模式，都需要文旅人才将新颖的创意进行商业转化，使其能够在成熟的文创产品、影视动漫作品、旅游景区、旅游商品中直观地体现出来，为消费者所接受，这一方面体现出新型创意人才运用多种技能应对复杂而完整的工作的特征，同时也是其工作对于文旅深度融合发展重要性的表现。相应地，任务越是多元化，员工就越能意识到工作的意义，因此在工作中投入更多的努力，表现出高水平的工作奉献。

工作自主性同样是激发新型创意人才工作投入的重要方面。根据德西和瑞安（Deci & Ryan，2000）提出的自我决定理论，能力、关系和自主是组织成员的主要心理需求，当这些需求得到满足后，个体内部动机得到强化，员工的归属感、责任感与工作绩效相应得到提升。文旅创意人才具备创意人才的共性特征，希望运用新思路、新方法取得创新成果，对工作环境有较高要求，注重人的主观能动性在创新创造活动中的作用，他们认为，过多的规则和过紧的束缚都会抑制创新灵感的激发，相比于普通员工，创意人群更加注重对工作方式、时间、地点的选择，这一特征的满足能够很好地激发员工的工作活力。

上文提到，新型创意人才需要具备文化旅游交叉创意的能力，需要将创意思维进行商业性转化，技能的多样性与任务的复杂性决定了新型创意人才需要与组织内外的人员进行沟通协作，才能确保任务的完成。来自组织、上级、同事、同行的反馈可能含有重要信息，能够帮助新型创意人才突破工作难题，新型创意人才也可从反馈中了解到自身能力和工作具体要求之间的差距，从而产生强烈、有效的工作投入。实际上，Shalley et al.（2004）通过研究证明，当个体从事复杂的工作（即自主性、反馈性、重要性、完整性和多样性较高的工作）时，会产生更强的工作意义感和创新行为，并验证了如果给予更多的发展反馈，员工会表现出更大的工作热情。王端旭和赵毅（2011）也验证了工作自主性，以及技能多样性这两个特定的工作特征维度，它们显然有利于促进员工

159

的工作投入。基于以上分析，本节提出研究假设：文旅创意人才的工作特征正向影响其工作投入（H1）。

7.2 文旅创意人才的工作重塑

7.2.1 新型工作特征与文旅创意人才工作重塑

岗位重塑是一项与文旅创意人才密切相关的活动。与传统的自上而下的工作设计不同，工作重塑是一种自下而上的活动。Wrezniewsky 和 Dutton（2001）将其定义为员工为使自己的兴趣、动机和激情与工作本身保持一致，而去改变工作任务、关系关联的一系列积极行为。具体包括任务制作、关系制作和认知制作。任务重塑是指员工可以自主增加或减少任务数量，选择扩展或是减小工作范围，借此来改变自身的工作表现。关系重塑是指员工通过改变自己的社交圈范围或沟通质量来增强自己与社会的联系。认知重塑是指员工改变对工作任务、工作关系，或者整个工作本身的理解，感知工作所具备的不同意义，从而使工作产生不同的价值①。

Berg et al.（2013）进一步将任务重塑细分为三类：添加任务、强调任务和重置任务。添加任务是指员工在正式的工作设计之外添加任务，使其在这些任务中找到意义。强调任务是指员工将更多的精力与时间投入到他们更加喜欢、更有意义的工作内容上。例如，牙医花更多的时间与病人交谈，让他们意识到保护牙齿的重要性。重置任务主要指重新设计现有的任务，例如某家企业的会计创造出一种新的报税方式，以此来减少重复工作。工作是由一系列的任务和人际关系组成的，当员工在工作过程中遇到障碍或需要改变时，可以通过改变任务的数量、类型或范围来实现任务重塑。相应地，Berg 将关系重塑细分为三类：建立关系、重建关系和适应关系。建立关系是指员工在工作中，积极主动地去跟其他人建立联系，从而获得自身的价值和他人的尊重。重建关系是指

---

① Wrzesniewski A, Dutton J E. Crafting a job: Revisioning employees as active crafters of their work. *Academy of Management Review*, Vol. 26, No. 02, February 2001, pp. 179 – 201.

改变与他人接触的方式，以达到更有意义的目的。例如，校长开始了解教师的工作表现，而不是简单地监督或评价教师的工作，从而拉近他们之间的距离，促进他们之间的交流。适应性关系是指员工通过在工作中为他人提供有价值的帮助和支持，从而建立起相互信任和尊重，从而获得他人的相应反馈[①]。

另外，博格将认知重塑分为拓展认知、聚焦认知和联系认知三种。拓展认知指加深对工作认识。适用的例子如饲养员将其工作视作保护、照顾动物的责任，而不仅仅是打扫兽笼和给动物喂食。专注于认知意味着看到工作中你喜欢的部分，从而从中获得更多的意义，而相对忽略或容忍你不喜欢的部分。关联认知指的是在工作中注入有意义的个人兴趣，可以将售票员的工作看作案例，他们宁肯把工作看作是给顾客带来快乐的方式，而不仅仅是枯燥乏味的处理购票，这样可以激发他们对工作的热情，让他们体验到更多的快乐。可见，由于在认知上存在差异，不同的员工对工作性质有着完全不同的看法。从这个角度来说，通过认知重塑改变工作观也能带来不同的工作体验和工作意义。

传统工作设计理论与实践尽管也都试图实现激励员工来达到更高绩效水平的目的，但是，由于员工在个性特征、认知水平等方面存在差异，对多数组织来说，他们很难制定出对于大部分员工都能适用的统一的工作设计方案。另外，工作设计由管理者进行，这种自上而下的管理模式不太注重员工的积极性，或多或少限制了员工的积极性。相反，因为工作重塑是员工在正式的工作设计的基础上，根据自己的需要，对工作内容、模式和工作关系进行自主重构，更容易获得工作的意义感和认同感。Berg进一步将任务重塑细分为添加任务、强调任务和重置任务，而其中的关系重塑被细分为建立关系、重建关系和适应关系，最后，认知重塑被细分为拓展认知、聚焦认知和连接认知，就是基于这种考虑。

早在上世纪末，文化旅游就已引起国内外学者的关注，围绕旅游主体的身份建构、旅游客体的原真性等核心问题对其开展了一系列有价值的研究，然而作为国家战略提出的"文旅融合"与传统意义上的文化旅游在概念内涵与边界上存在较大差别，后者强调的是文化在提升旅游

① Berg J M, Wrzesniewski A, Dutton J E. Perceiving and responding to challenges in job crafting at different ranks: When proactivity requires adaptivity. *Journal of Organizational Behavior*, Vol. 31, No. 2-3, February 2010, pp. 158-186.

产品、服务品位，增加旅游附加值上所起的作用，而前者则涉及两大领域在各个层面的融通与互相促进。关于文旅究竟应该怎样融合，学界与企业界迄今尚无统一的意见，对于文旅融合实现路径的理论与实践都还处于探索阶段，在这种情况下，融合发展中的文旅单位、企业想要实现高水平的经营管理，产出高质量的商品与服务，就不单要靠组织本身对于员工的工作内容、方式进行宏观的再设计，更需要新型的文旅创意人才将文旅产业融合发展带来的工作特征变化与个人的特质、需求相结合，对于自身工作进行创造性地重构，以此更好地适应新型工作特征，获取更多的工作满足感。

博格等通过研究证明，任务复杂性、工作挑战性，这两个指标对工作重塑行为，显然都具有比较积极的预测作用、刺激作用，这一论断在文旅融合所引致的产业人才工作特征转变上具有更为深刻的适用性。具体来说，文化旅游创意交叉的新型职业技能导致文旅创意人才主动或被动地对原来的工作任务进行增加或重设，如此才能更好地适应丰富多元的工作内容要求。创意转化是文旅创意人才工作中的核心任务，无论是在"文化＋旅游"的延伸型融合，或是在"旅游＋文化"的渗透型融合中，产业人才都需要进行大量的跨界创意思考，并尝试将单纯的文化创意成功地转化为旅游体验，或者将旅游视角的构思移植到文化商品的创作中，这导致文旅人才不得不对产业融合前相对单一的创意构思任务进行扩展与重新思考，然而这种看似被动的行为由于带来了主观能动性的极大发挥，本身又会引发文旅创意人才自主进行后续的工作重塑。上节提到，由于新型创意人才在工作完整性（创意转化）与反馈协作上都有较高要求，势必导致文旅人才在完成任务的合作对象、获取关键反馈的渠道、与同事同行协作的模式等方面进行反思与重构，从而体现为关系上的重塑。另外，较大的工作自主性使得文旅创意人才能够在很大程度上自主决定工作的内容，有权在更加符合自身兴趣与特质的任务上投注更多精力，得以自主决定工作的时间、地点与进度，从而促成其在认知上对工作进行重塑，强化自己所从事的工作为其带来的意义感。文旅融合既是社会经济发展的选择，也是满足人们美好生活和精神文化需求的重要手段，作为文旅深度融合发展重要支撑的新型创意人才能够很自然地将这一理念内化到自身的认知重塑中，体会到难以比拟的工作身份感与满足感。通过以上分析，本书提出研究假设：文旅创意人才工作特征对其工作重塑具有显著正向影响，新型工作特征会导致文旅人才对于工作进行重塑（H2）。另外，关于文旅人才工作重塑的要点归纳如表 7 - 2 所示。

表 7 - 2　　　　　　　　　　　文旅人才工作重塑的主要表现

工作重塑维度	文旅人才各维度工作重塑的主要表现
任务重塑	文化旅游创意交叉的新型职业技能导致文旅创意人才主动或被动地对原来的工作任务进行增加或重设，创意转化是文旅创意人才工作中的核心任务，产业人才需要进行大量的跨界创意思考，并尝试将单纯的文化创意成功地转化为旅游体验，或者将旅游视角的构思移植到文化商品的创作中，这导致文旅人才不得不对产业融合前相对单一的创意构思任务进行扩展与重新思考
关系重塑	新型创意人才在工作完整性（创意转化）与反馈协作上都有较高要求，导致文旅人才在完成任务的合作对象、获取关键反馈的渠道、与同事同行协作的模式等方面进行反思与重构，从而体现为关系上的重塑
认知重塑	较大的工作自主性使得文旅创意人才能够在很大程度上自主决定工作的内容，有权在更加符合自身兴趣与特质的任务上投注更多精力，得以自主决定工作的时间、地点与进度，从而促成其认知上对工作进行重塑，强化自己所从事的工作为其带来的意义感

163

7.2.2　工作重塑的中介作用

工作重塑对工作投入的积极影响已经得到了许多学术结果的支持。根据资源节约理论，个体具有获取、保存和投资资源的动机。工作重塑可以使员工获取个人资源，而工作投入是个人资源在工作中的投资形式，这与 Demerouti 不同。2015 年，根据 JD - R 模型，员工通过扩张性工作重塑获得更多个人资源，从而带来工作繁荣和工作投入的结论相似。根据上面的讨论，工作重塑有助于增强工作意义感，使员工与工作有更强的联系，有更高的心理安全感。这些支持性工作资源鼓励员工更加投入工作，这一内在机制在 Bakker et al.（2012）的研究中得到了证实。他的研究发现，员工寻求的工作资源和挑战越多，他们对工作就越投入。

在文旅融合的背景下，文旅人才面临新型工作特征的挑战，通过对工作任务进行重塑，使得自身的技能、特质与工作本身在技能多样化、任务完整性等方面的要求达到了更好的契合，这种人职匹配的满足感和完成复杂任务的成就感会促使文旅创意人才体会到更加强烈的工作活力；对于工作关系的重塑使其能够更好地满足新型工作任务中与同事、同行，尤其是那些同自己有着相似兴趣、技能的人开展协同合作的要求，可以从他们那里获取关于自己工作绩效的反馈及有助于工作提升的重要信息，从而使文旅创意人才能够高度专注地去完成多元而复杂的工作任务；创意转化、文化旅游创意的交叉运用，以及高度的工作自主性使得文旅创意人才有充足的动力对于自身的工作认知进行重塑，这种重塑所带来的工作意义感与使命感会引发员工对于组织作出奉献的强烈意愿，提供高强度的工作投入。基于以上分析，本书提出研究假设：工作重塑在文旅创意人才工作特征与其工作投入之间发挥中介作用（H3）。

7.3　包容型氛围

包容性领导的概念起源于教育领域。它是指学校领导面对多样化、差异化的学习个体所表现出的包容性管理方式。随后，有学者将包容性领导这一概念引入到组织行为与管理领域，作出定义，认为它是鼓励员工参与管理决策并认可下属贡献的行为。虽然与包容性领导处于"包容性管理"的研究框架下，但包容性氛围与包容性领导有很大的区别，主要体现在，包容性氛围更加强调的是一种组织环境，认为在这种氛围里，来自不同社会、身份群体各异的每个个体，他们都有机会，来代表所属集体，来参与组织核心活动。让别人听到你的声音，欣赏你。Fiol et al.（2009）也强调包容性组织文化注重为组织创造的平等、尊重和参与的氛围。Nishii（2013）在前人的基础上，成功界定了包容性氛围的内涵，在他看来，包容性氛围关系到，集体成员对"组织是否公平对待每个人""接受或重视不同意见""鼓励每个人处于核心决策位置"等包容性特征的共同感知，并提出了包容性氛围的三个维度，即雇佣公平（foundation of equitable employment practices）、差异整合（integration of differences）以及决策兼容（inclusion in decision making），这一研究得到学界广泛的认可，有学者在此基础上研究证明包容型氛围在激发员工积极工作行为、主人翁行为等方面的正向作用。许梅枝和张向前（2018）基于对中国传统文化影响的考虑，认为在中国情境下，包容型氛围在内涵上更加丰富，除了注重公平性、差异性和员工参与的本初含义以外，还体现出包容错误、宽容涵纳等。

作为一种工作场所内的积极行为，文旅创意人才的工作重塑势必会受到组织内环境氛围的影响。创意人才往往较为年轻，具有强烈的个性、独特生活方式和多样化的价值取向，他们不愿从事一成不变和难以体现自身价值的工作，不喜欢受到过多规范条例的约束，并且往往表现出对于科层管理体系和官僚化氛围的厌恶，文旅人才作为新型的创意人才，在这些方面的表现更为明显。在包容型氛围较强的组织内，管理者尊重员工的个体差异，积极寻求对于工作的创新性投入，会根据人才创意的质量而非他们的身份地位来对其作出评价，这样的环境确保了文旅创意人才的特质得到尊重和保护，因此他们乐于在工作中自发主动地开展以工作重塑为代表的创新性行为。另外，自下而上的工作再设计往往伴随着差错和风险，对于文旅创意人才来说，由于面临文化与旅游多元融合模式而带来的不确定性，其工作重塑行为容易与预期的结果产生偏差。此时，如果员工处于包容型氛围较强的组织中，管理者能够以一种开放的心态接受员工的不足，宽容员工的错误，就会让员工获得更多的心理安全感，将外界环境的不确定性和变化看作是修正工作的契机，从而大胆地进行工作重塑。基于以上分析，本书提出研究假设：包容型氛围正向调节文旅创意人才工作特性与工作重塑的关系，即在包容型氛围越强的环境下，新型工作特征越容易引发员工的工作重塑（H4）；包容型氛围在工作重塑对文旅创意人才工作特征与工作投入间的中介作用上发挥调节效应，包容型氛围越强，新型工作特征越可能通过工作重塑影响文旅创意人才的工作投入（H5）。

根据本章以上各节的论述，构建关于文旅人才效能发挥机制的理论模型，如图 7-1 所示。

165

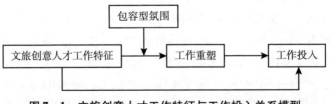

图 7-1　文旅创意人才工作特征与工作投入关系模型

7.4 文旅人才效能发挥机制的研究设计

7.4.1 研究样本与数据

本节的数据收集工作在 2021 年 9 月至 12 月进行，数据主要来自北京、成都、南京、杭州、济南、苏州、天津、重庆、青岛等地的 9 家文化传媒、影视动漫及旅游开发企业。为最大限度地减少同源方法偏差的影响，专著采取了分三阶段来采集数据的方式。在第一阶段（9 月上旬至中旬），主要收集文旅创意人才工作特征和员工的人口统计学信息；在第二阶段（10 月中旬至下旬），收集与工作重塑和包容型氛围相关的信息；在第三阶段（11 月下旬至 12 月上旬），收集与员工工作投入相关的信息。问卷在校友资源与被调研企业人力资源管理部门的协助之下完成。笔者与企业人力资源管理部门约定好调查时间，并在调查时现场发放纸质问卷。为了规避样本不愿回答所带来的误差，本研究着重强调，此处的数据收集，仅用于学术目的，且承诺信息得到保密。研究开始后，在第一阶段共发放问卷 400 份，回收问卷 368 份，回收效率尚可。本处为了确保数据的质量，将那些填写问卷的时间较短、回答选项时带有明显的规律性，以及那些漏答过多的问卷剔除掉，剩余 330 份，有效回收率为 82.50%；第二阶段发放问卷 330 份，回收问卷 296 份，剔除无效问卷后剩余 258 份，有效回收率为 78.18%；第三阶段发放问卷 258 份，此处回收问卷 250 份，其中，在剔除无效问卷后，剩余数量为 245 份，这一阶段调研的有效回收率为 94.96%。经过以上步骤，在最终所获的有效样本中，从性别方面来看，男性员工、女性员工占比分别是 53.88%、46.12%；年龄阶段分为 5 档，25 岁以下占 12.24%，26~30 岁占 34.69%，31~35 岁占 41.22%，36~40 岁占 9.80%，41 岁及以上占 2.04%；学历水平方面，高中及以下占 5.71%，大专占 19.59%，本科占 64.90%，研究生硕士及以上占 9.80%；再从资历与工作年限方面看，1 年及以下占 5.71%，1~3 年占 24.90%，3~5 年占 34.29%，5~7 年占 17.55%，7 年以上占 17.55%。以上样本数据统计

166

情况见表7-3。

表7-3 样本数据描述性统计分析

统计学变量	变量取值	人数	占比（%）
性别	男	132	53.88
	女	113	46.12
年龄阶段	25 岁及以下	30	12.24
	26~30 岁	85	34.69
	31~35 岁	101	41.22
	36~40 岁	24	9.80
	41 岁及以上	5	2.04
受教育程度	高中及以下	14	5.71
	大专	48	19.59
	本科	159	64.9
	硕士及以上	24	9.80
工作年限	1 年及以内	14	5.71
	1~3 年	61	24.90
	3~5 年	84	34.29
	5~7 年	43	17.55
	7 年及以上	43	17.55

7.4.2 变量定义与测量

在相关变量的操作与衡量上，本节参考国内外已发表的学术成果，选用较为权威且已通过情境应用被检验为有效可信的测量量表作为研究工具，具体来说，本节的变量及相关测量量表包括以下。

1. 被解释变量

本节的被解释变量为工作投入（job engagement），该变量的测量采用雪弗利等（Schaufeli et al.，2002）开发的量表，该量表共包括 12 个题项，涵盖活力（vigor）、奉献（dedication）、专注（absorption）三个维度，用以衡量员工在工作投入上的程度。该变量的数据收集采用李克特 5 点式量表（Likert 5），由员工采取自评式填写，典型题项如："我感觉自己所做的工作充满了意义""在工作中我总是坚持不懈，即使工作过程并不顺利""在工作中，我常感到自己精力充沛，充满力量"。经检验，该量表的克隆巴赫系数（Cronbach's α）为 0.83。

2. 解释变量

本节的解释变量为文旅创意人才工作特性（job characteristic of creative talents in culture and tourism），该变量的测量参考西姆斯（Sims, 1976）的工作特征量表。笔者结合佛罗里达（Florida, 2001）等学者关于创意人才、文旅人才的研究成果，对原量表进行了适当调整和修改，形成了较为符合文旅创意人才的工作特征量表。该量表由 12 道题项构成，涵盖技能多样性（skill variety）、任务完整性（task identity）、反馈（feedback）、自主性（autonomy）等维度。该变量的数据收集采用 Likert 5 点量表，由员工填写，典型题项如："我的工作内容十分丰富，包括各种创意创造类的任务""在我的工作中，很多任务都需要我从头到尾的参与才能完成""我经常能够从同事与合作伙伴那里获得工作方面的反馈，而不仅仅是从上级主管那里""在我的工作中，我有充分的自由来决定我想要做什么"。经检验，该量表的 Cronbach's α 系数为 0.89。

3. 中介变量

本节的中介变量为工作重塑（job crafting），该变量的测量采用斯莱普和维拉—布罗德里克（Slemp & Vella – Brodrick, 2013）的工作重塑量表。该量表以弗热斯涅瓦斯基和达顿（Wrezniewsky & Dutton, 2001）对于工作重塑的理论界定为基础，由 9 个题项组成，包括任务重塑（task crafting）、关系重塑（relational crafting）、认知重塑（cognitive crafting）三个维度，用以衡量员工对于工作进行重新设计的意愿。该变量的数据收集采用 Likert 5 点量表，由员工填写，典型题项如："我在工作中经常尝试采用新的方法来提升工作效果""我会去思考'工作给我的生活带来了什么意义'这样的问题""我乐意组织或参加与工作相关的社交活动"。经检验，该量表的 Cronbach's α 系数为 0.86。

4. 调节变量

本书的调节变量为包容型氛围（inclusive climate），该变量的测量采用西井（Nishii, 2013）开发的包容型氛围量表，用以反映组织环境对于员工多样性、差异性的包容程度，涵盖雇佣公平（foundation of equitable employment practices)、差异整合（integration of differences）与决策兼容（inclusion in decision making）三个维度。考虑到本节主要探讨包容型氛围中的差异整合与决策兼容对于工作重塑的影响，不涉及雇佣公平部分，故本节在使用该量表时，删除了与雇佣公平相关的题项，最后共计 11 个题项。该变量的数据收集采用 Likert 5 点量表，由员工填写，典型题目如："在我的单位里，人们之间的差异得到了充分的尊重""在我的单位，管理者鼓励成员们在重新思考和定义他们的工作实践方面开展积极的探索"。经检验，该量表的 Cronbach's α 系数为 0.87。

以上变量名称及变量内涵解释如表 7 - 4 所示。

表 7 - 4　　　　　　　　　　变量名称及定义

变量类型	变量名称	变量符号	变量定义
被解释变量	工作投入	Y	文旅人才对工作的热情与专注程度
解释变量	文旅创意人才工作特征	X	文旅融合背景下产业融合新业态所带来的新型工作特征，如文化旅游创意交叉、创意转化等
中介变量	工作重塑	M	员工为促进工作要求与个人技能、兴趣更好匹配而对工作内容、个人职业角色等进行的再设计
调节变量	包容型氛围	W	组织中存在的包容员工差异性存在与鼓励员工参与组织决策、创新等行为的环境气氛
控制变量	性别、年龄、受教育程度等	C	对人才工作投入产生影响的人口统计学变量

7.5　文旅人才效能发挥机制的实证分析与假设验证

由于本节所采用的问卷中所有测量题目均由员工填写，在分阶段调研的情况下，调研可能仍存在同源偏差问题，因此在本书的本节使用 SPSS 23.0 软件，采用目前较常用的赫曼（Harman）单因子检验方法进行检验，具体做法为采用验证性因素分析方法，检验结果发现，该单因子模型拟合较差（$\chi^2/df = 7.563$，CFI = 0.509，TLI = 0.477，RMSEA =

0.164）。因此，本节不存在严重的共同方法偏差。

7.5.1　验证性因子分析

采用 AMOS 23.0 软件对变量进行验证性因子分析，以检验文旅创意人才工作特征、工作重塑、包容型氛围、工作投入的区分效度。表 7-5 结果显示，与其他三个模型相比，四因子模型（工作特征、工作重塑、包容型氛围、工作投入）拟合效果最为理想（$\chi^2/df = 1.554$，RMSEA = 0.048，CFI = 0.959，TLI = 0.956，SRMR = 0.059），这表明本节中的四个构念均具有较好的区分效度，且四因子模型中，所有题项的因子载荷系数都是显著的，且都大于 0.5，说明该模型具有较好的收敛效度，可以进行后续数据的处理分析。

表 7-5　　　　　　　　　　　验证性因子分析

模型	χ^2/df	RMSEA	CFI	TLI	SRMR
四因子模型	1.554	0.048	0.959	0.956	0.059
三因子模型	4.519	0.120	0.738	0.719	0.235
二因子模型	6.364	0.148	0.599	0.572	0.266
单因子模型	7.563	0.164	0.509	0.477	0.270

注：三因子模型（包容型氛围 + 工作重塑，文旅创意人才工作特征，工作投入）；二因子模型（包容型氛围 + 工作重塑 + 文旅创意人才工作特征，工作投入）；单因子模型（包容型氛围 + 工作重塑 + 文旅创意人才工作特征 + 工作投入）。

7.5.2　描述性统计与相关性分析

由表 7-6 可知，文旅创意人才工作特征与工作重塑呈显著正相关（γ = 0.522，p < 0.01），文旅创意人才工作特征与工作投入呈显著正相关（γ = 0.592，p < 0.01），工作重塑与工作投入呈显著正相关（γ = 0.557，p < 0.01），上述主要变量间呈现出明显的相关关系，这为随后的假设检验奠定了良好的基础。

表 7 - 6

描述性统计与相关性分析

项目	均值	标准差	性别	年龄	学历	工龄	工作特征	工作重塑	包容型氛围	工作投入
性别	1.460	0.500	1							
年龄	2.550	0.902	-0.126*	1						
学历	2.790	0.692	-0.071	-0.148*	1					
工龄	3.160	1.155	-0.025	0.744**	-0.074	1				
工作特征	3.208	1.086	-0.016	0.014	0.010	-0.001	1			
工作重塑	3.199	1.087	-0.048	0.066	0.087	0.011	0.522**	1		
包容型氛围	2.961	1.165	0.036	-0.027	-0.018	-0.05	-0.296**	-0.289**	1	
工作投入	3.706	0.950	-0.093	-0.013	0.096	0.022	0.592**	0.557**	-0.351**	1

注: * 在 0.05 级别 (双尾), 相关性显著; ** 在 0.01 级别 (双尾), 相关性显著。

171

7.5.3 相关假设检验

1. 文旅创意人才工作特征对工作投入的主效应检验

本节运用层级回归法，在对性别等人口统计学特征变量进行控制的基础上，促使因变量（工作投入）对自变量（文旅创意人才工作特征）进行回归。可见，在 MODEL 1 中，F = 1.183（p > 0.1），回归方程不显著，性别、年龄段、学历、工作年限对工作投入无显著影响。在此基础上，在 MODEL 2 中加入文旅人才工作特征变量，能够看到回归方程显著（F = 27.943，p < 0.001），并且，回归系数比较显著（β = 0.591，P < 0.001），说明文旅创意人才工作特征正向影响其工作投入，因而假设 H1 得到了验证。

2. 工作重塑的中介效应检验

以工作重塑为因变量，以文旅创意人才工作特征为自变量进行回归。MODEL 4 中回归方程不显著，在此基础上，在上面的 MODEL 5 中，加入新型文旅创意人才的工作特征为自变量，回归方程显著（F = 19.318，p < 0.001），β = 0.519（P < 0.001），说明文旅创意人才工作特征对于工作重塑的行为，具有比较显著的正向影响，故而，在此假设 H2 得到验证。

另外，MODEL 3 在 MODEL 2 的研究基础上，尝试加入中介变量工作重塑，此情形下回归方程是显著的（F = 32.615，p < 0.001），工作特征回归系数 β = 0.363（P < 0.001），工作重塑回归系数 β = 0.297（P < 0.001），说明工作重塑在文旅创意人才的工作特征与其工作投入之间发挥中介作用，因此假设 H3 得到了验证。

3. 包容型氛围的调节效应检验

此外，使 MODEL 6 在 MODEL 5 的基础上，尝试加入调节变量包容型氛围，数据运行的结果显示，这一回归方程是显著的，工作特征回归系数 β = 0.476（P < 0.001），包容型氛围回归系数 β = −0.147（P < 0.01），MODEL 7 在 MODEL 6 的基础上加入交互项（工作特征 × 包容型氛围），回归方程显著（F = 16.636，p < 0.01），交互项系数显著 β = 0.151（P < 0.01），说明包容型氛围正向调节文旅创意人才工作特性与工作重塑的关系，H4 得到验证。

4. 包容型氛围对工作重塑在工作特征与工作投入间中介作用的调节检验

为进一步明确包容型氛围的调节效应，本节绘制了包容型氛围对文旅创意人才工作特征与工作重塑关系的调节效应图，如图 7 - 2 所示。同时，本节利用 SPSS 23. 0 宏程序 Process 检验包容型氛围在均值加减一个标准差下被调节的中介效应，结果如表 7 - 7 所示。

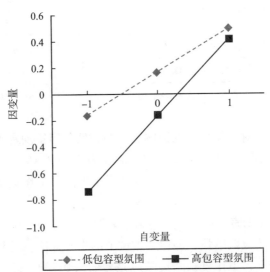

图 7 - 2 包容型氛围对新型创意人才与工作重塑关系的调节作用

表 7 - 7　　　　　　　　变量间关系的回归分析结果

预测变量	工作投入			工作重塑			
	MODEL 1	MODEL 2	MODEL 3	MODEL 4	MODEL 5	MODEL 6	MODEL 7
性别	- 0. 094	- 0. 087	- 0. 153	- 0. 025	- 0. 019	- 0. 014	- 0. 009
年龄段	- 0. 069	- 0. 089	- 0. 139	0. 144	0. 127	0. 132	0. 131
学历	0. 085	0. 077	0. 063	0. 100	0. 094	0. 092	0. 096
工作年限	0. 077	0. 092	0. 097	- 0. 089	- 0. 076	- 0. 088	- 0. 089
工作特征		0. 591 ***	0. 363 ***		0. 519 ***	0. 476 ***	0. 452 ***
包容型氛围						- 0. 147 **	- 0. 174 **

续表

预测变量	工作投入			工作重塑			
	MODEL 1	MODEL 2	MODEL 3	MODEL 4	MODEL 5	MODEL 6	MODEL 7
工作特征 × 包容型氛围							0.151 **
工作重塑			0.297 ***				
R^2	0.019	0.369	0.451	0.018	0.288	0.308	0.329 ***
Adjusted R^2	0.003	0.356	0.387	0.002	0.273	0.290	0.310 **
F 值	1.183	27.943 ***	32.615 ***	1.126	19.318 ***	17.617 ***	16.636 **

注：*** 代表 $p < 0.001$，** 代表 $p < 0.01$，* 代表 $p < 0.05$，均为双尾检验。

在工作特征对工作投入的影响路径中，低包容氛围水平下，工作重塑的中介作用相对不显著，间接效应为 0.092，95% 置信区间为 [0.035，0.160]，不包含 0；高包容氛围水平下，工作重塑的中介作用显著，间接效应为 0.177，同时 95% 置信区间为 [0.103，0.271]，区域内不包含 0（见表 7 - 8）。上述结果表明，包容型氛围水平越高，工作重塑的中介效应就越强，即存在被调节的中介效应。另外，在高、低包容氛围水平下，工作重塑间接效应差异值为 0.134，95% 置信区间为 [0.081，0.203]，不包含 0，进一步表示包容型氛围在文旅创意人才工作特征影响工作重塑的作用机制中发挥调节作用，即在包容型氛围强的环境下，文旅创意人才工作特征容易引发员工的工作重塑，因此假设 H5 得到验证。

表 7 - 8　　　　有调节的中介作用 Bootstrap 检验结果

调节变量	工作特征→工作重塑→工作投入		
	间接效应	95% 置信区间	SE
高包容型氛围（+1SD）	0.177	[0.103，0.271]	0.043
低包容型氛围（-1SD）	0.092	[0.035，0.160]	0.032
差异	0.134	[0.081，0.203]	0.031

7.6　激发文旅人才的工作投入

本章以产业价值链理论、人职匹配理论及自我决定理论等为基础，通过实证研究探讨了文旅融合背景下，工作重塑在文旅创意人才的工作特征与其工作投入彼此之间的关系中起到的中介作用，以及在此过程中包容型氛围所起的调节效应。经过实证研究的验证发现，文旅深度融合的发展趋势促使新型创意人才的工作特征发生了很大改变，新工作特征带来的挑战性对员工出于改善工作体验、提高工作效果目的而自发进行的工作重塑行为有正向影响作用；同时，文旅创意人才的工作重塑行为能够使其在胜任工作要求的过程中产生更强的意义感与成就感，从而增加其工作投入；鉴于文旅融合发展尚处在探索阶段，新型创意人才为了应对新型职业特征而进行的工作重塑行为本身也是一种不确定性较强的创新行为，因此这一行为事件发生的概率因员工所在组织的包容型氛围高低而存在差异，包容型氛围越强，员工越会自发产生工作重塑意愿，从而进一步影响到其工作投入程度；相反，包容型氛围越弱，员工出于风险规避目的，即使面临新型工作特征带来的挑战也不会轻易对工作进行重塑，从而导致新型工作特征对员工工作投入的正向影响受到阻碍。概括来说，本章提出的被调节的中介模型揭示了新型工作特征与工作投入的传导机制及该影响效应的边界条件。

文旅融合是产品、产业、市场等多个层面的融合，文旅深度融合发展需要制度、人才等多方面的支持，这些业已成为学界共识，但人才在文旅融合中怎样发挥作用，依据什么对于文旅人才进行分类，如何激发文旅人才的工作投入，这些问题尚未得到圆满的回答。本章依托产业价值链理论对于文旅人才的分类进行了探析，依据价值链重构总结出文旅人才这一新型创意人才的主要工作特征，并据此论证作为前因变量的新型工作特征对于文旅人才工作投入这一关键结果变量的影响关系与作用路径，对于后续关于文旅人才的管理对策起到丰富扩展作用。

另外，目前已有关于工作重塑的研究多数基于组织情境视角，以社会交换、领导—下属交换等理论为依托而展开，或围绕工作重塑的结果效应进行研究。虽然也有学者从 VUCA（volatile, uncertain, complex, ambiguous）时代下员工主动、被动适应工作要求变动的视角切入，去分析工作重塑的必要性，但总体来看，从产业转型升级所引致的工作特征变化视角讨论工作重塑发生的可能性与必要性的研究为数甚少。相比于建立在心理契约之上的交换性行为，工作特征变化引致的人才工作重塑行为具有更高的普遍性、必要性与合理性，无论任务重塑、关系重塑或认知重塑，都是员工为了将工作要求与自身技能、兴趣、资源进行更好的匹配，从而获取更高的工作成就感与意义感的行为活动。深度融合中的文旅工作因其创意密度较高，体现着随着时间发展，这一工作满足人民精神文化需求的崇高超越的职业意义，从而为这种匹配活动提供了更为坚实的基础。

再者，此前围绕包容型管理开展的研究多数集中于"包容型领导"方面，体现为这一领导风格的概念、内涵、主要影响因素与后效作用等。本章在前人学者研究基础上，深入探讨了包容型氛围这一组织环境因素在员工心理与行为中的调节作用。根据西井（Nishii，2013）的研究，包容型氛围中的差异整合、决策兼容等维度对于员工多样性的保护起到重要作用，佛罗里达（Florida，2003）在其"3T"理论中提到，包容性（Tolerance）对于创意人才（Talents）起到关键的吸引作用，创意人才的聚集进一步推动科技进步（Technology）与产业发展。本章将包容型氛围作为新型工作特征与文旅人才工作重塑、工作投入的调节变量，探讨其在产业融合与人才主动性激发中的条件边界作用，既是对上述经典理论的印证，同时在本土化情境下对其进行了发挥与开拓。

正是在以上观点基础上，本章基于文化、旅游产业价值链的交叉与重构，认为融合后文旅产业人才的工作体现出文化旅游创意交叉、创意转化、反馈协作、自主性等核心特征，这些新型创意人才的工作特征对应着其承担工作的胜任力素质。高等院校、职业院校等人才培养机构可以此作为制定、修改文旅人才培养计划方案的参照，根据此类人才的核心胜任力确定更有针对性的培养模式。文旅企事业单位也可以此为参照，用来指导人才选聘、人才配置、人才绩效考核等文旅人才管理工作。另外，本章通过模型的构建与验证，探讨了员工重塑在文旅创意人才工作特征对其工作投入影响中的中介作用。为了最大化发挥文旅融合过程中文化的赋能作用与旅游的载体功能，应鼓励文旅人才自由自主地探索如何通过任务重置、关系重构、角色重新体认等方式将技能多样化（文化创意交叉）、任务完整性（创意转化）、反馈协作、自主性等职业要求与自身优势更好结合起来，从而在出色完成工作的同时寻找到强烈的工作意义感。需重视的是，本章通过实证研究还验证了包容型氛围在新型工作特征要求与文旅人才工作重塑行为间起到重要的调节作用。创意人才年轻化、崇尚个性、不喜被束缚等个性特征本身即需要相对包容的组织氛围与之相匹配；员工为了更好地完成文旅创意工作而自发开展的工作重塑探索行为则更需要一个鼓励创新、容许试错的团队气氛，以使新型创意人才打消顾虑，放手尝试。因此，包容性较强的组织文化氛围既是文旅融合发展的需要，也是在我国培育、发展创意人群的需要。

第8章 文旅产业人才的管理对策建议

由于文旅人才在产业融合中起到不同的作用，有着不同的特点，对其进行培养与管理须遵循科学规律，探寻符合这一新型产业人才特点与需求的管理开发路径与策略。目前文旅深度融合发展的时代背景对于人才的培养有着日益迫切的需求。

8.1 高端文旅人才需求日益增长

8.1.1 文旅产业发展的阶段性特征对高层次人才的需求越来越大

在国家产业升级、结构调整和经济发展方式转变的大背景下，文化旅游产业也需要从粗放型增长向内涵型发展转变。立足创新、高品质的文旅产品成为未来的方向。在文化产业从外延性、粗放性增长到内涵性、创新性发展的过程中，人才资本的作用越发凸显。近年来文化产业资本积累迅速发展，文化产业园区和文化新区在全国范围内大规模建立。然而，相对于资本投入的不断增加，人才积累作为文化产业的核心竞争力和内在动力却在一定程度上被忽视了。此外，人才培养特别是高端人才的形成具有长期性和滞后性的特点，因此目前文化人才培养的数量和质量都不高，文化产业快速发展所需要的人才积累瓶颈问题凸显出来。

8.1.2 快速变化的社会需求需要创新型、复合型人才

人民群众对文化产品的需求正处于快速变化的过程中。人口年龄结

构的老龄化、教育水平的提高都导致人们对文化的内涵、理解和欣赏水平发生巨大变化，进而导致人们对文化产品需求的内容和水平向更高层次发展演变。与此同时，人们对文化服务的需求也在不断变化。随着日新月异的技术变革和消费观念的转变，公众特别是年轻的文化消费者对传统文化服务的改造提出了要求，呼吁那些演绎出符合现代审美观念、满足现代社会精神需求的文化产品。这样的产业诉求，反馈在人才上，便是需要大量的了解游客消费心理并且掌握相关创意与技术的文化人才，将现代科学技术和传播技术应用于文化服务，创新文化服务方式，使文化产品更贴近广大文化消费者。

8.1.3　文化产业的国际化竞争，导致对具备国际化视野文化人才的巨大需求

增强文化产品的国际竞争力，打造文化强国，已成为当前和今后一段时期我国社会需要继续前进的重要任务。然而相比于一些文化产业发达国家，如美国、日本和一些欧洲国家等，我们的差距还比较明显，未来围绕着文化产业的竞争将会非常激烈。到目前为止，我国文化的国际影响力指数在世界仅排在第 7 位。在我国市场上，外国文化产品占据着较大的比重，在电影、动漫等文化娱乐市场，国内消费者消费了大量的美国和日本文化产品，我们还缺乏有巨大影响力的中国文化品牌。在未来的国际竞争中，我国格外需要国际化的人才，不仅要深入研究传统文化，还要掌握真正的市场，因为只有多样化的人才，才能向世界人民展示中国传统文化和现代经济社会发展的成就[1]。近年来，我国辉煌的传统文化和经济社会长期快速发展的奇迹，为我们参与国际竞争提供了坚实的基础，但要在国际文化市场立足，让世界上不同文化特色的人广泛接受中国的文化产品和服务，还需要大量的人才，特别是了解国际文化、结合中西元素的国际人才。

---

[1]　张朝枝、胡婷：《文旅融合发展趋势对旅游人才需求特征的影响》，载于《旅游论坛》2021 年第 5 期。

8.2　文旅组织人力资源管理者的挑战

随着文化与旅游的深度融合，在文旅领域从事经营管理的企业组织面临着产业环境与职业特征变化所带来的巨大挑战，这成为人力资源管理者角色转型的压力与动力。文化与旅游的深度融合意味着人力资源管理者在劳动力多元化、组织法律法规、组织结构与管理团队、组织经营管理的技术支撑等层面都面临着新的机遇与挑战。

8.2.1　文旅人才队伍的多元化

文化与旅游产业的从业人员具有年轻化、个性化、追求自由、崇尚创新创造等特点，表现在员工构成上，我国重要的文旅组织中年轻员工占比较大，女性员工占有一定比例，多种文化、思想背景的员工皆在组织中占有一席之地，这就决定了人力资源管理者要面对不同年龄、性别、民族、文化背景的员工队伍，要求其具备跨文化思维与沟通能力，同时需要在组织中鼓励、构建体现包容性的文化氛围，这既为人力资源管理者带来了巨大的挑战，同时也是借助人才管理推动文化与旅游深度融合发展的巨大机会。

8.2.2　法律法规的变化

近些年，随着我国文化和旅游部的组建，一系列鼓励文化与旅游融合发展的政策文件先后颁布，另外，随着我国生态文明建设不断取得新的成果，消费者对于体现文化特色的旅游景区建设与运营的要求越来越高。人力资源管理者需要对这些与文旅产业发展相关的条例条文十分熟悉。此外，文旅组织人力资源管理者还需关注人员招聘、选用与提升的公平性问题，避免在人才管理中出现针对年龄、性别、学历、地域等方面的歧视现象，从而在组织中营造公平性氛围，提高员工的工作热情与投入程度。

8.2.3　组织结构与管理团队的变化

文化与旅游的融合意味着文化产业与旅游产业价值链环节的交叉与重构，由这种产业价值链重新组合而导致的企业组织架构会随之变动，目前文旅融合发展的态势最直接的影响即是大量复合型文旅人才的需求增加。此外，文旅组织的管理者受到两大产业特征融合的影响，表现为需要对文化旅游交叉融合知识较为了解，同时对于文旅产业创新创造人才的工作特性、性格特征及管理模式较为清楚，从这个意义上，人力资源管理者扮演着文旅人才的支持者、文旅组织的合作伙伴、文旅融合的变革推动者等角色。

8.2.4　技术支持的变化

随着大数据、云计算、人工智能等现代化科学技术的发展，文旅产业组织的人力资源管理者需要熟练掌握远程办公技术以适应文旅人才对于工作自主性、独立性及弹性化的需求。另外，人力资源管理者需要了解文旅产业人才对于工作节奏、工作深度的较高要求，通过心理授权等方式构建与文旅人才的良好关系，通过构建员工积极的工作心理助推文旅人才工作积极性氛围的营造，并最终推动文旅人才的工作投入与创新绩效产生[①]。

8.3　文旅专业高校教师胜任力与大学生文旅教学评价

为了满足文旅融合发展的复杂要求，文旅组织围绕胜任力模型对于人才的培养开发活动固然重要，但从更大的基本面来看，各类高校承担着文旅人才培养开发的重要职责。高校文旅人才教育开展落实的关键在人，落实文旅人才培训的主体是教师，教师是各类课程教学的主体，更

181

---

① 马云驰、徐艳红：《文旅融合背景下旅游专业双创人才培养研究》，载于《边疆经济与文化》2021 年第 5 期。

是文旅素质教育的责任人。高校在文旅人才培养过程中，建设一支能充分胜任教学要求、了解文旅融合规律的师资队伍就成了培养开发活动的关键环节。目前，学术界在文旅人才培养的教师角色作用等方面已有一定成果积累，但无论数量还是质量都还有所欠缺。

教师培养文旅人才的能力很大程度上会提高学生的学习效果（亦即大学生对于知识技能接受与内化程度），这一作用被认为是可以预测的，然而高校教师的胜任力经由什么路径对学生的教学接受度与评价产生正向影响作用，还是一个亟待论证的问题。在文化与旅游深度融合发展的宏观背景下，高校教师面临着胜任力特征的改变，作为对教学内容、方法及学生特征最为了解的群体，他们自下而上为了更好地适应专业要求而对教学工作进行重塑的行为是非常必要的，然而这种主动自发的工作重塑行为是否会如期发生，在何种情境下容易发生，这些问题都关系到高校教师探索文旅人才培养路径的积极性，同时也关系到课程教学在学生方面的反应与评价。因此，本节拟探索上述构念的内涵边界，并构建以上构念彼此间的关联与作用机制，以期为提高教师的教学能力、热情，改善教学效果提供启示。

182

8.3.1 理论基础与研究假设

1. 文化旅游专业教师素质与学生评价

（1）文旅教师的胜任能力。

对于高校教师的胜任力，Olson 和 Wyett（2000）认为教师胜任力，指的是教师个体有效地去实施课程教学所应具备的专业知识、技能和价值观。Dineke（2004）指出高校教师的胜任能力不仅包括教师的人格特征，还包括教学所需的知识、教学技能和教学态度。国内学者比较关注高校教师的胜任能力，认为高校教师的胜任能力主要包括了教师个人魅力、教学教研水平、科学研究能力和人际协调能力。也有观点认为大学教师除拥有有助于开展教学的知识技能基础外，应包括政治素养、职业道德、理解和尊重学生、责任心等[①]，这已与课程思政对高校教师的胜任力要求比较接近。在以上研究基础上，本书结合文旅融合背景下专业

---

① 李小娟、胡珂华：《基于行为事件法的高校教师胜任力研究》，载于《湖南师范大学教育科学学报》2017 年第 5 期。

人才培养的需要，认为文旅专业教师的教学胜任力包括文化素养、市场意识、管理知识、师德师风四个维度。

（2）文旅专业学生对于教学的接受度与评价水平。

接受度在高校教学情境中指的是大学生对于某种教学理念、内容、方式的接受认可程度，具体包括他们对于这些理念、内容、方式的有用性、易用性、适用性的总体认知和接受度，以及对于教学效果的看法与态度。相比于接受度概念，教学评价的范围更广，涉及大学生对于教学方案、教学设计、教学方式方法、教师能力态度等各个方面的反应与判断。作为一种新型人才的教学，文旅人才教育的评价跟普通专业课程既有共性，也存在独立的特性。应从是否引起学生兴趣，是否能够成功调动学生在学习中的积极性和主动性，教师的教学活动是否能够贴近学生的学习习惯，并反映出学生的真实需求，能否有效地提高学生的参与度和学习体验，能在多大程度上促进引导学生深入思考和形成最优学习效果等方面开展进行。

本书认为，作为一种教育、培育活动，文旅人才培养效果评价可以参考柯克帕特里克（Kirkpatric，1954）评价模型来进行。这一模型包括"反应""学习""行为"和"结果"的四层培训效果评价维度，具备操作简单、直观明确等方面的优点，得到培训界、教育界广泛接受的评估工具。如表 8 - 1 所示，"反应层"评价与接受度概念最为接近，主要用来考量学生对于文旅知识技能教学的接受、认可程度。"学习层"评价主要体现大学生在接受教育后的文旅知识掌握和能力提升程度。"行为层"与"结果层"在本情境中可以进行整合，主要体现大学生在经过专业教育后，有无在言行、活动中体现出明显的变化。

表 8 - 1　　　　　　　　　　文旅专业教学效果评估体系

第三层　行为结果	学生接受教育后言语、行为、思想的变化
第二层　学习	接受教育后学生的知识、能力掌握程度
第一层　反应	学生对于教育的接受、认可程度

（3）高校教师胜任力与大学生评价。

作为文旅专业教学的实施主体，专业课教师需要具备新的教学目标所带来的更为多元、更高要求的胜任力，达到胜任力标准的专业课教师会在教学活动中展现出较高的水平和更高程度的投入，从而正向影响到大学生对于课程教学的接受程度，使其作出积极正面评价。专业课教师胜任力模型要求其在个人特质方面表现出高超的语言艺术，在知识技能方面能够通过案例与实践等方式对学生进行知识讲授与引导，这些都会最直接地影响到大学生在"反应层"对于专业教学的认可程度，使其不知不觉被吸引进去。此外，教师要做到在教学过程中结合文旅学科前沿与热点，能够充分理解学生学习的心理需求，并且真心关注学生的学习过程，以上这些对于促进学生进行知识技能方面的学习对提高学生在"学习层"的评价有着重要作用。最后，胜任力模型要求专业课教师具有良好的师德师风与人格魅力，在专业知识的传授过程中重视价值引领作用，这些都有助于学生通过耳濡目染将教育内容转化到自身的思想观念、行为举止中。根据以上论述，本节提出如下假设：

H1：高校教师胜任力正向影响大学生对专业教学的评价水平。

2. 工作重塑在文旅专业教师胜任力与学生评价间的中介作用

（1）专业课教师的工作重塑。

工作重塑是指员工在正式的工作设计基础上，根据自身需要，以获得工作意义感和认同感为目的，对工作内容、工作模式和工作关系进行自主重构，从而使工作产生不同的价值。

相比于组织发起的工作设计，由对工作本身更加了解的员工根据自身需求自发自主地对工作内容、方式与工作关系等方面来进行的重构行为，这更有利于其借此更好地获得工作的意义与身份感。博格等（Berg et al.，2010）的研究证明，任务的复杂性和挑战性对工作重塑行为具有积极的预测和刺激作用。文旅融合背景下专业人才的教学活动为专业课教师提出了更为复杂、要求更高的胜任力素质，这一挑战性要求客观上要求高校专业课教师对于自身的工作进行重塑，以此来应对文旅新型创意人才培养的专业教学要求；与此同时，教学工作的特殊性决定了新型人才培养的开展实施为高校教师们带来了重新审视自身工作的契机，使其能够借助工作重塑行为来达成传授专业知识任务与培养复合型人才目标的同时实现，从而寻找到更为深刻宏大的工作意义。根据以上论述，本节提出如下假设：

H2：文旅专业高校教师胜任力正向影响其工作重塑行为。

（2）高校教师的工作重塑与大学生课程思政评价。

文旅融合背景下的专业课程教学对于高校教师提出了全新的胜任力要求，这种挑战性要求既是压力，也是动力，导致高校专业课教师主动或被动地对于自身的教学工作进行任务、关系、认知等维度的再设计，而这些方面的努力对于大学生对于创新教学的接受程度与总体评价都会起到直接作用。具体来说，为了达到"创意文化交叉""知识技能"等方面的新型专业胜任力要求，高校专业课教师需要对于原本的工作内容进行再设计，在课程体系中加入一些能够自然融入专业教学中去的元素，同时增加一些有助于将专业教学直观化、趣味化的文字、视频案例与实践环节；为了丰富自身开展新型专业教学的经验，原本"各自为战"的高校教师们需要重构与领导、同事的关系，努力创造互相交流、分享经验做法的机会。这些教学工作重塑的努力对于大学生的专业知识接受程度能够起到正向作用，并且实现对知识学习效果的促进。与此同时，原本主要为了满足新型专业人才教学胜任力要求而进行的任务、关系重塑往往会引发教师对于教学工作产生认知重塑，借此寻找到更为丰富的工作意义与工作身份，这种体现在教学内容、方法上的变化会对大学生产生积极深远的影响。基于以上论述，本节提出以下假设：

H3：工作重塑在教师胜任力与大学生评价间发挥中介作用。

3. 工作资源的调节效应

工作资源概念是在对工作特征问题的探索中逐步被提出的。所谓的工作特征主要包括工作本身的性质，所需的技能的工作，工作的环境，工作的工资和福利，工作的安全性，工作的反馈、工作的自主性、工作的挑战，工作中的人际关系，在工作、学习和发展的机会以及从工作中获得的内部报酬。Hackman 和 Oldham（1976）在此基础上提出了工作特征模型，认为核心工作特征包括五个要素，分别是技能的多样性、工作的完整性、工作的重要性、工作的自主性和工作反馈情况。这一模型在对学术界产生广泛影响的同时，也存在一定缺陷，即其五个核心维度均反映工作特征的积极方面。在此情形下，德梅鲁蒂等（Demerouti et al.，2015）提出工作要求——资源模型（job demands-resources model），较好地弥补了上述不足。

根据上文对工作资源的界定，一方面它可以通过满足人的基本需要，发挥内在激励作用，促进员工的创新行为；另一方面通过促进工作目标的实现发挥外在激励作用,鼓励员工为了确保目标顺利实现而做出努力尝试。文旅产业人才的培养是关系到文旅融合发展的关键,意义重大。由于强调文化人才与旅游人才的复合型培养,而文旅融合的模式仍在探索中,文旅人才的特点千差万别,可借鉴、推广的现成经验做法较少,专业课教师们为了提高教学效果、满足新型创意人才教学胜任力而对教学工作进行的重塑就更是一种尝试性探索,这种探索能否得到学校领导的支持,同事、同行是否乐意就经验做法进行分享与探讨,专业课教师是否拥有足够的自主性来开展这种探索,都关系到工作重塑这种自下而上的自发行为的发生概率。此外,由于高校专业课教师原本即承担着一定量的教学、科研任务,为了提高教学效果而进行的工作重塑势必导致教师额外投入大量时间与精力,如果这些额外投入不能得到高度认可与适当回报,高校教师同样可能放弃工作重塑的尝试。基于以上论述,本节提出如下假设。

H4:工作资源在教师胜任力对工作重塑的影响中发挥调节效应,在工作资源丰富的教学单位,胜任力容易引发教师的工作重塑行为。

H5:工作资源对工作重塑在教师胜任力与大学生评价间的中介效应发挥调节作用。

本节的理论模型如图 8-1 所示。

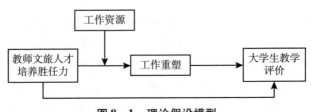

图 8-1　理论假设模型

8.3.2　研究设计

1. 研究样本与数据

本节的数据收集工作在 2021 年 10 月至 2022 年 1 月进行,数据主要来自济南、青岛等地的 9 家高校单位。为最大限度地减少共同方法偏差带来的影响,本书采取三阶段数据采集方式,且因研究变量需要,采用配对式问卷填写。在第一阶段(2021 年 10 月上旬至中旬),主要收集高校教师的人口统计学信息与教师胜任力相关信息；在第二阶段（2021 年 11 月中旬至下旬），收集与教师工作重塑和工作资源相关的信息；在第三阶段（2021 年 12 月下旬至 2022 年 1 月上旬），由大学生填写与课程接受度评价相关的信息。为了避免不愿回答的误差，在发放问卷时，反复强调数据的收集仅用于学术目的，且保证信息保密。在这种情况下，此次调研共发放问卷 108 套，回收 83 套，剔除漏填和明显有规律性的问卷后，最终获得有效问卷 264 份。其中男性和女性分别占比 30.22%、69.78%；学生年级方面，大一年级占比 5.97%，大二年级占比 27.99%，大三年级占比 35.82%，大四年级占比 26.49%，硕士及以上研究生占比 3.73%。

2. 变量定义与测量

在相关变量的操作与衡量上，本书本节参考国内外已发表成果，选用较为权威且已在教育教学情境中被检验为有效可信的测量量表作为研究工具，具体来说，本节的变量及相关测量量表包括如下。

（1）被解释变量。

本节的被解释变量为文旅专业大学生课程接受度与评价（acceptance & evaluation），该变量的测量，参考了路兴等（2011）编制的《混合式学习教师的接受度调查量表》，结合柯克帕特里克（Kirkpatric，1954）的评价模型进行设计。量表共包括 9 个题项，涵盖反应（reaction）、学习（learning）、行为与结果（behavior & result）三个维度，用以衡量学生对于课程思政教学的认可程度与评价水平。该变量的数据收集采用李克特 5 点式量表（Likert 5），由学生采取自评式填写，典型题项如："我感觉我所接受的专业教学活动生动有趣""在专业教学中我学到了专业知识以外的东西""通过专业学习，我感觉学习与生活变得更有意义"。经检验，该量表的克隆巴赫系数（Cronbach's α）为 0.79。

（2）解释变量。

本节的解释变量为文旅融合背景下高校教师的胜任力素质（competency），该变量的测量参考赵光等（2020）编制的专业课教师胜任力量表，笔者结合本节研究目的，对原量表进行了适当调整，最终量表由 10 个题项构成，涵盖个人特质、知识认知、知识技能三个维度。此变量的数据收集采用 Likert 5 点量表，由教师填写，典型题项如："我认为从事教学工作应具备较好的师德师风""我认为从事教学工作应具备

187

一定的创新意识和思维""我认为从事教学工作应借助案例与实践等对学生进行知识讲授与引导"。经检验,该量表的 Cronbach's α 系数为 0.89。

(3) 中介变量。

本节的中介变量为工作重塑(Job crafting),该变量的测量量表是在斯莱普和维拉—布罗德里克(Slemp & Vella‐Brodrick, 2013)的工作重塑量表基础上,结合齐亚静等(2014)编制的中小学教师工作重塑量表重新设计而成,由 8 个题项构成,涵盖了任务重塑(task crafting)、关系重塑(relational crafting)、认知重塑(cognitive crafting)三个维度,用以衡量高校教师为实施新型人才培养对于工作进行重新设计的意愿。该变量的数据收集采用 Likert 5 点量表,由员工填写,典型题项如:"为完成新型人才培养,对原来的教学任务进行适当丰富""在教学中探索新鲜有趣的方法""与其他老师建立密切联系""思考教师这一角色对于专业素质及学生发展的意义"。经检验,该量表的 Cronbach's α 系数为 0.86。

(4) 调节变量。

本节的调节变量为学校资源支持(job resource),该变量的测量以德梅鲁蒂等(Demerouti et al., 2015)开发的工作资源量表为基础,同时借鉴伍新春等(2014)对中小学教师工作资源的维度划分,用以反映组织支持性关系(supportive relation),自主性(autonomy)、合理回报(reasonable return)等维度,共计 6 个题项。该变量的数据收集采用 Likert 5 点量表,由员工填写,典型题项如:"学校领导应对教师课程创新活动给予支持""教师应有一定自主权去对课程内容进行设计""教师投入在教学创新上的时间精力应得到充分的认可与适当的回报"。经检验,该量表的 Cronbach's α 系数为 0.86。

(5) 控制变量。

本节认为,一些人口统计学变量可能会对学生的专业教学评价产生影响,因此,将个体特征中的性别与年级作为控制变量,其中性别为虚拟变量:1 = 男性,0 = 女性。所在年级是分类变量:1 = 大一,2 = 大二,3 = 大三,4 = 大四,5 = 硕士研究生及以上。

以上变量内涵解释见表 8-2。

表 8 - 2　　　　　　　　　　　　变量名称及定义

变量类型	变量名称	变量符号	变量定义
被解释变量	大学生教学评价	Y	文旅专业大学生对教学的反应与学习情况
解释变量	文旅融合背景下教师胜任力	X	文旅融合背景下教师教授复合型人才的能力
中介变量	工作重塑	Mo	教师为实现新型人才培养要求与个人能力的匹配而对工作内容、个人职业角色等进行的再设计
调节变量	学校资源支持	Me	高校为教师实施教学创新所提供的关系、资源、奖励回报等方面的支持
控制变量	性别、年级	C	对大学生专业评价产生影响的人口统计学变量

8.3.3　实证分析

由于本节所采用的问卷中所有测量题目均由员工填写，在分阶段调研情况下可能仍存在一定的共同方法偏差问题，因此本节运用 SPSS 23.0 软件，这里采用了目前较为常用的 Harman 单因子检验方法进行检验，操作方法为采用验证性因素分析方法，检验结果发现，该单因子模型拟合较差（$\chi^2/df = 7.563$，CFI = 0.509，TLI = 0.477，RMSEA = 0.164）。因此，本节不存在严重的共同方法偏差。

1. 信、效度检验

本节运用 SPSS 23.0 软件检验量表题项的信度和效度，结果见表 8 - 3。从表 8 - 3 可知，教师胜任力、工作重塑、工作资源、大学生课程评价 4 个变量的 Cronbach's α 值都大于 0.8，表明各变量信度良好。同时，结果中的验证性因子，其分析结果显示，表内的各个测项，它们在相应潜变量上，其因子载荷系数均大于 0.6，这就能够说明各量表能够较好地检测出相应的变量，因此具有良好的测量效度。

表 8 - 3　　　　　　　　　　旋转后的成分矩阵

	F1	F2	F3	F4	因子载荷	Cronbach's α
A4	0.746				1.123	0.938
A3	0.741				1.090	

189

	F1	F2	F3	F4	因子载荷	Cronbach's α
A7	0.740				1.034	
A2	0.739				1.017	
A5	0.735				0.993	
A1	0.718				1.135	0.938
A8	0.718				1.020	
A6	0.716				1.031	
A9	0.710				1.063	
A10	0.694				1.000	
B1		0.734			1.022	
B3		0.711			1.073	
B5		0.702			0.977	
B2		0.678			0.995	
B4		0.676			0.977	0.882
B8		0.672			1.000	
B7		0.668			0.882	
B6		0.668			0.938	
C5			0.782		1.044	
C4			0.766		0.982	
C1			0.766		0.991	0.928
C6			0.761		1.000	
C3			0.737		0.940	
C2			0.736		1.026	
D9				0.699	1.000	
D1				0.665	0.861	
D6				0.657	1.011	0.833
D4				0.636	0.835	
D2				0.623	0.847	
D8				0.621	0.885	

续表

	F1	F2	F3	F4	因子载荷	Cronbach's α
D3				0.614	0.930	
D7				0.614	0.881	0.833
D5				0.588	0.789	
初始特征值	12.021	3.141	2.451	1.652		
累计方差解释率	36.428	45.947	53.375	58.380		

　　本节采用 AMOS 23.0 软件对变量进行验证性因子分析，以检验教师胜任力、工作重塑、工作资源、大学生课评价的区分效度。表 8-4 结果显示，与其他三个模型相比，四因子模型（教师课程思政胜任力、工作重塑、工作资源、大学生课程思政评价）拟合效果最为理想（$\chi^2/df = 1.084$，RMSEA $= 0.018$，GFI $= 0.896$，CFI $= 0.991$，TLI $= 0.990$），这表明本节中的四个构念均具有较好的区分效度，且四因子模型中，所有题项的因子载荷系数都是显著的，且都大于 0.5，说明该模型具有较好的收敛效度，可以进行后续数据的处理分析。

191

表 8-4　　　　　　　　　　验证性因子分析

	χ^2/df	RMSEA	GFI	CFI	IFI	TLI
四因子模型	1.084	0.018	0.896	0.991	0.991	0.990
三因子模型	3.933	0.060	0.759	0.799	0.700	0.791
二因子模型	5.095	0.085	0.653	0.692	0.694	0.678
单因子模型	7.772	0.103	0.573	0.679	0.600	0.677

　　注：三因子模型（教师胜任力+工作重塑，工作资源，大学生评价）；二因子模型（教师胜任力+工作重塑+工作资源，大学生评价）；单因子模型（教师胜任力+工作重塑+工作资源+大学生评价）。

2. 描述性统计与相关性分析

　　由表 8-5 可知，教师胜任力与工作重塑呈显著正相关（$\gamma = 0.576$，$p < 0.01$），教师胜任力与大学生评价呈显著正相关（$\gamma = 0.328$，$p < 0.01$），工作重塑与大学生评价呈显著正相关（$\gamma = 0.354$，$p < 0.01$），

上述主要变量间呈现出明显的相关关系,这为随后的假设检验奠定了良好的基础。

表 8 – 5   描述性统计与相关性分析

	均值	标准差	性别	年级	教师 胜任力	工作 重塑	工作 资源	大学生 评价
性别	1.700	0.459	1					
年级	2.943	0.973	0.158*	1				
教师胜任力	3.233	0.986	−0.108	0.07	1			
工作重塑	3.284	0.928	−0.072	0.01	0.576**	1		
工作资源	3.300	1.077	−0.127*	0.01	0.672**	0.468**	1	
大学生评价	3.423	0.748	0.058	0.07	0.328**	0.354**	0.371**	1

注: * 在 0.05 级别(双尾),相关性显著; ** 在 0.01 级别(双尾),相关性显著。

3. 假设检验

(1)教师胜任力对学生评价的主效应检验。

本节运用层级回归法,在控制性别、年级等人口统计学特征变量的基础上,因变量(大学生评价)对自变量(教师胜任力)进行回归。在 M1 中,$F = 0.975$($p > 0.1$),回归方程不显著,性别、年级对工作投入无显著影响。在此基础上,在 M2 中加入教师胜任力变量,回归方程显著($F = 11.535$,$p < 0.001$),回归系数显著($\beta = 0.335$,$P < 0.001$),说明教师胜任力正向影响大学生评价,因而假设 H1 得到了验证。

(2)工作重塑的中介效应检验。

以工作重塑为因变量,以教师胜任力为自变量进行回归。M4 中回归方程不显著,在此基础上在 M5 中加入教师胜任力自变量,回归方程显著($F = 43.024$,$p < 0.001$),$\beta = 0.577$($P < 0.001$),说明教师胜任力对其工作重塑具有显著正向影响,故而假设 H2 得到验证。

M3 中,在 M2 的基础上加入中介变量工作重塑,回归方程显著($F = 12.242$,$p < 0.001$),教师课程思政胜任力回归系数 $\beta = 0.145$($P < 0.001$),工作重塑回归系数 $\beta = 0.201$($P < 0.001$),说明工作重塑在教师胜任力与大学生评价之间发挥中介作用,因此假设 H3 得到了

验证。

（3）工作资源的调节效应检验。

M6 在 M5 的基础上加入调节变量工作资源，结果显示，回归方程显著（F = 33.831，p < 0.001），教师胜任力回归系数 β = 0.480（P < 0.001），工作资源回归系数 β = 0.145（P < 0.01），M7 在 M6 的基础上加入交互项（教师胜任力 × 工作资源），回归方程显著（F = 29.187，p < 0.01），交互项系数显著 β = 0.140（P < 0.01），说明工作资源正向调节教师胜任力与工作重塑的关系，H4 得到验证（见表 8 - 6）。

表 8 - 6　　　　　　　　变量间关系的回归分析结果

预测变量	大学生评价			工作重塑			
	M1	M2	M3	M4	M5	M6	M7
性别	0.047	0.088	0.145	- 0.075	- 0.005	0.003	- 0.002
年级	0.065	0.036	0.034	0.019	- 0.030	- 0.026	- 0.014
教师胜任力		0.335 ***	0.145 **		0.577 ***	0.480 ***	0.481 ***
工作资源						0.145 **	0.178 **
教师胜任力 × 工作资源							0.140 **
工作重塑			0.201 **				
R^2	0.007	0.118	0.160	0.006	0.333	0.344	0.362
Adjusted R^2	0.000	0.108	0.142	- 0.002	0.325	0.334	0.350
F 值	0.975	11.535 ***	12.242 ***	0.721	43.024 ***	33.831 ***	29.187 ***

注：*** 代表 p < 0.001，** 代表 p < 0.01，* 代表 p < 0.05，均为双尾检验。

193

（4）有中介的调节效应检验。

为进一步明确工作资源的调节效应，本节绘制了工作资源对教师胜任力与工作重塑关系的调节效应图，如图 8 - 2 所示。同时，本节利用 SPSS 23.0 宏程序 Process 检验工作资源在均值加减一个标准差下被调节的中介效应，结果如表 8 - 7 所示。

在教师胜任力对大学生评价的影响路径中，低包容氛围水平下，工作重塑的中介作用相对不显著，间接效应为 0.091，95% 置信区间为

[0.016, 0.123]，不包含 0；高包容氛围水平下，工作重塑的中介作用显著，间接效应为 0.118，95% 置信区间为 [0.041, 0.200]，不包含 0。上述结果表明，工作资源水平越高，工作重塑的中介效应就越强，即存在被调节的中介效应。另外，在高、低工作资源水平下，工作重塑间接效应差异值为 0.064，95% 置信区间为 [0.034, 0.152]，不包含 0，进一步表示工作资源在教师胜任力影响工作重塑的作用机制中发挥调节作用，即在工作资源强的环境下，教师胜任力容易引发大学生高水平评价，因此假设 H5 得到验证。

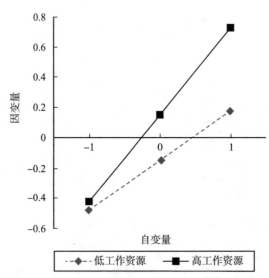

图 8 - 2 工作资源对教师胜任力与工作重塑的调节作用

表 8 - 7　　　　　　　　　有调节的中介作用 Bootstrap 检验结果

调节变量	教师胜任力→工作重塑→大学生评价		
	间接效应	95% 置信区间	SE
工作资源（+1SD）	0.118	[0.041, 0.200]	0.040
工作资源（-1SD）	0.091	[0.016, 0.123]	0.028
差异	0.065	[0.034, 0.152]	0.030

8.3.4　结论与讨论

1. 研究结论

本节以胜任力模型理论、人职匹配理论及学习评价模型理论等为基础，通过实证研究探讨了文旅融合背景下，工作重塑在高校教师胜任力与大学生接受度及评价的关系中的中介作用，以及高校教学资源支持的调节效应，经过实证研究验证，得到如下结论：首先，文旅融合背景下的高校教师胜任力相比于单纯从事文化或旅游的教学发生了改变，体现出新的特点和更高的要求，新的胜任力素质要求的满足对于学生的专业学习评价有正向影响作用；其次，高校教师的工作重塑行为能够使其在胜任工作要求的过程中产生更强的意义感与成就感，从而借助教学质量的提升正向影响到学生的接受度；最后，由于针对新型人才培养要求而自发进行的工作重塑行为本身是一种创新性探索，具备一定的不确定性，并且这种探索需要教师付出大量额外的时间与精力，因此工作重塑行为的发生与否很大程度受到学校工作资源支持的调节影响，获取的工作资源越多，教师越可能自发产生工作重塑意愿；相反，工资资源支持越少，出于风险规避心理，或由于投入与回报的不对称性，教师通过工作重塑来提高教学效果的探索性活动发生概率越低。总之，本节提出的被调节的中介模型揭示了文旅融合背景下教师胜任力对学生接受度及评价的传导机制，以及该间接效应的边界条件。

2. 理论贡献

（1）此前关于教师教学能力的研究大多围绕"胜任力"来展开，近些年教师胜任力研究开始聚焦于教师类型、教育阶段，甚至已出现专门研究课程思政胜任力的研究成果，诚为可喜，但胜任力研究不能仅仅停留在胜任力指标体系的构建层面，应尝试探索教师胜任力提升对于大学生教育接受度及评价水平的具体影响路径，也就是说，高校教师面临文旅融合背景下更趋全面、复杂的胜任力要求，通过怎样的心理与行为改变，最终作用于大学生身上，使得大学生能够对于教学产生较强的认可，并将其内化到自身的行为与价值体系中，本节通过构建有调节的中介模型，有效地实现了丰富、完善高校教师胜任力研究的目的。

195

（2）工作重塑这一概念更多情况下在企业管理研究中被提及，虽然近年来也有不少学者针对教师的工作重塑问题开展研究，但数量和深度尚显不足。由于教师这一职业的特殊性，相比于其自发性，这一群体工作重塑的非物质回报性体现得更为明显，这一点也已得到众多学者研究的关注。新型创意人才的培养格外强调教师"立德树人"的初心使命，因此高校教师的工作重塑行为既是应对文旅融合背景下胜任力特征改变的必要，同时也是教师优化"传道授业解惑"职责的选择，表现在具体的工作重塑各维度上，教师在任务职责、角色认知等方面所进行的工作再设计便与企业员工的工作重塑行为体现出一定的差异，从这一意义上，本节丰富了工作重塑理论在教育教学情境下的应用边界。

3. 实践启示

（1）本节经过理论分析与实证研究，论证了文旅融合背景下教师胜任力对于其工作重塑行为有显著预测作用，但这一作用会受到教师所在环境的工作资源支持的影响，领导对于教师在工作重塑方面的探索性行为的支持、同事之间的交流沟通与相互学习、教师开展工作重塑活动的自主性、针对教师投入在工作重塑上的时间精力的适当回报都会影响到教师采取工作重塑行为适应新型人才培养要求的意愿强弱。文旅人才的培养是文旅深度融合发展的关键，为了鼓励教师以提升课程效果为目标，自主自发开展的工作重塑行为，学校领导及相关人员应尽可能多地为教师提供资源支持，使其打消顾虑，且不因为探索创新行为得不到应有认可而产生心理落差，更加积极主动地开展工作重塑活动。

（2）作为新型人才教育的客体，大学生在教学活动中的反应与收获与教师的投入同样重要，大学生的接受度与评价水平是教学活动开展效果最客观而关键的评估指标。综合来看，接受度虽然能够比较直接地体现大学生对于课程教育的反响，但形式上受到学生欢迎的课程教育未必一定表示其成功地将教学内容内化为自身的知识体系。出于这种考虑，本节在分析较为浅表的反应层面的课程教育接受度的同时，将企业培训领域的柯氏（Kirkpatric, 1954）模型引入教育评价范畴，从对教育的反应、知识学习效果、思想行为改变等多个层面关注大学生对于新型专业教育的评价，从而得到更为全面客观的关于教学效果的评价，这样的反馈对于反向指导高校教师的胜任力、高校教师的工作重塑等方面具有较好的参考价值。

8.4　文旅人才的工作分析与工作设计

在开展后续一系列关于文旅人才的选择、聘用、岗前引导、培训、开发、职业生涯、绩效评估、薪酬管理等活动之前，首先需要对于文旅人才的工作进行适当分析，结合其分类人才特征进行工作的设计与再设计，甚至鼓励文旅人才对于自身工作进行自发的再设计（亦即工作重塑活动），本节即针对此问题进行适当分析。

8.4.1　文旅人才的工作分析

工作分析是一切人力资源管理活动的基础，指的是分析工作的本质、工作的主要任务职责、工作的内外部联系、工作的环境以及从事本工作所需具备的核心能力的系统化过程。科学合理的工作分析流程包括工作分析筹备、工作分析方法的选用、工作分析结果的整理、工作说明书的撰写等多个环节。结合文旅人才的特点，在进行工作分析方法的选择时，应优先选择能够体现文旅人才工作特点的工作分析方法，并结合各种工作分析方法的优劣势进行适当组合。观察法是有助于获取第一手资料信息，以最真实的信息资源为依据对人才的工作进行分析的有力方法，此种方法适用于对文旅产业中的一线操作人员、导游等职业的工作分析；访谈法适合用来对于文旅产业人才中的创新创意人才、经营管理人才、策划设计人才进行工作分析，通过深度访谈获取关键信息，从而了解以上各类人员的工作特点；问卷法适合针对文旅产业人才中的政策解读人员、文旅产品、服务的营销人员进行工作分析，此类人员基数较大，问卷法可以很好地满足在短时间内针对多类型多数量人员进行信息搜集的需要。在编写文旅人才的工作说明书时，应注意岗位名称、性质、特点，主要岗位职责描述、主要任职资格等不可或缺的信息的填入，在撰写工作说明书时，应注意体现文旅产业从业人员的工作特性，对其工作职责、任职资格、工作关系等进行精准的描述。在工作说明书

197

完成以后，要切实将其利用起来，使其成为指导文旅人才选聘、开发培训、激励、评估等一系列人力资源管理活动的依据与基础，使得文旅人才的管理活动更有条理性，更具针对性。

8.4.2　文旅人才的工作设计

工作设计的概念是在针对科学管理原则的适当性修补过程中逐步推广、衍化和发展起来的。传统的科学管理思路要求工作尽可能的专业化、专精化和细分化，这样的工作安排在带来了较高的工作效率、较好的工作替代性的同时也导致了员工工作的一系列问题，如工作倦怠、工作意义感缺失、工作去角色化、工作效率低下，甚至员工的自我伤害行为等。在此意义上，在确保工作效率的基础上，尝试提升工作的内容（job scope）和工作的宽度（job depth）的工作设计理论便得以推广并迅速发展。所谓工作设计，指的是通过对于工作内容、特质、任务的委派，使员工的个人特质与工作的内容、技能需要达成较好的一致性，从而提升员工个人工作完成度及组织整体运营效果的一系列活动。针对文旅人才个性较强、创意性工作占据主导位置，同时对于工作的自主性、弹性要求较高，对自我实现和尊重要求较高的现实情况，文旅产业组织应对其工作进行设计与再设计的活动，具体来说，应为文旅人才提供相对宽松宽容的工作环境，给予其自行安排工作节奏的自由，实施以远程办公、紧缩工作周、工作分担等为代表的弹性工作制，通过赋予员工更多工作自主性与工作意义来提升其工作投入程度，在其工作设计中体现创意工作的创新性与挑战性，使工作本身成为激励员工巨大工作热情的直接激励因素。与此同时，由于管理者相比于员工本人，对工作的具体内容相对缺少认知，应鼓励员工自发自主地针对工作进行再设计，鼓励其尝试提升将工作内容与其个人特质相配合的工作重塑行为，借助以上各方面的活动，使文旅人才在面临文旅融合背景下文旅产业交叉融通所带来的新型创意工作要求与挑战，能够有足够的自主性来促成工作特征与个人兴趣、特质、专长的匹配，提升人才的工作热情与工作绩效。

以上关于文旅人才工作分析与设计内容可归结如表 8-8 所示。

表 8 – 8　　　　　　　　文旅人才的工作分析与工作设计

文旅人才工作分析与工作设计相关方面	内容维度界定	注意事项
工作分析方法的选择	在充分考虑文旅人才特点的基础上，在常用的工作方法如观察法、访谈法、问卷法、实践法中进行选择的过程	文旅人才的工作性质以高强度复杂性脑力劳动为主，选择观察法、实践法进行工作分析的适用性较差，可以访谈法与问卷法相结合，提取文旅产业从业人员的核心素质
工作说明书的撰写	文旅人才的工作内容与工作规范的参照文本，具体包括文旅产业人员具体工作岗位、岗位职责概述、具体岗位职责、内外部联系、岗位工作环境条件等	由于文旅人才的岗位特征包括文化旅游创意交叉性、商业转化的完整性、工作较强的自主性等方面的特点，针对文旅人才的工作说明书撰写需要格外关注较为丰富多元的工作内容，尽量在岗位职责描述中将其概括
文旅人才的工作设计	为使文旅人才感到工作具备较好的工作宽度与工作深度而需对工作内容、工作完成方式、工作环境等进行的设计与再设计	文旅人才的工作特征融合了文化产业与旅游产业各自的特点，因此体现出工作内容多样化、工作技能多元化、工作自主性与工作的协同合作性等特质，为满足文旅人才的工作特征与个性，应采取弹性办公时间等新工作设计来促使文旅人才生成较高的工作满意感
文旅人才的工作重塑	员工为了更好地完成工作，自发地、自下而上地对于工作内容、关系、工作的意义等方面进行的重新界定与重新设计	文旅人才作为新型创意人才，其自发自觉开展的，目的是迎接新型工作特征要求的工作重塑活动，对于其工作投入与工作业绩有着重要的影响作用，组织应尽可能为员工提供宽容的文化氛围和工作资源支持，以鼓励员工的主动工作再设计行为

8.5　文旅人才的盘点与规划

　　文旅人才是支撑文旅产业融合发展的关键力量，同时也是支撑文旅融合发展的稀缺资源，能否对组织目前现存的人才进行全面而精确的盘点，并及时预测未来组织发展所需的人才资源与当下人才存量的缺口，采取有针对性的措施对于人才缺口问题进行分析与解决，是决定后续的人才管理活动能否起到预期效用的关键工作之一。

8.5.1 文旅产业组织的目标分解

文旅产业组织要实现既定的经营管理目标，实现预期的利润率，就必须对组织的总体经营目标进行适当分解，将组织宏观愿景分解为部门中期经营目标，随后将其分解为短期可执行目标，最后将目标分解到团队或个人层面，如此才能将组织的人力资源需求量化为个体的绩效目标，对应为个体的人才需求。这一目标分解的过程被称为"层级分解法"。文旅产业的经营管理目标相对较为宏观，是原本的文化产业与旅游产业价值链各环节交叉融通组合的结果，需要对目标进行精细的阐述与分解，将目标的实现路径与人才的具体特点进行适当的结合，了解在实现目标的过程中，文旅组织的顶层管理者、中层管理者、基层管理者在目标分解过程中分别扮演什么样的角色，在开发、成就文旅创意人才、策划设计人才、商业转化人才、经营管理人才、营销人才的过程中，管理者、人才本身分别应当承担什么样的角色，经过这样的分解过程，各类人才的职责担当将得到更好的界定，为后续的人力资源管理预测活动奠定了基础。

8.5.2 文旅产业组织的人力资源管理需求预测

在对组织目标进行适当分解之后，文旅组织在未来经营管理过程中所需的人才数量、质量的量化活动变得更加可行。文旅组织应将常规的用来预测人力资源需求的方式方法与文旅人才的特点进行结合，选取其中最为适用、最有针对性的方法来开展预测活动。人才预测的具体方式、方法，大致可以被划分为经验类分析法与定量化分析法。其中，经验类分析方法包括管理者经验判断、德尔菲法、基准法等，结合文旅人才的特点，德尔菲法是用来预测需求的最适用方法。该方法要求一组专家就未来的人才需求问题分别发表意见，中间人负责将各位专家的预测结果反馈给个人，并要求专家们阐述其作出预测的具体原因，每位专家在参考其他人预测活动过程的基础上对于自己最初的预测结果进行适当的变更，最后直到一个相对一致的结论产生。该方法结合了主观、客观评价的诸多优点，比较适合用来预测个性相对突出、不确定性较强的文旅人才的需求情况，其他可以用来参考的方法还包括人员比率法、时间序列法、回归分析法等数学定量分析方法。

8.5.3 文旅组织的人才盘点：预测文旅人才的供给

对文旅人才需求的预测应与文旅人才供给的盘点结合起来（见表8-9）。文旅人才供给盘点指的是了解目前组织当中的文旅人才存量，以及对于未来短时期内组织内文旅人才的供给变化进行适当的预测。人才盘点最常用的方法是制作人才的技能清单，针对文旅人才来讲，文旅组织需要对目前组织中存有的文旅人才的年龄、性别、技能情况、薪资情况、发展空间、所在部门与岗位、内外部人员联系等关键信息进行系统的盘点与更新，以此作为预测文旅人才未来的一系列变化，如人员流动、晋升、转岗、辞职、离职、退休等活动的基础。用来进行人才盘点的工具除人才技能清单之外，还包括针对文旅组织经营管理人才的管理人员技能盘点、马尔科夫模型等。经过人才盘点以后，组织能够得到文旅人才的总存量，以及与文旅人才未来需求相比较之后所得到的人力资源净需求，净需求是组织据以作出未来人力资源管理活动的基础。

表8-9　　　　　　　　文旅人才的预测与盘点

文旅人才的预测与盘点相关方面	内容维度界定	注意事项
文旅人才需求的预测	为了确保文旅产业组织能够正常地运转与发展，需对组织在未来所需要的人才、人力资源进行合理性的预测，亦即文旅人才的数量与质量的预测	文旅人才的工作特征较为复杂，个性特征较为明显，对于文旅人才的预测可以采用经验预测与统计量化方法预测相结合的方法，例如德尔菲法结合人员比率法来对人才需求进行预测
文旅人才存量的盘点	对文旅组织内现有的文旅人才进行盘点，具体包括人才姓名、性别、年龄等基本信息，以及人才所掌握的技能、知识、证书等，对人才现有能力及未来职业发展的潜力所进行的评估等	文旅人才具有工作内容多元化、工作技能多样化、工作自主性强等特点，因此对于文旅人才的盘点既需要关注人才现在的情况，更需要将关注点放在人才的发展可能性上，例如文旅人才的学习能力等

文旅人才的预测与盘点相关方面	内容维度界定	注意事项
文旅人才缺口的填补	在完成文旅人才未来需求的预测和现有人才的盘点后，得到人才的净需求，亦即文旅人才的缺口预测，随即需要确定用来填补缺口的具体措施	文旅人才的缺口管理常规来讲主要包括人才供不应求及供过于求两种情况，在当下文旅融合发展的快速阶段，复合型文旅人才的需求较为迫切，因此针对文旅人才的缺口管理以人才添补为主，具体包括文旅人才的选聘、文旅人才的入职培训等

8.5.4　文旅人才缺口的填补

经过前三步的工作，文旅人才的需求与供给情况得到了良好的预测。文旅人才的需求与文旅人才的存量之间比较的结果称为人力资源的净需求，净需求的数值可能为正也可能为负，当文旅组织的人力资源需求大于其人力资源供给时，亦即我们常说的供不应求情况时，需要对于文旅人才队伍进行适当的增补，亦即文旅人才的招聘与选拔活动；而如果情况恰恰相反，则需要对于现有人力资源管理队伍进行适当的裁剪，或采用鼓励提前退休、鼓励员工主动离职等手段来化解供过于求的矛盾问题。在当下文旅深度融合发展的大形势下，既懂文化又懂旅游，既具备创新创意能力，又具备管理与推广能力的，复合型的人才，这才是文旅产业发展中急缺的人才，针对文旅人才的增补占据了大多数情况。文旅人才的增补可以选择临时性招聘、永久性招聘等措施，临时性增补可以寻求人力资源咨询公司的帮助，永久性招聘则多数需要组织制订系统的招聘计划，选取符合文旅人才特征的有针对性的人员选拔工具来进行系统性选聘，这一部分内容将在下一节详细介绍。

8.6　文旅人才的招聘与选拔

前文从宏观与微观层面探索了文旅产业人才、文旅创意创新人才、文旅产品设计策划人才及文旅经营管理人才的胜任力特征，并构建了文旅人才总体的胜任力模型与各类文旅人才的胜任力模型。胜任力是用来将绩效优秀与绩效平平者区分开来的关键素质，本书构建的胜任力模型能够成为针对文旅人才进行选聘的关键指标。具体来讲，文旅组织应从以下方面参考文旅人才的胜任力模型，开展人才的选聘工作。

8.6.1 根据人才需求状况选择招聘渠道

组织进行人员选聘的渠道可以分为外部渠道与内部渠道，两者各有优劣势，应结合人才需求情况来进行审慎的选择。具体来说，内部招聘中，组织与管理者对于文旅人才的现有情况、知识技能情况、发展潜力等具有较为全面的了解，能够对其进行全面的评估与评价，从而降低选用出现偏差的风险，同样地，文旅人才对于组织本身也较为了解，对于其组织文化、要求、个人岗位情况都较为了解，不存在较大难度的融入、适应组织的问题。但与此同时，单纯依靠内部招聘容易导致文旅人才的选择余地过小，人员晋升的过度竞争会影响士气、难以为文旅组织带入新鲜血液与新鲜思想等问题。因此，应结合文旅组织当前发展阶段，参考其人力资源管理规划的结果，充分考虑内外部招聘各自的优劣势，确定究竟应选用哪种渠道。用来进行文旅人才内部招聘的方法主要有工作岗位申请公告等，外部渠道方法主要有校园招聘、社会双选会、内推、线上招聘平台等，可以综合考量多个 App，如智联、无忧、Boss 等平台的优劣势对其进行选择。

8.6.2 在对文旅人才进行招聘时注意采用现实工作预览的方法

尽管文旅组织意识到既懂文化，又懂旅游，既懂创意，又懂管理的复合型人才对其经营发展的重要性，但在开展招聘活动时，应注意不能仅因需求迫切就在招聘广告宣传中加入过多虚假信息，做出不切实际的薪资待遇与发展机会的承诺，应该秉持"现实工作预览"（realistic job preview）的招聘理念，尽可能在招聘信息中描述真实可信的信息，这样能够让文旅候选人正确地审视工作要求与自己能力，不会对于工作本身抱有不切实际的期待，导致入职后发现工作期待与实际情况不符，萌生去意。

8.6.3　选择能够体现文旅人才胜任力素质的心理测试工具

在针对文旅人才进行选拔的系列测评工具中，应优先选择那些能够体现文旅人才创意创造能力、商业转化能力、经营管理能力、设计策划能力的测评工具，例如能够体现其知识技能与熟练度的能力倾向测试（general ability testing battery，GATB），能够体现其职业兴趣的霍兰德职业类型与人格特质 VPI（vocational preference indicator）测试，能够体现其人格类型与特质的 MBTI（myers briggs type indicator），16PF 测试（16 personality factors），大五人格测试（big 5），符合其他适合表现文旅人才特质的创造力测试、情商测试、逆商测试，从而全方位多角度对于文旅候选人才进行由表至里，能够体现其胜任力素质冰山以上部分及以下部分的测试。

8.6.4　在面试中设计能够体现文旅人才胜任力的关键问题

面试是人员选聘中最为灵活、最能直接获取文旅产业候选人内在特质的环节，应根据前文所构建的文旅人才胜任力模型，对于面试类型、面试问题的设计、面试时采用的技巧与原则进行精心设计。常见的面试类型，根据其特点可分为结构化、非结构化、半结构化面试，比较特殊一些的如压力面试、无领导小组讨论等。上述的各种面试方法，各有其优势和劣势，根据文旅人才的综合特征，采取半结构化面试更为符合其崇尚自由、渴望平等交流、渴望被聆听的特质，同时也能够对其素质进行较为全面的考察并满足其得到尊重的心理。设计面试问题时应遵循 STAR 原则，采用行为时间引导式发问，使其描述在某情境下通过怎样的活动，围绕怎样的任务，达成了什么样的结果，从而对候选人进行有针对性的考察。在面试过程中，结合文旅人才的胜任力素质，应就其创新创造、商业转化、策划设计等方面提问核心问题，注意在面试中与其进行频繁互动，随时记录重要的信息，并及时就面试情况对其进行反馈。

以上关于文旅产业人才选聘的问题与对策建议可以总结归纳如表 8-10 所示。

表 8 – 10　　　　　　　　　　　　文旅人才的招聘与选拔

文旅人才选聘相关方面	内容维度界定	注意事项
招聘渠道	对文旅产业所需人才进行招聘与选拔时所需考虑的人才来源渠道，主要包括内部渠道与外部渠道，分别对应着内部招聘与外部招聘	应结合文旅人才的工作特征与人格特点选择适用的招聘渠道，例如文旅人才中的创新创意人才、设计策划人才等更适合选择外部招聘，而文旅产品服务营销人才与经营管理人才则更适合进行内部招聘
招聘信息的发布	在招聘广告发布与招聘简章公布过程中组织选择、传递信息的真实性问题，亦即在确保岗位的吸引力同时尽可能让候选人了解岗位真实情况的努力程度	文旅人才年轻化、比较重视自我实现、重视尊重需求、希望得到公平性对待与呼唤宽容性组织文化环境等特点决定了组织在进行人员招聘时应该开诚布公，让候选人了解最真实的信息
选拔时用到的笔试	在文旅人才的选聘过程中可能用到的各类测试，包括知识测试、熟练度测试、运动能力测验、职业兴趣测验、人格类型测验、价值观测试及其他测试类型	文旅人才的工作特征与个性特点决定了对其进行笔试测验时应综合采取多种方式，尤其应重视知识能力测试与人格类型测试的结合，例如采用 VPI 测试与 MBTI 测试来对文旅人才特质进行全方位考量
选拔面试	针对文旅人才的面试类型主要包括结构化、非结构化面试、小组为单位面试、委员会面试、压力面试、无领导小组讨论等	缘于文旅人才的独特性，在设置针对文旅人才的面试问题时，应以情景行为式问题为主，综合运用结构化、半结构化、非结构化等多种面试类型，并适当采用无领导小组讨论来观察、开发人才的自主性

205

8.7　文旅人才的培养与开发

　　相比于文旅人才的招聘工作，文旅人才的培养与开发与其胜任力素质有着更为紧密的关系，文旅组织应参考文旅人才的胜任力模型，力图制订科学合理的培训计划，选用合适的培训方法，从而使文旅人才具备产生优质绩效所必需的胜任力特质。

8.7.1　以胜任力模型为基础开展培训需求分析

　　培训需求评估是整个培训开发工作的起点。为了使培训活动有的放矢，满足人才真正的能力提升需求，应借助访谈法、专家讨论法、问卷法等对人才进行深度调查，了解其培训开发的需求点。文旅人才是文化与旅游产业价值链环节交叉融通发展的必要支撑，其胜任力素质体现出产业融合后对于交叉知识技能的迫切需求。前文提到，产业融合带来的新型职业特征导致文旅人才面临着工作内容、工作技能、工作关系等方面的全新要求，这对他们来说是巨大的挑战，员工们需要接受必要的培训开发活动来适应新型职业特征的要求，因此深入了解他们的培训诉求，了解他们为满足新型工作需要所需接受的培训是保障针对文旅人才的培训活动能够达到预期目标的关键。

8.7.2　选择适合的培训方法来实现文旅人才的胜任力目标

针对员工的培训有多种方法可供管理者选择，其中一部分不需要员工脱离现有的工作岗位，在工作中将知识、原则、要点应用到工作中去，如轮岗、学徒制、经验培训、教导法等；另一部分需要员工脱离工作岗位，专门拿出时间，参与特定的培训活动，如课堂培训、虚拟课堂、公文筐训练、商业模拟、案例分析、讲座等。文旅人才的胜任力素质特征关键在于其创新创造能力、商业转化能力、设计策划能力、经营管理能力等，在以上这些胜任力素质特征的培养中，应考虑各种培训方法的优劣势，有针对性地进行遴选。例如创新创造能力与设计策划能力更适合采用经验教导法、学徒制培训等方法来培养，而商业转化能力、经营管理能力等偏向于企业管理的技能能力则更适合采取讲座、课堂教学、案例分析等方法来开展，方能收到最好的效果。

8.7.3　及时对文旅人才的培训开发进行效果评估

培训计划的完成程度不仅取决于培训需求的评价与培训方法的选择，也取决于能否对培训活动进行及时准确而全面的评估。根据经典的柯氏培训效果评估模型，培训项目的实施效果，这一目标可以从反应、学习、行为、结果四层面进行评估，反应主要体现受训者对于培训项目、方法的欢迎接受程度，学习主要反映受训者通过培训的知识技能掌握情况，行为主要反映受训者在接受培训后有无在日常行为态度中反映出变化，结果主要体现受训者在工作效率、工作离职率等方面的变化。结合文旅人才的胜任力特征，文旅组织应该了解文旅人才比较活跃开放，在培训反应上的表现未必与其工作行为、结果挂钩的特点，并开发有针对性的考试题目来测量其接受培训的学习效果，采用控制组调研、绩效考评等方法考察其在行为、结果层面的培训效果，从而全面系统地对文旅人才的培训效果进行评估。以上关于文旅产业人才培训与开发的问题与对策建议可以总结归纳如表 8 – 11 所示。

表 8 – 11　　　　　　　　　文旅人才的培训与开发

文旅人才培训开发的相关方面	内容维度界定	注意事项
文旅人才的培训需求评估	为使文旅产业人才的工作技能满足新型工作特征要求，实现更好的人员绩效，对于文旅人才所需的培训进行调查了解	文旅人才的培训需求与其他类型员工有较大不同，考虑到其工作内容多样化、工作技能多元化、工作自主性强、协同合作特征明显等，文旅人才的培训以创意创造、沟通协调、时间管理为主
文旅人才培训方法的选择	为提升文旅人才的工作投入、工作绩效与工作繁荣，适合用来对其进行培训的具体方法，包括以转岗为代表的在职培训与以课堂培训为代表的脱产培训等	文旅人才的工作特征与个性特点决定其对培训方法的灵活性、趣味性要求较高，结合文旅人才特点，可以考虑采用素质拓展培训、商业模拟、角色扮演等较为生动的实战演练方法对其进行技能知识的培训
文旅人才培训效果的评估	在文旅人才接受培训后目标实现情况的评估活动，具体包括人才在培训的反应方面、学习情况、接受培训后的行为与工作结果产出的变化等	文旅人才的工作特征与个性特点决定了针对此类员工的培训效果相对难以评估，因此除了需了解文旅人才对于培训的直观反应以外，还需通过控制组测评、绩效考评对其学习情况、行为方式等进行系统考察

8.8　文旅人才的职业发展规划

文旅人才相比于其他类型人才如知识型人才，或传统意义上的文化产业人才与旅游产业人才而言，具有知识、技能复合性强，能力交叉性表现明显，职业发展路径多元等诸多特点，因此，针对文旅人才的职业生涯规划与发展具有与其他类型人才不同的特色。

8.8.1 通过素质测评工具促进文旅人才对于自身的深刻认知

职业生涯规划与发展的首要步骤即是促成人才对于自身知识、能力、性格特质等方面更为深入的了解。上文介绍到的一系列素质测评工具有助于人才增强对于自身的认知，例如以 IQ、EQ、AQ 为代表的能力倾向测试有助于人才了解自己的现存能力与潜力；以文化与旅游知识测试为代表的知识与熟练度测试有助于人才了解目前自己在职业知识技能上的水平；以 16PF、MBTI 测试为代表的人格类型量表有助于人才了解自身的性格特征与职业要求的适配度；以 VPI 为代表的职业兴趣量表有助于人才了解自身的职业兴趣与目前所从事的职业细分门类的匹配程度。总之，通过各种测评工具促使人才对于自身的工作能力、工作潜能、工作特性、工作发展方向有更为全面深入的了解，这无疑会有助于其在未来的职业探索与职业路径发展中掌握更强的主动性。

8.8.2 通过组织咨询等方式促进文旅人才对于未来发展路径的认知

仅仅帮助员工了解其个人兴趣、专长、特质等方面的情况尚不足以促进人才对于未来的职业发展形成全面而有针对性的认知，组织应该为人才提供各类职业的具体性质、发展情况等方面的信息，并结合员工的个人特质，帮助其进行职业发展路径和发展方向的探索。对于尚在高校接受专业教育的大学生来说，应该拓宽自身在校内外接触专业工作特性与公司、组织提供岗位情况的相关信息，做到既了解自己，也了解周边的职业环境和职业特性，如此才能实现良好的人职匹配。应充分利用校友资源，向已经就业的同学和师长进行咨询请教，提前了解社会环境状态与职业从业要求，结合职业发展的需求和相关行业的发展方向对自己的能力、兴趣、特质进行适当的丰富与拓展，为未来的求职、求学及职业发展夯实基础，凡事预则立不预则废，对于文旅专业的大学生来讲尤其是如此。

8.8.3 个人与组织相互配合制定现实的职业目标，选取有效的职业战略

在充分了解自身的特质、兴趣与职业发展优势，并且对于未来的就业、择业、职业发展信息有了充分的认知之后，员工个人与组织应当共同努力，为人才设计符合个人特质的、较为容易实现的职业发展目标，并借助提供培训计划、设计培训方案，实施评价中心技术等为员工开发设计适当的职业发展战略。目标应尽可能的清晰，具备可行性，具备一定的挑战性；职业发展战略可以参考格林豪斯（Greenhouse，1995）所提出的现有岗位的竞争力、支持性关系拓展、关键性业务发展机会的拓展、长时间的努力工作、关键性工作技能的掌握与提升等 7 条关键的职业发展战略，结合文旅人才性格个性较强、工作自主性方面要求较高、自我实现要求较高的特点，综合系统地设计职业生涯发展战略，以有助于其顺利实现预先设定的职业生涯目标，使其与组织发展目标实现同频共振。

以上内容可以归结如表 8 - 12 所示。

表 8 - 12 文旅人才的职业生涯管理

文旅人才职业生涯管理相关方面	内容维度界定	注意事项
文旅人才的自我认知	鼓励文旅人才进行针对自身知识能力、性格特质等方面的深刻认知，同时要求组织管理者在充分考虑组织目标基础上对人才各方面特质进行评估与反馈	文旅产业融合发展为产业人才的职业发展带来了多种可能性，实现良好的人职匹配要求人才首先对于自身的特质、专长、兴趣有全方位深刻的了解，这既需要员工本身的努力探索，也离不开管理者的帮助与支持
文旅人才的环境认知	组织除了应该帮助员工对自身的优劣势、职业特质、兴趣、人格特质等方面有全面了解以外，同样需要使员工清楚地了解到组织内的职业发展机会，并且使其清楚了解所在组织的职业环境	为了使文旅人才寻找到最适合自己的职业发展通路，组织应鼓励员工进行职业自我探索，并利用掌握信息较为全面的优势为员工进行职业通路设计，使员工既对自身有更为清晰的了解，又对组织环境和职业发展机会有所了解

文旅人才职业 生涯管理 相关方面	内容维度界定	注意事项
文旅人才职业 目标设定与 职业战略选择	在文旅人才的职业发展关键阶段，组织为人才量身定做具备可行性的职业发展目标，并开发有助于员工实现目标所需的职业战略举措	文旅人才的工作特征与个性特点决定了其职业目标的设定应兼具挑战性与趣味性，同时组织应考虑到文旅人才特质而避免其自我设定目标时出现脱离实际的情形，可以参考格林豪斯的7个主要职业生涯战略模型为员工设计适合自身的职业生涯战略活动

8.9 文旅人才的评价与激励

前文对于文旅人才的工作投入激发机制进行了系统的分析与探讨，得出结论，文旅融合所引致的新型职业特点导致文旅人才需要采取革新性活动，以使自身的特质、兴趣、专长与新的工作要求形成匹配，从而激发其在工作中迎接挑战、完善自我的需求，达到高程度的工作投入和创新绩效。这种革新性活动一般体现为以工作重塑为标志的工作再设计与创新活动，而工作重塑活动的发生与否会受到组织中的包容型氛围大小的影响，在包容型文化氛围较为浓厚的组织中，员工们会比较积极主动地对于工作进行重塑以适应新型工作的要求，而在包容型氛围较弱的组织中，员工们因为担心工作重塑行为失败所带来的严重后果，可能会选择较为保守的工作态度，宁可以较低的主动性去应对新型工作的要求，也不会擅自对工作进行再设计。这一研究结果对于指导文旅人才的评价与激励工作有着非常重要的借鉴意义，具体表现在以下方面。

8.9.1 应结合文旅人才特点对其设置过程性评价指标

文旅人才崇尚个性，追求自由，渴望组织中具备包容而公平的氛围与评价机制的要求，呼唤组织管理根据其特质，设置除结果性考核指标以外的过程性指标，这样的评价指标更能体现文旅新型创意人才的特性。具体来说，在对文旅人才进行绩效考评时，应在评价指标权重的制定与评价指标体系的设立中多设置能够体现文旅创意创造、文旅创意转化、文旅设计策划等活动的具体过程性指标，这些过程未必会导致成功的业绩产出，但却是文旅人才进行创意创新所必需的过程，对于这一过程的重视会使文旅人才深刻感受组织对于他们的包容与重视，从而持之以恒地在创新创造上进行更多的探索。

8.9.2　组织应鼓励文旅人才面对新型工作环境与特征的工作重塑行为

针对文旅人才的激励除了传统意义上的物质薪酬以外，更重要的是符合其深层次高层次需求的尊重，以及鼓励其进行工作创新创造的自发活动，工作重塑行为无疑是其中最重要的一种。上文已提到，由于文化与旅游产业的融合是两大产业价值链相关环节交叉融通发展的结果，目前文旅融合正呈现出越来越多的具体模式，面对这一变动不居的产业形态，新型创意人才亦即文旅人才的工作特征也发生了巨大变化，不同于原本的文化创意工作，也不同于纯粹的旅游工作，为了应对新型工作特征对于工作带来的挑战，文旅人才需要自发地对于自身工作的内容、关系、意义等进行再认定、再界定、再设计，这一活动是文旅人才探索如何支撑文旅组织良性发展的关键所在，组织对于员工工作重塑的支持与认可不但能够提升员工胜任工作的能力，其本身也是对员工的一种巨大而直接的精神激励。

8.9.3　组织应为文旅人才提供包容宽容的工作氛围

文旅人才为了适应新型创意工作要求而进行的工作重塑本身是一种创新创造活动，具备一定的失败风险，但从文旅融合发展的前景来看，这种重塑行为无疑是十分必要而有益的，因此组织需要结合文旅人才的个性特征，为其营造一种鼓励多元化、容许失败、鼓励创新、鼓励基层员工参与决策的文化氛围。在这样一种氛围中，文旅人才感到自身的价值得到认可，关于工作本身及组织发展的意见建议能够得到管理者的重视，这本身即是一种巨大的激励。另外，根据 Florida 的创意阶层理论，宽容型城市文化氛围对于创意人才的集聚具有重要的促进作用，而创意

211

人才的集聚会导致技术革命与经济社会的发展，因此，无论从微观的企业层面，或是从宏观的城市发展层面，包容宽容型氛围对于激励员工、激发员工的最大效能都有着十分重大的意义。

针对文旅人才的激励与评价措施可以归结如表 8 – 13 所示。

表 8 – 13　　　　　　　　　文旅人才的激励与评价

文旅人才激励与评价相关方面	内容维度界定	注意事项
文旅人才的绩效考评	为了客观明了地评价文旅人才的工作能力、工作态度、工作业绩等，对其设定绩效考评目标，选用适合的考评方法，并将考评结果以绩效面谈的形式反馈给员工个体的过程	文旅人才的工作特征与人格特质决定了其工作绩效的考核不能单纯选用目标管理法、图表登记法等以结果为导向的考核方法，而应将过程考核与结果考核相结合，选用关键事件法、行为锚定等级评价法等进行综合考量
文旅人才的薪酬管理	为了确保文旅人才的积极性与工作产出，秉持公平性原则为文旅人才设计基本薪酬体系以及能够较为准确体现其业绩高低的绩效薪酬，并实施较具吸引力的福利制度	文旅人才追求尊重与自尊、自我实现、要求较高工作自主性等特点决定了针对此类人才的薪酬管理应在保证较有吸引力的基本薪酬基础上设计最能体现其技能多样化、完整化的绩效薪酬体系，从而最大程度调动文旅人才的工作投入
文旅组织的文化建设	除了较为公正客观的绩效考评制度、薪酬管理制度以外，能够对文旅人才产生巨大吸引力，实现较高的工作满意度的企业文化氛围建设	本书在前文通过实证分析论证了文旅人才的工作特征、工作投入、工作重塑以及包容性氛围之间的作用关系，为了鼓励文旅人才自发地对工作进行再设计，以满足较具挑战性的工作特征要求，组织应为员工提供相对宽松包容的文化，容许员工为了改良工作内容、流程、关系、认知而对工作进行主动的探索与设计活动

8.10　文旅人才管理的其他建议

除以上人才管理各方面建议外，文旅人才的管理还应结合人才特点，考虑从以下其他方面加以着手。

8.10.1　清晰界定文旅人才的素质特点

支撑文化、旅游产业的深入融合，需继续培养一大批实践型、应用型的服务人才。目前，我国旅游相关专业毕业生的初次就业率不高、行业保有率偏低、行业发展率受限，其中一个重要原因即是素质教育缺位。面临文旅深度融合、"一带一路"建设、乡村振兴等需要，中国缺乏大量在规划、创意设计、运营管理、导游讲解等方面的优秀人才。

8.10.2　干部与产业人才培养并重

推进文化和旅游产业融合发展，急缺的不仅是产业人才，还有既懂文化又懂旅游的多面手干部。在政策研究与制定、公共服务、产业整合与开发、文化旅游资源调查与利用等方面发挥着重要作用。在具体的市场管理上，需要一批能够从事文旅跨行业整合业务的复合型人才。在文化和旅游融合的背景下，产品和服务的创意、规划、研发等产业价值链上游环节的正常运转，仅靠单一型的专业人才已无能为力，需要一大批复合型专业技术人才。因此，迫切需要坚持文旅事业干部与产业人才的培养并重的思路。

8.10.3　实行多元化的人才引进、培养模式

为改变我国文旅产业融合由于领军人才不足，综合素质不高，后备力量不足等问题，需尽快建立健全文化旅游产业人才培养引进、工作、使用机制。首先，要加大高层次人才的选拔引进力度；其次，除了引进相关高校的培养模式外，还应引进国际培训机构的先进管理方法和培训理念，通过多种方式加快国际化人才培养步伐。积极推进文化旅游人才再培训，选拔有潜力的骨干人才到境外深造。

8.10.4　改革高校文旅人才课程体系

面临文旅产业深度融合的现实需求，我国高等院校可尝试开办文化

与旅游管理专业，培养旅游文化双栖人才。将文化旅游管理人才应以基本知识、专业素质和专业能力为主要培养目标，包括人文社会科学通识课程、建立经济管理基础理论、旅游项目策划、文化创意理论实践课程体系。文化企业和旅游企业也可以根据业务往来和战略合作关系，相互派遣人员到对方企业进行临时培训①。

8.10.5　全方位实施文化教育与熏陶

目前我国文化、旅游类专业学校和开有文化产业管理、旅游管理专业的高校数量虽然有很多，但具有较强文化素养的旅游专业人才的培养明显不足。因此，要在旅游本专业的学习过程中，增加文化类的课程内容，注重对于旅游专业人才的综合素质方面的培养，形成多层次、多类型的文化旅游人才培养体系，全面覆盖文化旅游规划、建设、运营管理的各个环节，吸引高素质人才从事旅游业②。同时，大力培养文化人才，将文学、历史、美学、哲学、艺术等各种课程贯穿人才培养的全过程，在文化创意、文学创作、艺术表演、展览等方面形成系统化、多元化的文化人才队伍。此外，要将文化教育融入校园文化建设中，让学生在潜移默化中受到教育、感染和培养。使学生可以走出教室，走出校园，在广泛的社会实践中去感受周围的文化。

---

① 王格：《文旅融合数字化视域下的高职旅游人才培养策略》，载于《扬州教育学院学报》2021 年第 3 期。

② 彭菲、徐红罡：《高等教育内涵式发展与对文旅人才培养的反思》，载于《旅游论坛》2021 年第 5 期。

参 考 文 献

[1] 安迪·普拉特:《文化产业的经济地理观》,台北远流出版社2011年版。

[2] 白长虹:《文旅融合背景下的行业人才培养——实践需求与理论议题》,载于《人民论坛·学术前沿》2019年第11期。

[3] 毕绪龙:《从人才培养角度看文化和旅游的关系》,载于《旅游学刊》2019年第4期。

[4] 蔡地、王悦、马金鹏:《领导越包容,员工工作越主动?个人—团队匹配和权力距离的作用》,载于《预测》2017年第5期。

[5] 陈洪:《论〈楚辞〉的神游与游仙》,载于《文学遗产》2007年第6期。

[6] 陈慧、梁巧转、丰超:《包容型领导如何提升团队创造力?——被调节的链式中介模型》,载于《科学学与科学技术管理》2021年第4期。

[7] 陈炜:《论西部地区宗教文化旅游圈的构建》,载于《广西民族研究》2008年第3期。

[8] 陈志军:《基于游客分类的宗教旅游产品体系构建》,载于《江西社会科学》2013年第11期。

[9] 程晓丽、祝亚雯:《安徽省旅游产业与文化产业融合发展研究》,载于《经济地理》2012年第9期。

[10] 戴继诚、刘剑锋:《宗教之旅——身心的愉悦与灵魂的洗礼》,载于《青海社会科学》2007年第6期。

[11] 戴维·索罗斯比:《文化经济学》,台北典藏出版社2010年版。

[12] 单新萍、魏小安:《乡村旅游发展的公共属性、政府责任与财政支持研究》,载于《经济与管理研究》2008年第2期。

[13] 丁刚、李珲：《工作特征如何影响员工创新行为：一个有中介的调节作用模型》，载于《中国人力资源开发》2016 年第 22 期。

[14] 窦志萍：《昆明文化旅游开发探讨》，载于《旅游研究》2009 年第 1 期。

[15] 范周：《文旅融合的理论与实践》，载于《人民论坛·学术前沿》2019 年第 11 期。

[16] 方阳春：《包容型领导风格对团队绩效的影响——基于员工自我效能感的中介作用》，载于《科研管理》2014 年第 5 期。

[17] 冯健：《"文旅融合"该从何处着手》，载于《人民论坛》2018 年第 32 期。

[18] 傅祖栋：《浙江现代文学旅游资源的开发利用研究》，载于《宁波大学学报》（人文科学版）2017 年第 4 期。

[19] 龚鹏程：《游的精神文化史论》，河北教育出版社 2001 年版。

[20] 郭新茹、顾江：《基于价值链视角的文化产业赢利模式探析》，载于《现代经济探讨》2009 年第 10 期。

[21] 侯兵、周晓倩：《长三角地区文化产业与旅游产业融合态势测度与评价》，载于《经济地理》2015 年第 11 期。

[22] 黄继元：《旅游企业在旅游产业价值链中的竞争与合作》，载于《经济问题探索》2006 年第 9 期。

[23] 黄少辉：《开拓广东宗教旅游》，载于《旅游学刊》1992 年第 2 期。

[24] 黄先开：《新时代文化和旅游融合发展的动力、策略与路径》，载于《北京工商大学学报》（社会科学版）2021 年第 4 期。

[25] 黄益军、吕振奎：《文旅教体融合：内在机理、运行机制与实现路径》，载于《图书与情报》2019 年第 4 期。

[26] 黄永林：《文旅融合发展的文化阐释与旅游实践》，载于《人民论坛·学术前沿》2019 年第 11 期。

[27] 家顺良、黄大勇：《山西发展影视旅游的可行性及对策建议》，载于《重庆工商大学学报》（社会科学版）2008 年第 6 期。

[28] 贾鸿雁、王金池：《从建构主义真实性看文学资源的旅游开发——以界首镇"汪曾祺水乡风俗园"项目策划为例》，载于《旅游学刊》2009 年第 5 期。

[29] 金洁：《〈红楼梦〉文学旅游目的地形象感知研究——基于Tripadvisor 外国游客在线评论分析》，载于《红楼梦学刊》2019 年第1 期。

[30] 金毓黻：《文溯阁四库全书提要》，中华书局 2014 年版。

[31] 孔靓、李锡元、章发旺：《包容型领导对员工主动性行为的影响：组织自尊与差错管理氛围的中介作用》，载于《管理评论》2020年第 2 期。

[32] 孔令宏：《论道家与道教文化旅游》，载于《浙江大学学报》（人文社会科学版）2005 年第 5 期。

[33] 劳本信、杨路明、李小花、陈红燕：《电子商务环境下的旅游价值链重构》，载于《商业时代》2005 年第 23 期。

[34] 李传章、王荣敏、王聿发：《关于聊斋文化旅游资源开发的思考》，载于《东岳论丛》2007 年第 4 期。

[35] 李丰懋：《忧与游：六朝隋唐仙道文学》，中华书局 2010年版。

[36] 李刚：《文化认同与旅游者的身份体认——以〈美食家〉为例的苏州文学旅游论析》，载于《浙江师范大学学报》（社会科学版）2015 年第 1 期。

[37] 李刚：《文学旅游时空的建构——以南京秦淮河风光带为例》，载于《旅游论坛》2016 年第 5 期。

[38] 李辉、金辉：《工作重塑就能提高员工创造力吗？一个被调节的中介模型》，载于《预测》2020 年第 1 期。

[39] 李津：《创意产业人才素质要求与胜任力研究》，载于《科学学与科学技术管理》2007 年第 8 期。

[40] 李美云：《论旅游景点业和动漫业的产业融合与互动发展》，载于《旅游学刊》2008 年第 1 期。

[41] 李萌：《论宗教旅游资源的特征及开发原则》，载于《北京第二外国语学院学报》（旅游版）2003 年第 4 期。

[42] 李任：《深度融合与协同发展：文旅融合的理论逻辑与实践路径》，载于《理论月刊》2022 年第 1 期。

[43] 李天元：《旅游学概论》，天津南开大学出版社 2003 年版。

[44] 李响：《红色文化和旅游产业：文旅融合的困境与路径》，载

于《学术交流》2021 年第 7 期。

[45] 李洋洋：《我国文化创意产业与旅游业融合模式研究》，北京第二外国语学院硕士学位论文，2010 年。

[46] 李勇军、王庆生：《乡村文化与旅游产业融合发展研究》，载于《财经理论与实践》2016 年第 3 期。

[47] 李宇军：《文旅融合发展中的"文化－旅游""政府－市场""中央－地方"三大关系》，载于《贵州民族研究》2021 年第 3 期。

[48] 李悦铮、俞金国、付鸿志：《我国区域宗教文化景观及其旅游开发》，载于《人文地理》2003 年第 3 期。

[49] 厉无畏、于雪梅：《培育创意人才完善创意产业链》，载于《上海戏剧学院学报》2007 年第 1 期。

[50] 刘欢萍：《古典文学作品中旅游文化思想的阐释——以〈儒林外史〉为例》，载于《社会科学家》2019 年第 11 期。

[51] 刘人怀、袁国宏：《我国旅游价值链管理探讨》，载于《生态经济》2007 年第 12 期。

[52] 刘云硕、叶龙、郭名、胡丽丽：《包容型领导与员工工作重塑：一个跨层次研究》，载于《经济与管理研究》2021 年第 5 期。

[53] 刘治彦：《文旅融合发展：理论、实践与未来方向》，载于《人民论坛·学术前沿》2019 年第 16 期。

[54] 卢世菊：《中国道教文化旅游资源深度开发对策分析》，载于《思想战线》2003 年第 4 期。

[55] 罗文卿、徐传武：《西晋游仙诗旨趣及文化背景》，载于《北方论丛》2011 年第 2 期。

[56] 罗文卿：《唐前游仙文学研究》，山东大学博士学位论文，2011 年。

[57] 罗文卿：《新旧动能转换背景下创意人才支撑文化产业发展研究》，经济科学出版社 2021 年版。

[58] 马波、张越：《文旅融合四象限模型及其应用》，载于《旅游学刊》2020 年第 5 期。

[59] 马进福：《我国宗教旅游资源及其深度开发》，载于《陕西师范大学学报》（自然科学版）1997 年第 1 期。

[60] 马晓冬、翟仁祥：《论旅游文化资源及其开发——以苏北地

区为例》，载于《人文地理》2001 年第 6 期。

[61] 迈克尔·波特：《竞争优势》，北京华夏出版社 1997 年版。

[62] 毛丽娅：《论道教文化旅游资源的开发与利用——以四川为例》，载于《四川师范大学学报》（社会科学版）2002 年第 2 期。

[63] 邵明华、张兆友：《国外文旅融合发展模式与借鉴价值研究》，载于《福建论坛》（人文社会科学版）2020 年第 8 期。

[64] 宋瑞：《如何真正实现文化与旅游的融合发展》，载于《人民论坛·学术前沿》2019 年第 11 期。

[65] 宋子千、郑向敏：《旅游业产业地位衡量指标的若干理论思考》，载于《旅游学刊》2001 年第 4 期。

[66] 孙浩然：《论宗教旅游研究的概念体系与理论视野》，载于《中共福建省委党校学报》2013 年第 4 期。

[67] 泰勒：《科学管理原理》，北京大学出版社 2013 年版。

[68] 汤舒俊、唐日新：《广告创意人胜任力模型研究》，载于《怀化学院学报》2008 年第 2 期。

[69] 王端旭、赵轶：《工作自主性、技能多样性与员工创造力：基于个性特征的调节效应模型》，载于《商业经济与管理》2011 年第 10 期。

[70] 王刚、牛维麟、杨伟国：《文化产业创意人才素质模型研究》，载于《国家行政学院学报》2016 年第 2 期。

[71] 王建芹、李刚：《文旅融合：逻辑、模式、路径》，载于《四川戏剧》2020 年第 10 期。

[72] 王丽霞：《文学名著旅游资源产业化开发的地方实践与提升路径：山东例证》，载于《改革》2019 年第 9 期。

[73] 王强、刘飒：《文学遗产旅游资源的价值研究及开发路径》，载于《中国资产评估》2009 年第 1 期。

[74] 王琴、黄大勇：《旅游产业与文化产业融合发展态势测度与评价——以重庆市为例》，载于《广西经济管理干部学院学报》2019 年第 2 期。

[75] 王秀伟：《大运河文化带文旅融合水平测度与发展态势分析》，载于《深圳大学学报》（人文社会科学版）2020 年第 3 期。

[76] 王雪野、王颖聪、顾小慈：《文化创意人才培养模式研究》，

载于《现代传播》2014 年第 2 期。

[77] 王洋：《文学旅游研究综述》，载于《绿色科技》2010 年第 10 期。

[78] 王迎涛：《我国区域旅游资源整合研究进展与发展建议》，载于《地域研究与开发》2009 年第 1 期。

[79] 王桢：《团队工作重塑的形成与影响机制》，载于《心理科学进展》2020 年第 3 期。

[80] 望庆玲、孙军、顾敏：《文化产业与旅游产业深度融合的动力机制与发展路径》，载于《科技和产业》2021 年第 5 期。

[81] 卫学莉、张帆：《中国文化产业发展的人才困境与对策》，载于《中国人力资源开发》2015 年第 8 期。

[82] 吴贵明：《文化创意产业研发人才胜任力的结构特征及其开发机制构建》，载于《东南学术》2017 年第 6 期。

[83] 吴英文：《文学旅游视域下的审美资源开发与利用》，载于《社会科学家》2018 年第 11 期。

[84] 辛迅：《社会学习理论视角下领导—下属之间的工作重塑传递效应研究》，载于《中国人力资源开发》2017 年第 3 期。

[85] 徐虹、韩林娟：《文学旅游中的艺术形象与游客感知形象对比研究——以北京胡同游为例》，载于《旅游论坛》2018 年第 5 期。

[86] 许梅枝、张向前：《包容型氛围：研究回顾与模型建构》，载于《中国人力资源开发》2018 年第 2 期。

[87] 颜亚玉：《宗教旅游论析》，载于《厦门大学学报》（哲学社会科学版）2000 年第 3 期。

[88] 燕连福：《新时代文旅融合发展：一个新的增长极》，载于《人民论坛·学术前沿》2019 年第 11 期。

[89] 杨丽：《论云南宗教文化的旅游开发》，载于《云南师范大学学报》（哲学社会科学版）2002 年第 2 期。

[90] 杨丽霞：《道教神仙文化遗产旅游开发研究》，载于《中南民族大学学报》（人文社会科学版）2004 年第 S2 期。

[91] 尹奎、张凯丽、李秀凤：《工作重塑对工作意义的影响：团队任务绩效、领导–成员交换关系差异化的作用》，载于《管理评论》2019 年第 3 期。

[92] 余洁：《文化产业与旅游产业》，载于《旅游学刊》2007 年第 10 期。

[93] 张朝枝、邓曾、游旺：《基于旅游体验视角的旅游产业价值链分析》，载于《旅游学刊》2010 年第 6 期。

[94] 张朝枝、朱敏敏：《文化和旅游融合：多层次关系内涵、挑战与践行路径》，载于《旅游学刊》2020 年第 3 期。

[95] 张朝枝：《文化与旅游何以融合：基于身份认同的视角》，载于《南京社会科学》2018 年第 12 期。

[96] 张海燕、王忠云：《旅游产业与文化产业融合发展研究》，载于《资源开发与市场》2010 年第 4 期。

[97] 张海洲、陆林、贺亚楠：《产业链旅游：概念内涵与案例分析》，载于《世界地理研究》2020 年第 5 期。

[98] 张丽锋：《曹操游仙诗之成因及主题》，载于《河北大学学报》（哲学社会科学版）2014 年第 5 期。

[99] 张倩霞、刘莉、黄华宪：《面向东南亚市场的四川三国文化旅游开发策略研究》，载于《成都大学学报》（社会科学版）2016 年第 1 期。

[100] 张桥贵、孙浩然：《宗教旅游的类型、特点和开发》，载于《世界宗教研究》2008 年第 4 期。

[101] 张胜冰：《文旅深度融合的内在机理、基本模式与产业开发逻辑》，载于《中国石油大学学报》（社会科学版）2019 年第 5 期。

[102] 张维亚：《文学旅游地的遗产保护与开发——南京夫子庙李香君故居和王谢古居案例研究》，载于《旅游学刊》2007 年第 3 期。

[103] 张燕、王晖、蔡娟娟：《文化创意人才素质测评指标体系的构建研究》，载于《现代传播》（中国传媒大学学报）2009 年第 4 期。

[104] 张振谦：《试论北宋文人游仙诗》，载于《兰州学刊》2010 年第 6 期。

[105] 张祝平：《以文旅融合理念推动乡村旅游高质量发展：形成逻辑与路径选择》，载于《南京社会科学》2021 年第 7 期。

[106] 章怡芳：《文化旅游开发中的资源整合策略》，载于《思想战线》2003 年第 6 期。

[107] 兆康、刘德艳：《论文学旅游》，载于《旅游学刊》1993 年

第 6 期。

[108] 赵沛霖:《郭璞〈游仙诗〉中的神仙世界与宗教存想》, 载于《文学遗产》2012 年第 4 期。

[109] 郑嬗婷、陆林、杨钊:《宗教旅游可持续发展研究》, 载于《安徽师范大学学报》(人文社会科学版) 2004 年第 5 期。

[110] 钟竞、邓婕、罗瑾琏:《包容型领导对团队绩效及员工创新绩效的影响——有调节的中介模型》, 载于《科学学与科学技术管理》2018 年第 9 期。

[111] 周亚庆、吴茂英、周永广:《旅游研究中的"真实性"理论及其比较》, 载于《旅游学刊》2007 年第 6 期。

[112] Bakker A B, Tims M, Derks D. Proactive personality and job performance: the role of job crafting and work engagement. *Human Relations*, Vol. 65, No. 09, September 2012, pp. 1359 – 1378.

[113] Berg J M, Wrzesniewski A, Dutton J E. Perceiving and responding to challenges in job crafting at different ranks: When proactivity requires adaptivity. *Journal of Organizational Behavior*, Vol. 31, No. 2 – 3, March 2010, pp. 158 – 186.

[114] Boyatzis R E. *The Competent Manager*: *A model for effective performance.* New York: Wiley, 1982, pp. 20 – 21.

[115] Chris Bilton. *Management and creativity*: *from creative industries to creative management.* New York: Wiley, 2006, pp. 77 – 78.

[116] Deci E L, Ryan R M. The "What" and "Why" of goal pursuits: human needs and the self-determination of behavior. *Psychological Inquiry*, Vol. 11, No. 4, April 2000, pp. 227 – 268.

[117] Demerouti E, Bakker A B, Gevers J M. Job crafting and extra role behavior: the role of work engagement and flourishing. *Journal of Vocational Behavior*, Vol. 91, No. 3, March 2015, pp. 87 – 96.

[118] Eagle D, Carnell H. *The Oxford literary guide to the British isles.* Oxford: The Clarendon Press, 1977, pp. 133 – 134.

[119] Fiol C M, Pratt M G, O'Connor E J. Managing intractable identity conflicts. *Academy of Management Review*, Vol. 34, No. 1, January 2009 (3), pp. 32 – 55.

[120] Florida R. *The rise of the creative class: and how it's transforming work, leisure, community and everyday Life.* New York: Basic Books, 2002, pp. 11 – 13.

[121] Giep Hagoort, Rene Kooyman. *Creative industries: colorful fabric in multiple dimensions.* Berlin: Eburon Uitgeverij B. V. , 2010, pp. 14 – 16.

[122] Hackman R J, Oldham G R. Motivation through the design of work: test of a theory. *Organizational Behavior and Human Performance*, Vol. 16, No. 3, March 1976, pp. 250 – 279.

[123] Herbert D. Literary places, tourism and the heritage experiences. *Annals of Tourism Research*, Vol. 28, No. 2, February 2001, pp. 312 – 333.

[124] Hobfoll S E. Conservation of resources: a new attempt at conceptualizing stress. *American Psychologist*, Vol. 44, No. 3, March 1989, pp. 513 – 524.

[125] Kahn W A. Psychological conditions of personal engagement and disengagement at work. *Academy of Management Journal*, Vol. 33, No. 4, April 1990, pp. 692 – 724.

[126] Kelvin Kelloway, Julian Barling. Knowledge work as organizational behavior. *International Journal of Management Reviews*, Vol. 2, No. 3, March 2000, pp. 287 – 304.

[127] Kim H, Jamal T. Touristic quest for existential authenticity. *Annals of Tourism Research*, Vol. 35, No. 1, January 2007, pp. 181 – 201.

[128] Lucy Montgomery. *China's creative industries: copyright, social network markets and the business of culture in a digital age.* London: Edward Elgar Publishing, 2010, pp. 32 – 33.

[129] Maslach C, Leiter M P. *The truth about burnout: how organizations cause personal stress and what to do about it.* New York: Jossey – Bass Publishers, 1997, pp. 133 – 139.

[130] McClelland D C. Testing for competence rather than for intelligence. *American Psychologist*, Vol. 17, No. 1, January 1973, pp. 1 – 4.

[131] Mumford M D, Scott G M, Gaddis B, et al. Leading creative

people: Orchestrating expertise and relationships. *The Leadership Quarterly*, Vol. 13, No. 6, June 2002, pp. 705 –750.

[132] Nembhard I M, Edmondson A C. Making it safe: the effects of leader inclusiveness and professional status on psychological safety and improvement efforts in health care teams. *Journal of Organizational Behavior*, Vol. 27, No. 7, July 2006, pp. 941 –966.

[133] Nishii L H. The benefits of climate for inclusion for gender-diverse group. *Academy of Management Journal*, Vol. 56, No. 6, June 2013, pp. 1754 –1774.

[134] Peter D F. *The age of discontinuity: guidelines to our changing society*. Transaction Publishers, 1992, pp. 24 –29.

[135] Poria Y, Butler R, Airey D. The core of heritage tourism. *Annals of Tourism Research*, Vol. 30, No. 1, January 2003, pp. 238 –254.

[136] Schaufeli W B, Salanova M, González – Romá V, et al. The measurement of engagement and burnout: a two sample confirmatory factor analytic approach. *Journal of Happiness Studies*, Vol. 3, No. 1, January 2002, pp. 71 –92.

[137] Shalley C E, Zhou J, Oldham G R. The effects of personal and contextual characteristics on creativity: where should we go from here. *Journal of Management*, Vol. 30, No. 6, June 2004, pp. 933 –958.

[138] Sims J R, Keller H P, Szilagyi A D. Job characteristics relationship: industrial and structural moderators. *Organizational Behavior and Human Performance*, Vol. 19, No. 8, August 1976, pp. 159 –212.

[139] Slemp G R, Vella – Brodrick D A. The job crafting questionnaire: a new scale to measure the extent to which employees engage in job crafting. *International Journal of wellbeing*, Vol. 3, No. 2, February 2013, pp. 126 –146.

[140] Spencer L M, *Spencer S M. Competence at work: models for superior performance*. Wiley & Sions, Inc, 1993, pp. 53 –57.

[141] Spreitzer G, Sutcliffe K, Dutton J. A socially embedded model of thriving at work. *Organizational Science*, Vol. 16, No. 5, May 2005, pp. 537 –550.

[142] Thomas K M. *Diversity resistance in organizations.* Chicago: Lawrence Erlbaum Associates, 2008, pp. 175 –200.

[143] Turner A N, Lawrence P R. *Industrial job and the work: an investigation of response to task attributes.* Boston: Harvard University Press, 1965, pp. 78 –85.

[144] Wang N. Rethinking authenticity in tourism experience. *Annals of Tourism Research*, Vol. 23, No. 2, February 1999, pp. 349 –370.

[145] Wrzesniewski A, Dutton J E. Crafting a job: revisioning employees as active crafters of their work. *Academy of Management Review*, Vol. 26, No. 2, February 2001, pp. 179 –201.

[146] Yilmaz Y, Bititci U S. Performance measurement in tourism: a value chain model. *International Journal of Contemporary Hospitality Management*, Vol. 18, No. 4, April 2006, pp. 341 –349.

225